А.С. Алексан

И.П. Кузы

Т.И. Мелент

Непропавшие сюжеты

*Пособие по чтению для иностранцев,
изучающих русский язык*

Москва

2012

УДК 808.2(075.8)-054.6
ББК 81.2 Рус-923
А46

Александрова, А.С.

А46   **Непропавшие сюжеты:** пособие по чтению для иностранцев, изучающих русский язык / А.С. Александрова, И.П. Кузьмич, Т.И. Мелентьева. — М.: Русский язык. Курсы, 2012. — 248 с.

ISBN 978-5-88337-091-4

Учебное пособие включает в себя рассказы русских писателей. Тексты адаптированы и снабжены серией лексико-грамматических упражнений, способствующих совершенствованию языковой компетенции, и заданий, направленных на развитие речевых навыков.

Пособие предназначено для иностранных учащихся, владеющих русским языком на базовом уровне.

Предисловие

Предлагаемое пособие адресовано иностранным студентам, владеющим русским языком на базовом уровне, и аспирантам.

Книга содержит художественные тексты разной степени адаптации. При отборе произведений главным было стремление познакомить учащихся с русскими писателями-классиками и нашими современниками. В книге представлены не только авторы, популярные в практике преподавания русского языка как иностранного, но и авторы, чьи имена, не столь известные зарубежному читателю. В пособие включены произведения малого жанра, частью сильно адаптированные, частью — сокращённые незначительно. Завершающий книгу рассказ дан в оригинале, без каких бы то ни было изменений.

Работа над каждым текстом, с одной стороны, строится по единой схеме, с другой — индивидуальна, как индивидуально и неповторимо каждое художественное произведение.

Каждому рассказу предшествуют задания (раздел А), либо дающие страноведческий комментарий, вводящий во временной контекст, либо способствующие устранению лексико-грамматических трудностей при чтении.

После текста предлагается тест (раздел Б), помогающий учащимся проконтролировать правильность и полноту их собственного понимания содержания произведения. Все тесты составлены таким образом, что при адекватном восприятии рассказа в результате выполнения теста должен быть получен краткий вариант прочитанного текста, наличие которого облегчает последующую работу учащихся по репродукции текста и построению монологических высказываний. К каждому тесту имеются ключи.

Раздел В содержит лексико-грамматические упражнения, направленные на расширение лексического запаса учащихся и совершенствование их языковой компетенции. В упражнениях представлены следующие грамматические темы: *выражение субъектно-предикатных, определительных, временных, условных, причинно-следственных, уступительных, целевых отношений, выражение места, способа совершения действия, отрицания, сравнения, неопределён-*

ности, виды глагола, глагольное управление, приставочное словообразование, глаголы движения, прямая и косвенная речь. Контекстуальная обусловленность употребления грамматических конструкций делает работу по выполнению упражнений более эффективной, а сами упражнения более коммуникативными. Многократное повторение лексики с опорой на сюжетную организацию текста в ходе выполнения грамматических упражнений обеспечивает непроизвольное запоминание лексических единиц, что создаёт предпосылки для успешной реализации речевых заданий, предлагаемых в разделе Г.

Задания заключительного раздела (Г) призваны стимулировать самостоятельные высказывания учащихся, обеспечить их участие в беседе, дискуссии.

Последовательная работа над текстами-уроками не является обязательной: их выбор зависит от задач обучения, интересов и потребностей учащихся, уровнем языковой подготовленности которых определяются и способы презентации текстов (кроме чтения, для некоторых категорий учащихся возможно аудирование).

Название сборника возникло по ассоциации с названием пьесы Л. Зорина «Пропавший сюжет».

Авторы выражают искреннюю признательность Л.Н. Бахтиной, А.В. Величко и Н.М. Лариохиной, внимательно прочитавшим рукопись и сделавшим ценные замечания, а также М.С. Александровой, участвовавшей в подготовке тестов и апробации материалов пособия.

Урок 1

1. Назовите формы совершенного вида для следующих глаголов.

   Воровать, ловить, наказывать, падать, прятаться.

2. Подберите антонимы к словосочетаниям и предложению.

   Домашний кот, толстый кот, он сыт.

3. Назовите глаголы одного корня со следующими существительными.

   Грабёж, лаз, связка, стук.

4. Прочитайте рассказ. Приготовьтесь выполнить тест, который проверяет, правильно ли вы поняли содержание рассказа.

Кот-Ворюга

(По рассказу К. Паустовского)

Дом был маленький. Он стоял в старом заброшенном саду. Ночью мы иногда просыпались от стука яблок, падавших с веток на крышу. В доме мы только ночевали. Все дни, с утра до темноты, мы проводили на берегу озера, где мы купались, ловили рыбу, варили на костре уху. Возвращались мы вечером, усталые, обгоревшие на солнце, со связкой серебристой рыбы. И каждый раз нас встречали рассказами о том, что и у кого украл рыжий кот, которого в деревне звали Ворюгой.

Это был кот — бродяга и бандит. Он воровал всё: рыбу, мясо, сметану и хлеб. При этом он так ловко прятался, что никто его толком не видел. Нам очень хотелось поймать Ворюгу и выдрать как следует.

Однажды утром, когда мы ещё завтракали, деревенские мальчики прибежали к нам и сказали, что кот бежал на рассвете по деревне с большой связкой рыбы в зубах. Эту рыбу мы принесли с озера вчера вечером. Это было уже не воровство, а грабёж средь бела дня. Мы были возмущены и поклялись поймать и наказать бандита. Мальчики вызвались нам помогать.

Кот попался этим же вечером. Он украл с нашего стола, что стоял около домика, кусок колбасы и, несмотря на наши крики, полез с ним на дерево. Мы стали трясти дерево изо всех сил. Кот сердито завыл. Но вот сначала упала колбаса, а потом сорвался и кот. Упав на землю, он подпрыгнул, как футбольный мяч, и умчался под дом через узкий лаз. Мы закрыли лаз рыболовной сетью и стали ждать. Кот не выходил. При этом он беспрерывно выл, как подземный дух, и это действовало нам на нервы. Тогда мы позвали Лёньку, самого ловкого и сообразительного среди деревенских мальчишек.

Лёнька взял тонкую бечёвку, прикрепил к ней рыбку и бросил её через лаз под дом. Вой тут же прекратился — кот схватил рыбку. Лёнька тянул бечёвку, кот сопротивлялся, но рыбу не выпускал. В конце концов его голова с рыбой в зубах показалась из лаза. Лёнька схватил его и поднял над землёй. Мы впервые рассмотрели ворюгу. Это был тощий, несмотря на постоянное воровство, рыжий кот с разорванным ухом и коротким, видимо, оторванным хвостом.

— Что с ним делать? — спросил Лёнька.

Кот ждал, закрыв глаза и прижав уши.

— Выдрать! — сказал я.

— Не поможет. У него характер такой. Попробуйте его накормить как следует, — предложил Лёнька.

Мы так и сделали. Посадили кота в чулан и дали ему замечательный ужин: мясо, рыбу, сырники со сметаной. Кот ел больше часа, и когда мы открыли дверь, он никуда не пытался бежать, вышел из чулана медленно и пошатываясь, сел около дома и стал умываться, поглядывая на нас зелёными нахальными глазами.

Он остался у нас жить и перестал воровать. Он стал ходить по дому и по саду, как хозяин и сторож. Однажды на наш стол в саду залезли куры и стали клевать из тарелок гречневую кашу. Кот с возмущённым воем бросился на них. Куры подняли страшный шум и крик, убегая от кота. Быстрее всех бежал петух, но его догнал кот. Он мчался с ним рядом и бил лапой по спине.

С тех пор куры боялись воровать и разбегались, только увидев кота. И мы переименовали его из Ворюги в Милиционера.

Б

1. Выполните тест. Выберите вариант правильного (в соответствии с содержанием текста) продолжения предложения.

Тест

1. Летом в деревне жили дачники, ...
   а) они целые дни проводили в саду
   б) они утром уходили из дому и проводили весь день у озера, где купались, загорали, ловили рыбу
   в) один из них обычно оставался днём дома

2. В деревне жил кот, который воровал ... .
   а) у дачников только колбасу
   б) всё, что было в доме
   в) даже яблоки

3. Жители деревни говорили, что этот кот ... .
   а) часто спокойно сидел около дома
   б) очень хорошо прятался, и его почти никто не видел
   в) часто прибегал к реке за рыбой

4. Однажды кот украл всю рыбу, которую дачники ловили целый день, и ... .
   а) съел её тут же около дома
   б) бросил её около дома
   в) побежал по деревне со связкой рыбы в зубах

5. В тот же вечер кот украл со стола в саду колбасу и ... .
   а) убежал в деревню
   б) съел её тут же под столом
   в) полез с нею на дерево

6. Дачники долго трясли дерево, ...
   а) а кот сидел на дереве и ел колбасу
   б) и, наконец, кот спрыгнул и убежал в деревню
   в) и, наконец, кот упал с дерева, спрятался под дом и сердито завыл

7. Дачники ... .
   а) поймали кота рыболовной сетью
   б) позвали на помощь ловкого деревенского мальчика Лёньку
   в) терпеливо ждали, когда кот выйдет из-под дома

8. Когда Лёнька поймал кота, все увидели, что кот был ... .
   а) большой, толстый, чистый, красивый
   б) толстый, рыжий, грязный
   в) рыжий, тощий, ободранный

9. Дачники ... .
   а) выдрали кота и выгнали его на улицу
   б) дали коту колбасы и отпустили
   в) накормили кота, и он остался у них жить

10. После такого «наказания» кот ... .
   а) стал домашним, но иногда воровал
   б) остался жить у дачников и продолжал воровать в деревне
   в) стал сторожем, и дачники дали ему другое имя

2. Пользуясь выполненным тестом, кратко воспроизведите содержание рассказа.

1. Расскажите, *какой* был кот, вспоминая содержание рассказа и используя материал предтекстовых заданий.

2. Передайте содержание предложений, заменяя выделенные слова синонимичными.

1. Дачники хотели поймать кота и *выдрать* его за воровство. 2. Схватив колбасу, кот *побежал* в сад. 3. Кот сидел на дереве и грозно *кричал*. 4. Кот был *тощий*, рыжий и *совершенно бессовестный*. 5. Наконец он поел *как надо* первый раз в жизни.

3. Объясните, какое значение придают выделенным словам приставки.

1. Кот схватил колбасу и *полез* на дерево. 2. Лёнька *прикрепил* к бечёвке рыбку. 3. Мы впервые *рассмотрели* кота. 4. У кота было *разорвано* ухо и *оторван* кусок грязного хвоста. 5. Увидев кота, куры *разбегались*. 6. За хорошее поведение мы *переименовали* кота.

4. Передайте содержание предложений, заменяя выделенные слова глаголом **бежать** с приставками **по-, при-, про-, у-**.

1. К нам *примчались* деревенские мальчики и сказали, что кот опять ворует. 2. Они видели, как кот *промчался* через деревню, держа в зубах рыбу. 3. Кот упал с дерева и *умчался* под дом. 4. Куры с криком *помчались* из сада.

5. Передайте содержание двух простых предложений одним сложным, используя союзы **когда, пока, пока не, после того как, с тех пор как, до того как, прежде чем**.

1. Мы жили в деревне. Мы много гуляли, ловили рыбу, собирали грибы. 2. Мы сидели у реки и ловили рыбу. Кот в это время залезал к нам в дом и воровал. 3. Мы поселились (стали жить) в деревне. Кот воровал у нас каждый день. 4. Мы ещё не приехали. Кот уже

давно воровал в других домах. 5. Однажды кот украл у нас всю рыбу. Мы решили поймать и проучить (наказать) его. 6. Мы не знали, какой он. Потом мы его поймали. 7. Мы трясли дерево. Кот упал. 8. Мы не знали, что делать. Пришёл Лёнька. 9. Мы поймали кота. Нам стало жалко его. 10. Кот поселился в доме. Нас не беспокоили ни мыши, ни куры, ни собаки. 11. Сначала нужно разобраться, в чём дело. А потом наказывать, если нужно.

6. Передайте содержание предложений, заменяя один из глаголов деепричастием.

1. Мы возвращались вечером с озера и узнавали о кражах кота. 2. Кот упал на землю, подпрыгнул и умчался под дом. 3. Кот выл, сопротивлялся, но не выпускал рыбу. 4. Лёнька схватил кота и показал его нам. 5. Кот наелся и стал умываться. 6. Кот умывался и поглядывал на нас своими нахальными глазами. 7. Кот остался у нас и стал вести себя, как хозяин и сторож.

7. Передайте содержание сложных предложений, заменяя их простыми и используя предлог **несмотря на**.

1. Кот был очень тощий, хотя постоянно воровал. 2. Кот не бросал колбасу, хотя мы страшно кричали на него. 3. Он не выпускал (не отдавал) рыбу, хотя положение его было опасным. 4. Мы не стали наказывать кота, хотя были возмущены его воровством.

8. Ответьте на вопросы.

I. 1. Почему кот постоянно воровал? 2. Почему кот был очень тощий и грязный? 3. Почему дачники, поймав кота, не наказали его?
II. 1. Зачем дачники следили за котом? 2. Зачем ловили кота? 3. Зачем позвали Лёньку?

9. Продолжите предложения.

1. Если бы кот жил дома, ... 2. Если бы дачники поймали кота, ... 3. Кот был очень тощий, несмотря на ... . 4. Дачники не побили кота, хотя ... .

10. Дополните текст, вспоминая содержание рассказа.

Мы жили на даче в красивой деревне в небольшом деревянном доме. Мы много гуляли, ... грибы, ... рыбу. Молоко, яйца мы ... у местных жителей. Всё было хорошо, но бездомный рыжий кот ... у нас продукты. Мы хотели его ... и как следует ... , но он был очень ловкий и хорошо ... . Однажды кот ... у нас всю рыбу, которую мы ... целый день. Это было уже не мелкое воровство, а настоящий ... . В следующий раз кот ... колбасу со стола и ... на дерево. Мы стали ... дерево. Сначала ... колбаса, а потом ... и кот. Он тут же ... под дом. С большим трудом мальчики ... кота из-под дома.

Кот был такой ... , что нам стало его жалко. Мы решили не ... его, а как следует ... . С этого дня кот перестал ... . Он стал ... котом, и мы назвали его ... .

11. Дополните диалог ответными репликами.

— Лёнька, ты не знаешь, кто ворует у нас продукты?

— ....

— Какой кот-Ворюга? Почему его так зовут?

— ....

— А чей это кот? Где он живёт?

— ....

— А его можно поймать? Ты не поможешь поймать его?

— ....

12. Прочитайте диалог дачников и Лёньки и перескажите его.

— Лёнька, помоги нам поймать кота-Ворюгу.
— А зачем вы хотите его поймать?
— Его надо хорошенько проучить.
— Это бесполезно. Его уже много раз били, всё равно он ворует.
— Что же делать?
— Попробуйте его как следует накормить.

1. Попробуйте описать (нарисовать) место действия рассказа (дом с крышей, куда падают яблоки; фундамент дома, где есть лаз; стол около дома), кота.

2. Скажите:

1) все ли домашние животные воруют и почему; 2) есть ли у вас дома животные; 3) как вы относитесь к проблеме бездомных животных.

3. Расскажите о ваших домашних животных.

Урок 2 ───────────────■

1. Вспомните, как называют человека, который 1) служит в армии, 2) командует полком, 3) пишет рассказы, 4) играет в театре, 5) делает из золота дорогие украшения, 5) убирает в городе мусор.

2. Прочитайте рассказ. Приготовьтесь выполнить тест, который проверяет, правильно ли вы поняли содержание рассказа.

Золотая роза
(По рассказу К. Паустовского)

Жан Шамет жил на окраине Парижа. Он зарабатывал себе на жизнь тем, что убирал ювелирные мастерские. Когда-то Шамет знал лучшие дни. Он служил во французской армии во время мексиканской войны. Но в Вера-Крус он заболел лихорадкой. Больного солдата отправили обратно на родину. Полковой командир поручил Шамету отвезти во Францию свою дочь Сюзанну, девочку восьми лет. Полковник был вдовцом и поэтому вынужден был возить дочь с собой. Но на этот раз он решил расстаться с нею и отправить её к своей сестре в Руан. Климат Мексики был убийственным для маленького ребёнка.

Во время возвращения Шамета во Францию над Атлантическим океаном стояла жара. Плавание было долгим. Шамет, как мог, заботился о Сюзанне, но она скучала. И он начал рассказывать ей свою жизнь, вспоминая до мельчайших подробностей рыбачий посёлок на берегу Ламанша. Девочка, к его удивлению, слушала эти рассказы с интересом и даже заставляла повторять их, требуя новых подробностей. Шамет вспоминал всё новые и новые подробности, пока не потерял окончательно уверенности в том, что они действительно существовали. Однажды возникло воспоминание о золотой розе. Может быть, Шамет видел эту розу в доме старой рыбачки, а может быть, только слышал рассказы об этой розе от окружающих.

Все в поселке удивлялись, почему старуха не продаёт свою драгоценность. Она могла бы получить за неё большие деньги. Одна только мать Шамета уверяла, что продавать золотую розу — грех, потому что её подарил старухе «на счастье» возлюбленный, когда она была молодая.

— Таких золотых роз мало на свете, — говорила мать Шамета. — Но все, у кого они появились в доме, обязательно будут счастливыми. И не только они, но и каждый, кто дотронется до этой розы.

Девочка слушала рассказ очень внимательно. Однажды, когда Шамет, сидя на палубе, расчёсывал Сюзанне волосы, она спросила:

— Жан, а мне кто-нибудь подарит золотую розу?

— Всё может быть, — ответил Шамет. — Найдётся и для тебя какой-нибудь чудак.

Шамет привёз девочку в Руан и привёл в дом высокой, худой женщины. Девочка, увидев её, крепко прижалась к Шамету.

— Ничего! — шёпотом сказал Шамет. — Мы тоже не выбираем себе начальников. Терпи.

Шамет ушёл. В его солдатском мешке лежала память о Сюзанне — синяя лента из её косы.

Мексиканская лихорадка подорвала здоровье Шамета. Из армии его уволили. Он перепробовал множество разных занятий и в конце концов стал парижским мусорщиком. С тех пор он постоянно чувствовал запах пыли даже в лёгком ветре и в мокрых цветах, которые продавали старушки на бульварах.

Где Сюзанна? Что с ней? Он знал, что сейчас она уже взрослая девушка, а отец её умер от ран. Шамет всё собирался съездить в Руан навестить Сюзанну. Но каждый раз откладывал поездку, пока наконец не понял, что Сюзанна о нём наверняка позабыла. Он ругал себя свиньёй, когда вспоминал прощание с ней. Вместо того чтобы поцеловать девочку, он толкнул её в спину и сказал: «Терпи, Сюзи!»

Мусорщики обычно работают по ночам. Однажды на рассвете Шамет проходил по мосту и увидел молодую женщину, которая стояла у перил и смотрела на Сену.

Шамет остановился, снял пыльную шляпу и сказал:

— Сударыня, вода сейчас в Сене очень холодная. Давайте лучше я провожу вас домой.

— У меня нет теперь дома, — быстро ответила женщина и повернулась к Шамету.

Шамет уронил шляпу.

— Сюзи! — воскликнул он. — Моя девочка! Ты, наверное, уже забыла меня. Я тот самый солдат, который привёз тебя к тётке в Руан. Какой ты стала красавицей!

— Жан! — женщина бросилась к Шамету и заплакала. — Жан, вы такой же добрый, каким были тогда. Я всё помню!

— Э-э, глупости! — проборматал Шамет. — Кому какая польза от моей доброты. Что с тобой случилось, моя маленькая?

Сюзанна не ответила. Шамет понял, что её не нужно ни о чём расспрашивать.

Он привёл Сюзанну домой, и она прожила у него пять дней. С Сюзанной случилось всё именно так, как предполагал Шамет. Ей изменил возлюбленный, молодой актёр. Но тех пяти дней, которые Сюзанна прожила у Шамета, вполне хватило на их примирение. Шамет участвовал в нём: ему пришлось отнести письмо актёру, который вскоре приехал за Сюзанной. И всё было как надо: букет, поцелуи, смех сквозь слёзы...

Когда они уезжали, Сюзанна так торопилась, что чуть не забыла попрощаться с Шаметом. Но тут же покраснела и виновато протянула ему руку.

— Если уж ты выбрала себе жизнь по вкусу, — сказал Шамет, — то будь счастлива.

— Я ничего ещё не знаю, — ответила Сюзанна, и слёзы заблестели у неё на глазах. — Вот если бы кто-нибудь подарил мне золотую розу! Это было бы к счастью. Я помню твой рассказ на пароходе, Жан.

Они уехали.

После отъезда Сюзанны Шамет перестал выбрасывать пыль из ювелирных мастерских. Он начал собирать её в мешок и уносил к себе домой. Мало кому известно, что в этой пыли есть некоторое количество золотого порошка, так как ювелиры, работая, всегда стачивают немного золота. Шамет решил извлечь из ювелирной пыли золото и сделать из него маленькую розу для Сюзанны, для её счастья. А может быть, как говорила ему мать, она послужит и для счастья многих простых людей. Он решил не встречаться с Сюзанной, пока не будет готова роза.

Прошло много времени. Золотого порошка накопилось столько, что можно было сделать розу. Когда роза была наконец готова, Шамет узнал, что Сюзанна год назад уехала в Америку и, как говорили, навсегда. Никто не мог сообщить Шамету её адрес.

С тех пор Шамет стал чувствовать боли в сердце, бросил убирать мастерские. Несколько дней он пролежал у себя дома, повернувшись лицом к стене. Соседи не приходили к Шамету — у каждого хватало своих забот. Шамета навещал только пожилой ювелир, который сделал золотую розу. Когда Шамет умер, ювелир нашёл её под подушкой. Роза была завёрнута в синюю ленту Сюзанны.

Вскоре ювелир продал розу пожилому литератору. Очевидно, решающую роль при покупке сыграла история золотой розы. В своих записках литератор писал:

«Каждая минута, каждое слово и взгляд, каждая глубокая или шутливая мысль, каждое незаметное движение человеческого сердца — всё это крупинки золотой пыли. Мы, литераторы, собираем их десятилетиями, эти миллионы песчинок, превращаем в сплав и потом выковываем из этого сплава свою «золотую розу» — повесть, роман или поэму».

1. Выполните тест. Выберите вариант правильного (в соответствии с содержанием текста) продолжения предложения.

Т е с т

1. Жан Шамет плыл из Мексики на родину, потому что он … .
   а) получил отпуск
   б) был демобилизован по болезни
   в) вёз во Францию дочь полковника
2. Во время долгого плавания … .
   а) Жан Шамет и Сюзанна мало разговаривали
   б) солдат не знал, как обращаться с девочкой
   в) Жан Шамет рассказывал Сюзанне сказки и истории
3. Когда-то в детстве … .
   а) Шамет видел у матери золотую розу
   б) Шамет читал о золотой розе
   в) мать Шамета рассказывала ему о золотой розе
4. Все девушки их посёлка мечтали о золотой розе, потому что золотая роза … .
   а) красивое украшение
   б) дорогая вещь
   в) приносит счастье
5. Приехав в Руан, Шамет … .
   а) решил остаться в этом городе
   б) с облегчением оставил девочку у её тёти и уехал в Париж
   в) с сожалением расстался с девочкой и уехал в Париж
6. Шамет работал мусорщиком, потому что … .
   а) ему нравилось работать по ночам
   б) он не мог найти другую работу
   в) это была лёгкая работа

7. Однажды на рассвете Шамет увидел молодую женщину, которая ... .
   а) шла по мосту ему навстречу
   б) пристально смотрела с моста на воду
   в) спокойно стояла на мосту

8. Сюзанна была в отчаянии и хотела броситься в воду, потому что ... .
   а) потеряла работу
   б) поссорилась с возлюбленным
   в) была одинока

9. Поселившись у Шамета, Сюзанна ... .
   а) помогала ему
   б) переписывалась со своим актёром
   в) искала работу в театре

10. Шамет решил подарить золотую розу Сюзанне, потому что ... .
    а) он был богат
    б) Сюзанна мечтала об этой розе с детства
    в) Сюзанна попросила его об этом

11. Чтобы сделать золотую розу, Шамет ... .
    а) продал всё, что у него было
    б) извлекал золотые пылинки из мусора
    в) бросил работу

12. Когда знакомый ювелир сделал маленькую золотую розу из собранного Шаметом золота, Шамет ... .
    а) подарил розу Сюзанне
    б) продал её
    в) не мог найти Сюзанну

13. Старый писатель купил золотую розу у ювелира, ...
    а) потому что любил золотые вещи
    б) чтобы подарить её жене
    в) потому что его заинтересовала история золотой розы

2. Пользуясь выполненным тестом, кратко воспроизведите содержание рассказа.

В

1. Скажите о профессиях героев рассказа другими словами, используя материал предтекстового задания.

1. Жан Шамет служил в армии (*солдат*). 2. Отец Сюзанны командовал полком. 3. Возлюбленный Сюзанны работал в театре.

4. Шамет убирал мусор. 5. Знакомый Шамета работал в ювелирной мастерской. 6. Человек, купивший золотую розу, писал повести и романы.

2. Дополните предложения словами и словосочетаниями из скобок в нужной форме.

1. (*тропический климат, армия*) Шамет не мог привыкнуть ... , поэтому был уволен ... . 2. (*дочь, она*) Полковник не хотел расставаться ... , но вынужден был отправить ... во Францию. 3. (*солдат*) Пока Шамет и Сюзанна плыли через океан, девочка привыкла ... . 4. (*девочка, она*) Шамет заботился ... и рассказывал ... разные истории. 5. (*Шамет, незнакомая суровая женщина*) В Руане Сюзанна не хотела расставаться ... , потому что испугалась ... . 6. (*девочка, разговоры с нею; Шамет и его рассказы*) Шамет часто вспоминал ... , и Сюзанна тоже помнила ... . 7. (*ювелирные мастерские, Сюзанна*) Шамет по ночам убирал ... и однажды встретился ... . 8. (*Сюзанна*) Он встретил ... на мосту. 9. (*её любимый, он*) Сюзанна поссорилась ... , но через неделю она помирилась ... . 10. (*она*) Шамет собирал пыль и извлекал ... крупинки золота. 11. (*лента Сюзанны*) Шамет завернул золотую розу ... . 12. (*история золотой розы, старый литератор*) Ювелир рассказал ... , и эта история заинтересовала ... .

3. Дополните предложения местоимениями **мой, твой, свой, его, её, их**.

1. Полковник всюду возил с собой ... дочь. 2. ... сестра жила в Руане, и он решил отправить к ней ... дочь. 3. «Ты отвезёшь ... дочь в Руан», — сказал он солдату. 4. О золотой розе Шамету в детстве рассказывала ... мать. 5. Сюзанна никогда не видела ... тётю. 6. «Это ... тётя, — сказал Сюзанне Шамет. — Иди, поздоровайся со ... тётей». 7. Шамет решил сделать золотую розу для Сюзанны, для ... счастья. 8. Он приносил пыль в ... жилище, и соседи решили, что он сошёл с ума. 9. Шамет не обращал внимания на ... вопросы и шутки.

4. Дополните текст глаголами движения.

Французский солдат Жан Шамет ... из Мексики во Францию. Он должен был ... в Руан дочь полковника. Они ... через океан около трёх недель и наконец ... во Францию.

В Руане Шамет ... Сюзанну к её тёте и ... в Париж.

На работу он ... пешком. Работал он по ночам и на рассвете не спеша ... по улицам Парижа. Однажды он ... по мосту и увидел одинокую женщину. Шамет узнал в ней Сюзанну. Он ... Сюзанну к себе домой. Помирившись со своим актёром, Сюзанна ... с ним. Сюзанне очень хотелось получить золотую розу, которая ... счастье.

5. Передайте содержание двух простых предложений одним сложным, используя союзы **когда, пока, пока не, после того как, с тех пор как, до того как, прежде чем.**

1. Они плыли на теплоходе через океан. Стояла страшная жара. 2. В Руане они расстались. Шамет часто вспоминал девочку. 3. Они расстались в Руане. Прошло много лет. 4. Шамет встретился со взрослой Сюзанной. Прошло более десяти трудных лет. 5. Сюзанна жила в его квартире. Он был счастлив. 6. Сюзанна уехала со своим актёром. Шамет решил сделать для неё золотую розу. 7. Шамет решил не встречаться с Сюзанной. Роза будет готова. 8. Роза наконец была готова. Шамет стал искать Сюзанну. 9. Он узнал, что Сюзанна уехала в Америку. Он заболел. 10. Он болел. К нему приходил ювелир. 11. Шамет умер. Ювелир взял золотую розу себе. 12. Старый литератор услышал историю золотой розы. Он сразу, не торгуясь, купил её у ювелира.

6. Передайте содержание

а) простых предложений, заменяя их сложными:

1. Он начинал убирать мастерские только после ухода ювелиров. 2. Во время работы ювелиров он убирал пыль только по их просьбе. 3. Шамет стал собирать золотую пыль после отъезда Сюзанны. 4. Во время болезни он никому не жаловался. 5. Обычно он успевал убирать мастерские до прихода ювелиров.

б) сложных предложений, заменяя их простыми:

1. Когда Шамет работал в мастерской, он беседовал со своим приятелем-ювелиром. 2. После того как Шамет закончил работу, он отправился к себе домой. 3. До того как отправиться на работу, он успел убрать своё жилище. 4. Ювелир навещал его, пока он болел. 5. После того как Шамет умер, ювелир продал золотую розу.

7. 1) Вспомните:

сколько времени продолжается действие	Он работал *два часа*.
за сколько времени, за какой срок получен результат	Он убрал мастерскую *за два часа*.

на сколько времени, на какой срок рассчитано действие	Она зашла к нам *на два часа.*
через *сколько времени* заканчивается одно действие и начинается другое	*Через два часа* она уехала.

2) Дополните предложения, указывая время действия. Используйте словосочетания из скобок в нужной форме.

1. (*20 лет*) Он собирал золотую пыль … . Он собрал нужное количество золота … . 2. (*2 года*) Она уехала в Америку … . 3. (*10 лет*) Они встретились снова … . Он сильно изменился … . 4. (*5 дней*) Она приехала к нему … . 5. (*несколько лет*) Он искал её … . Она нашла его … .

8. Дополните предложения словами и словосочетаниями из скобок в нужной форме.

1. (*конец девятнадцатого века*) Французские войска высадились в Мексике … . 2. (*триста лет*) Колониальная политика Франции продолжалась … . 3. (*несколько недель*) Жан Шамет пробыл в Мексике … . 4. (*болезнь, несколько недель*) Его отправили во Францию … . 5. (*месяц*) Они плыли на пароходе через океан … . 6. (*два месяца*) В Руан они попали … . 7. (*несколько лет*) В Руане они расстались, как думал Шамет, навсегда, но встретились … .

9. Ответьте на вопросы, используя слова и словосочетания из скобок в активных и пассивных оборотах.

1. (*увольнять — уволить из армии*) Почему Шамет оказался на пароходе, плывшем из Мексики во Францию? 2. (*рассказывать — рассказать все сказки, которые он знал*) Когда Шамет вспомнил историю золотой розы? 3. (*дарить — подарить*) Почему женщина из рыбачьего посёлка не продала свою золотую розу? 4. (*собирать — собрать достаточно золотой пыли*) Когда ювелир начал делать золотую розу? 5. (*предназначать — предназначить что для чего/кого*) Кто должен был получить золотую розу? 6. (*продавать — продать*) Кому досталась роза после смерти Шамета?

10. Образуйте все возможные причастные формы от следующих глаголов.

Заболеть, заботиться, иметь, купить, оставить, подарить, приносить, продать, работать, рассказывать — рассказать, сделать, собирать — собрать, стать, страдать, убирать — убрать, увидеть, уехать.

11. Прочитайте текст, заменяя предложения со словами **который** и **кто** причастными оборотами.

Французский солдат, который заболел в Мексике, отправлялся на родину. Полковник поручил ему отвезти в Руан свою восьмилетнюю дочь, которая тоже страдала от тропического климата.

Жан Шамет, который заботился о ребёнке, как мог, рассказывал девочке разные сказки и истории. Однажды он вспомнил историю, которую в детстве ему рассказала мать. В их посёлке жила старая небогатая женщина, которая имела большую драгоценность. Это была золотая роза, которую подарил ей в молодости возлюбленный. Говорили, что роза приносит счастье всем, кто её имеет или просто увидит.

В Руане Сюзанну встретила тётя, а Шамет уехал в Париж и часто вспоминал девочку, которую оставил в Руане.

Прошло лет десять. Шамет, который работал мусорщиком, жил бедно и одиноко. Однажды он случайно встретил Сюзанну, которая стала взрослой и красивой. Она сказала, что помнит его доброту, его сказки и мечтает о розе, которая приносит счастье.

Шамет решил подарить Сюзанне золотую розу и стал собирать пыль из ювелирных мастерских, которые он убирал по ночам. Ювелирная пыль, которую собирал Шамет, содержала крупинки золота. Но когда роза была готова, он не смог найти Сюзанну, которая уехала в Америку. Шамет заболел от горя. Больного навещал только ювелир, который сделал по его заказу золотую розу. После смерти Шамета драгоценность снова оказалась у ювелира, который продал её старому литератору. В своих записках литератор, который купил золотую розу, писал: «Труд писателя напоминает работу мусорщика, который всю жизнь собирает золотые пылинки, чтобы сделать из них розу».

1. Ответьте на вопросы.

1. Почему Шамет так привязался к Сюзанне? 2. Что символизировала золотая роза? 3. Что значила золотая роза для Шамета и Сюзанны? 4. Почему немолодой и небогатый литератор купил золотую розу?

2. Расскажите:

1) когда Шамет познакомился с Сюзанной, и как сложились их отношения; 2) о встрече Шамета со взрослой Сюзанной и об истории её любви; 3) о том, как была сделана золотая роза для Сюзанны.

Урок 3

1. События рассказа происходят в 1941 году. О чём вам напоминает эта дата?

2. Вспомните значение слов.

Бой, война, госпиталь, защищать, ранение, раненый, фронт, эвакуация.

3. Прочитайте рассказ. Приготовьтесь выполнить тест, который проверяет, правильно ли вы поняли содержание рассказа.

Снег
(По рассказу К. Паустовского)

Татьяна Петровна уехала из Москвы осенью 1941 года в эвакуацию и долго не могла привыкнуть к маленькому городу на Урале, где она поселилась. «Зачем я уехала из Москвы, бросила театр, друзей?» — часто думала она. Когда она стала выступать в концертах для раненых в госпиталях, которые были в этом тихом городке, она успокоилась. Город даже начал ей нравиться, особенно когда пришла зима и выпал снег. Постепенно она привыкла и к городу, и к чужому дому.

Маленький дом стоял на холме у реки на самом краю города. Сразу за домом начиналась берёзовая роща, где всё время кричали галки. Старик Потапов, хозяин дома, умер через месяц после того, как Татьяна Петровна поселилась в его доме. Теперь в доме остались только она, её маленькая дочь и старуха нянька.

Татьяна Петровна знала, что у Потапова есть сын, который сейчас где-то на фронте, он моряк. На письменном столе в кабинете Потапова стояла его фотография. Когда Татьяна Петровна смотрела на фотографию, ей всё время казалось, что она где-то его встречала, очень давно. Но где? И когда?

Зимой стали приходить письма на имя старика Потапова. От сына. Татьяна Петровна складывала их на письменном столе около фотографии. Однажды Татьяна Петровна распечатала полученное письмо.

«Милый мой старик, — прочитала Татьяна Петровна. — Пишу тебе из госпиталя, куда попал после ранения. Но ты не волнуйся.

Я часто вспоминаю тебя, папа, наш дом и сад, город. Всё это очень далеко сейчас, как будто на краю света. Когда я закрываю глаза, я вижу наш сад, белый от снега, расчищенную дорожку, что ведёт к беседке. Вот я подхожу к двери, дёргаю за верёвку, звонит колокольчик, и я вхожу. В комнатах тепло. На рояле лежат ноты и горят свечи...

Если б ты знал, как я люблю всё это теперь! Я вспоминал об этом в страшные минуты боя и защищал не только свою страну, но и этот маленький, самый дорогой для меня уголок, и тебя, и наш сад, и мальчишек нашего города, и берёзовую рощу за рекой.

...Может быть, через месяц я выпишусь из госпиталя и приеду дня на два домой. Но точно ничего не знаю. Лучше не жди...»

Теперь Татьяна Петровна знала, что скоро может приехать сын Потапова и как ему будет тяжело узнать о смерти отца и увидеть в доме чужих людей и всё совсем не таким, как он помнит и представляет. Она сама исправила колокольчик, сказала дочери, чтобы она взяла лопату и расчистила дорожку к беседке. Привезла мастера, который настроил рояль, нашла свечи и вставила их в подсвечники.

— Зачем ты трогаешь чужие вещи? — сказала матери Варя. — Мне не разрешаешь, а сама трогаешь.

— Потому что я взрослая, — ответила Татьяна Петровна.

Варя посмотрела на неё, и ей показалось, что мама совсем не похожа на взрослую. Она была похожа на ту девушку, которая потеряла хрустальную туфельку во дворце. Татьяна Петровна сама рассказывала Варе о ней.

Лейтенант Потапов ехал домой. Отпуск был короткий, а дорога длинная, дома ему придётся пробыть не более суток. Поезд пришёл в городок днём. На вокзале его увидел начальник станции, старый знакомый их семьи, и рассказал, что старик Потапов умер, а в доме живут эвакуированные: певица из Москвы с дочерью и нянькой.

Потапов стоял, отвернувшись к окну.

— Когда обратный поезд? — спросил он.

— Теперь только в пять часов утра.

Потапов вышел и пошёл через город к реке.

«Опоздал, — думал он. — И теперь здесь всё будто чужое: и город, и река, и дом».

Он решил, что домой не пойдёт, только пройдёт мимо, посмотрит сад. Мысль о том, что в отцовском доме живут чужие, равнодушные люди, была ему невыносима. Лучше ничего не видеть, уехать и забыть о прошлом!

Потапов подошёл к дому уже в сумерки. Постояв, он осторожно открыл калитку, увидел расчищенную дорожку и пошёл к беседке. Он стоял, сняв шапку, и думал: «Ну как же это так?»

Потом он услышал шаги и оглянулся. К нему шла молодая женщина с бледным строгим лицом и большими тёмными глазами.

— Наденьте шапку. Вы простудитесь, — сказала она. — И идёмте в дом.

Он продолжал стоять. Женщина осторожно взяла его за рукав и повела к дому. Они подошли к двери, и Потапов услышал, как зазвенел колокольчик. Потапов вздохнул и вошёл. Татьяна Петровна сразу провела его в кухню. Там он увидел знакомое полотенце и кувшин с водой. Вошла маленькая девочка, она принесла ему мыло.

— А кто же твоя мама? — спросил он улыбающуюся девочку.

— Она думает, что она взрослая, — ответила девочка и убежала.

Весь вечер Потапову казалось, что он живёт в лёгком сне. Всё в доме было так же, как до войны. Те же ноты лежали на рояле, те же свечи горели в подсвечниках, освещая маленький кабинет отца.

Потом они пошли на кладбище, и Татьяна Петровна показала ему могилу его отца.

Поздно вечером, сидя у рояля, Татьяна Петровна сказала Потапову:

— Мне всё время кажется, что я где-то уже видела вас.

— Да, может быть, — ответил Потапов. Он посмотрел на неё, походил по комнате. — Но не могу вспомнить.

Он лёг на отцовском диване в кабинете, но не мог уснуть. Каждая минута в этом доме казалась ему драгоценной.

В четыре часа утра в дверь постучали:

— Мне жаль вас будить, но вам пора вставать.

Татьяна Петровна проводила Потапова на станцию. Когда подошёл поезд, она протянула ему обе руки и сказала:

— Пишите. Мы теперь как родственники. Правда?

Потапов ничего не ответил, только кивнул головой.

Через несколько дней Татьяна Петровна получила от него письмо.

«Я вспомнил, конечно, где мы встречались, — писал Потапов, — но не хотел вам говорить. Помните Крым в двадцать седьмом году? Я шёл по дорожке приморского парка и встретил девушку лет шестнадцати. Быстро и легко она прошла мимо меня, а я остановился и смотрел ей вслед. Я почувствовал тогда, что мимо меня прошла женщина, которая могла бы и разрушить мою жизнь, и дать мне огромное счастье.

Это были вы. Я не мог ошибиться. Не знаю, почему тогда я не двинулся с места. Но я знал, что должен вас найти.

С тех пор я полюбил Крым, где видел и потерял вас. Но судьба добра ко мне: я встретил вас. Если всё кончится хорошо и вам будет нужна моя жизнь, она, конечно, будет ваша...»

— Боже мой, я никогда не была в Крыму! — прошептала Татьяна Петровна. — Но разве теперь это может иметь какое-нибудь значение?

Она положила письмо и задумчиво смотрела в сад.

1. Выполните тест. Выберите вариант правильного (в соответствии с содержанием текста) продолжения предложения.

Т е с т

1. Действие рассказа происходит ... .
   а) в наше время
   б) в начале двадцатого века
   в) во время Второй мировой войны
2. Татьяна Петровна приехала в маленький город, ...
   а) чтобы отдохнуть
   б) она хотела там работать
   в) она, как и многие москвичи, эвакуировалась в начале войны
3. Татьяна Петровна жила ... .
   а) в доме у родственников
   б) в своём доме
   в) в чужом доме
4. Приехав из Москвы, Татьяна Петровна ... .
   а) сразу привыкла к маленькому городу
   б) не могла привыкнуть к маленькому городу
   в) никогда не вспоминала о своём городе
5. По специальности Татьяна Петровна была ... .
   а) врачом
   б) певицей
   в) учительницей

6. В маленьком городе Татьяна Петровна ... .
   а) сидела дома, занималась музыкой с дочерью
   б) выступала в госпиталях, пела для раненых
   в) преподавала пение в школе
7. Старик Потапов, хозяин дома, где жила Татьяна Петровна, умер ... .
   а) сразу после её приезда
   б) через полгода после того, как она поселилась в его доме
   в) через месяц после её приезда
8. После смерти Потапова Татьяна Петровна осталась ... .
   а) с дочерью и нянькой
   б) с дочерью
   в) одна
9. Татьяна Петровна знала, что сын Потапова был в это время ... .
   а) на вокзале
   б) где-то на фронте
   в) в Москве
10. Когда от сына Потапова стали приходить письма, Татьяна Петровна ... .
    а) читала их
    б) отдавала их знакомым Потаповых
    в) складывала их на письменном столе около его фотографии
11. Татьяна Петровна узнала, что сын Потапова приедет домой, ...
    а) из одного письма, которое она прочитала
    б) от знакомых Потаповых
    в) от старика Потапова, когда он болел
12. Татьяна Петровна убрала в доме, настроила рояль, отремонтировала колокольчик, расчистила дорожки, потому что ... .
    а) у неё было много свободного времени и ей нечего было делать
    б) она хотела переехать на другую квартиру
    в) таким вспоминал дом сын Потапова в письме
13. Татьяна Петровна старалась привести всё в порядок, потому что ... .
    а) она боялась нового хозяина
    б) ей хотелось, чтобы сын умершего хозяина не почувствовал этот дом без отца чужим
    в) она любила порядок
14. Лейтенант Потапов узнал о смерти отца ... .
    а) от Татьяны Петровны

б) от начальника станции

в) из письма знакомых

15. Лейтенант Потапов не сразу уехал из города, потому что ... .

а) обратный поезд шёл только на следующее утро

б) он хотел погулять по родному городу

в) он решил зайти в свой дом и познакомиться с людьми, которые там жили

16. Лейтенант Потапов вошёл в свой дом, потому что ... .

а) его пригласила Татьяна Петровна

б) дверь была открыта

в) теперь он был хозяином этого дома

17. В своём доме лейтенант Потапов чувствовал себя, как ... .

а) хозяин

б) в гостях

в) во сне

18. Лейтенант Потапов всю ночь ... .

а) спал

б) не мог уснуть

в) ходил по кабинету отца

19. Провожая лейтенанта Потапова, Татьяна Петровна попросила его писать ей, потому что ... .

а) она уже привыкла читать его письма

б) ей нечего было больше сказать ему

в) она чувствовала, что они стали близкими людьми

20. В первом письме к Татьяне Петровне лейтенант Потапов писал о мимолётной встрече с девушкой ... .

а) в приморском парке

б) на дорожке в саду

в) в беседке

21. Татьяна Петровна ... .

а) когда-то бывала в Крыму

б) ещё ни разу не ездила в Крым

в) очень любила Крым

22. Татьяна Петровна была уверена, что они с Потаповым познакомились ... .

а) когда-то в Крыму

б) в его родном доме

в) в госпитале

2. Пользуясь выполненным тестом, кратко воспроизведите содержание рассказа.

1. Дополните предложения, указывая время действия. Используйте слова и словосочетания из скобок в нужной форме.

1. (*1939 год*) Вторая мировая война началась в Европе ... . 2. (*22 июня 1941 года*) Германия напала на Советский Союз ... . 3. (*война*) ... Татьяна Петровна жила и работала в Москве. 4. (*осень 1941 года*) Она уехала из Москвы ... . 5. (*зима 1942 года*) Старик Потапов, в доме которого жила Татьяна Петровна, умер ... . 6. (*смерть старика*) Письма от сына приходили и ... . 7. (*приезд лейтенанта Потапова*) Татьяна Петровна убрала дом ... . 8. (*целый день, вечер*) Молодой Потапов грустно бродил по городу ... и подошёл к родному дому только ... . 9. (*несколько часов, другой день*) В родном доме он провёл ... и ... уехал.

2. Ответьте на вопросы, указывая место действия. Используйте слова и словосочетания из скобок в нужной форме.

1. (*Урал, Сибирь, Средняя Азия*) Куда уезжали в эвакуацию жители западной части СССР? 2. (*маленький город, Урал, госпиталь*) Где жила и работала певица из Москвы во время войны? 3. (*окраина города, река, холм*) Где стоял дом старика Потапова? 4. Как располагались вещи в доме Потапова? Где лежали ноты, стоял рояль, висел колокольчик? 5. (*госпиталь, фронт*) Откуда приехал лейтенант Потапов в отпуск, и куда он уехал на другой день? 6. (*Крым, море, парк, юг*) Где могли встретиться Татьяна Петровна и Потапов до войны?

3. Ответьте на вопросы, используя слова и словосочетания из скобок в нужной форме.

1. (*выступать — выступить*) Что делала в маленьком городке певица из Москвы? 2. (*привыкать — привыкнуть*) Как она там себя чувствовала? 3. (*умирать — умереть, хоронить — похоронить*) Что случилось с хозяином дома? 4. (*попадать — попасть в госпиталь, выписываться — выписаться, вспоминать — вспомнить*) Что писал отцу лейтенант Потапов? 5. (*убирать — убрать, исправлять — исправить, расчищать — расчистить, настраивать — настроить, ставить — поставить, класть — положить*) Что делала (сделала) Татьяна Петровна, прочитав письмо Потапова? 6. (*открывать — открыть*) Можно ли читать чужие письма? 7. (*убирать — убрать свои игрушки, трогать — тронуть чужие вещи*) Чему учила свою дочь Татьяна Петровна?

4. Ответьте на вопросы отрицательно.

1. Были ли у Татьяны Петровны в этом городе друзья или родственники? 2. Была ли у неё здесь работа? 3. Куда Татьяна Петровна ходила по вечерам? 4. С кем она общалась? 5. Забыл ли Потапов что-нибудь дома? 6. Трогала ли девочка что-нибудь в кабинете Потапова? 7. Знал ли Потапов что-нибудь об отце? 8. Написал ли кто-нибудь Потапову о смерти отца? 9. Татьяна Петровна и Потапов раньше были знакомы? 10. Была ли Татьяна Петровна когда-нибудь в Крыму? 11. Забыла ли Татьяна Петровна о чём-нибудь из разговора с Потаповым?

5. Дополните текст глаголами движения с приставками или без приставок.

Татьяна Петровна ... в маленький городок на Урале и очень жалела, что ей пришлось ... из Москвы.

Лейтенант Потапов ... в родной город только на одни сутки. На вокзале он узнал о смерти отца и хотел сразу же ... обратно. Но обратный поезд ... только ночью. Потапов не хотел ... в дом, где жили теперь чужие люди, и долго ... по городу. Наконец он решился ... мимо своего дома. Только ... мимо, ... в дом он не хотел.

Когда он ... к дому, ему захотелось ... в сад. В саду он увидел расчищенную дорожку и ... по ней к беседке. К нему ... незнакомая молодая женщина и пригласила в дом. Тяжело вздохнув, Потапов ... в дом и ... в кабинет отца. Потом он попросил Татьяну Петровну ... с ним на кладбище, чтобы она показала ему могилу отца.

Утром она ... его на станцию. Когда ... поезд, они попрощались.

6. Выразите сравнение, используя нужные формы и конструкции.

О б р а з е ц: (интересно) Жизнь Татьяны Петровны в Москве и в маленьком городе. — В Москве Татьяна Петровна жила *интереснее, чем* в маленьком городе.

1. (*красивый, казаться*) Городок осенью и зимой. 2. (*хорошо, удобно*) Жизнь на окраине города или в центре. 3. (*красивый, похожий*) Девочка и её мать. 4. (*такой же, как; так же, как; не такой, как; не так, как*) Жизнь в городе до войны и во время войны. 5. (*представлять себе; такой, как; так, как*) Воспоминания Потапова об обстановке дома перед его уходом на фронт. 6. (*тот же, такой же*) Ноты, свечи в кабинете отца. 7. (*по сравнению*) Тихий городок и оживлённая Москва. 8. (*в отличие*) Весёлая и улыбчивая девочка и её строгая и грустная мама.

7. Передайте содержание предложений, заменяя выделенные части предложениями со словом **который**.

1. Город, ***куда приехала Татьяна Петровна***, был маленький и уютный. 2. Она поселилась в доме, ***что стоял на холме***. 3. Холм, ***где стоял дом***, был невысок. 4. Город, ***откуда приехала Татьяна Петровна***, был далеко. 5. Письма, ***что приходили после смерти старика***, Татьяна Петровна складывала на письменном столе.

8. Передайте содержание предложений, заменяя один из глаголов деепричастием.

1. Татьяна Петровна прочитала одно из писем и узнала о приезде Потапова. 2. Потапов приехал в родной город и на вокзале узнал о смерти отца. 3. Он скрывал свои слёзы, поэтому отвернулся к окну. 4. Он отвернулся к окну и закрыл лицо руками. 5. Потапов отказался от приглашения начальника станции и пошёл в город. 6. Потапов подошёл к своему дому и остановился в нерешительности. 7. Он долго стоял в саду и не решался войти в дом, где живут чужие люди. 8. К Потапову подошла незнакомая женщина и пригласила его войти в дом. 9. Маленькая девочка глядела на него с любопытством и радостно улыбалась. 10. Татьяна Петровна разговаривала с Потаповым и старалась вспомнить, где она могла видеть его раньше.

9. Передайте содержание двух простых предложений одним сложным, используя союзы **когда, как только, до того как, после того как**.

1. Началась война. Татьяна Петровна жила в Москве. 2. Фронт приближался к Москве. Многие москвичи эвакуировались на восток. 3. Старик Потапов умер. На его имя стали приходить письма. 4. Из одного письма Татьяна Петровна узнала о приезде сына Потапова. Она сразу начала приводить дом в прежний порядок. 5. Сын Потапова приехал. Татьяна Петровна успела привести дом в порядок. 6. Лейтенант Потапов подошёл к дому и стоял в саду. Татьяна Петровна вышла из дома и пригласила его войти. 7. Потапов уехал. Татьяна Петровна получила от него большое письмо.

10. Дополните текст, вспоминая содержание рассказа.

В начале войны Татьяна Петровна ... из Москвы. Она ... в маленький городок на Урале и ... в доме старика Потапова. Татьяна Петровна была певицей и ... теперь в госпитале.

Старик Потапов был болен и зимой ... . Его похоронили, а на его имя продолжали ... письма от сына. Татьяна Петровна ... эти письма на письменном столе. Однажды она ... полученное письмо и узнала, что сын Потапова скоро ... домой. Писал он из госпиталя, потому что был ... . Он писал, что ... только на сутки. В письме было написано о том, что он ... родной город, свой дом, дорожки в саду, ... у двери, ... на рояле, ... на столе.

Татьяна Петровна читала и думала, что сейчас в саду снег и нет дорожек, колокольчик не работает, рояль расстроен и нет на нём никаких свечей. На другой день она ... дом, сама ... колокольчик, ... мастера, который настроил рояль. На рояль она ... свечи, ... ноты.

11. Передайте содержание текста, заменяя прямую речь косвенной.

Лейтенант Потапов, выписавшись из госпиталя, получил отпуск на одни сутки и приехал в свой родной город на Урале, где жил его старый отец. На вокзале лейтенанта узнал начальник станции, удивился и, поколебавшись, сообщил:

— Твой отец два месяца назад умер. Тебе об этом не писали? А в доме живут эвакуированные.

Услышав о смерти отца, Потапов молча отвернулся к окну. Через некоторое время он спросил, не оборачиваясь:

— Когда обратный поезд?

— Только в пять часов утра, — ответил начальник станции. — Ты оставайся здесь, не ходи домой.

— Спасибо, — ответил Потапов и вышел. Он пошёл через город к реке.

«Опоздал, — думал Потапов. — И теперь здесь всё будет чужое: и город, и река, и дом».

Незаметно для себя он дошёл до дома. Подумав, он вошёл в сад и остановился у скамейки, поставленной здесь отцом. К нему кто-то подошёл. Оглянувшись, он увидел незнакомую молодую женщину.

— Наденьте шапку, вы простудитесь, — тихо сказала она. — И пойдёмте в дом.

В доме почти ничего не изменилось с тех пор, как Потапов ушёл на фронт. Успокоившись от волнения, он спросил:

— Вы не знаете, где могила моего отца?

Женщина проводила его на кладбище. Когда он к вечеру вернулся в дом, его встретила маленькая девочка. Она осторожно спросила:

— Теперь вы будете жить здесь?

Потапов грустно улыбнулся, покачал головой и попросил женщину:

— Разбудите меня, пожалуйста, в четыре часа утра.

Он лёг на диване в кабинете отца, но заснуть не мог. Каждая минута в родном доме казалась ему драгоценной, и он как будто боялся её потерять. В четыре часа в дверь тихонько постучали:

— Вам пора вставать.

Татьяна Петровна проводила его на станцию. Когда подошёл поезд, Потапов сказал ей:

— Прощайте. Спасибо вам за всё!

Она протянула ему обе руки и сказала:

— Пишите. Ведь мы теперь как родственники.

1. Скажите:

1) почему рассказ называется «Снег»; 2) считаете ли вы название рассказа удачным; 3) какое значение имеет снег (слово и явление) в рассказе; 4) почему героям рассказа казалось, что они уже встречались; 5) какое чудо произошло в жизни героев рассказа.

2. Напишите письмо Потапову от лица Татьяны Петровны.

3. Предложите своё продолжение этого рассказа.

Урок 4

1. Уточните по словарю значение слов.

Клавесин, композитор, пианино, пианист, повар, рояль, садовник, священник, слуга.

2. Ответьте на вопросы.

1. Кто работает (стирает, убирает) в домах богатых? 2. Кто готовит блюда в ресторанах? 3. Кто ухаживает за садом? 4. Кто играет на рояле? 5. Кто создаёт музыку? 6. Кто имеет право исповедывать?

3. Вспомните значение слов и словосочетаний.

Глухой, глохнуть — оглохнуть; слепой, слепнуть — ослепнуть; воровать, красть — украсть *что у кого;* заботиться — позаботиться *о ком/о чём;* исповедать *кого;* исповедаться *перед кем;* исповедь; оставаться — остаться сиротой; скрывать — скрыть *что от кого.*

4. К выделенным словам подберите однокоренные.

Облегчить страдания, *окраина* города, *сторожка* в саду, *убранство* дома, *свеча,* низко *склониться.*

5. Прочитайте рассказ. Приготовьтесь выполнить тест, который проверяет, правильно ли вы поняли содержание рассказа.

Старый повар

(По рассказу К. Паустовского)

В один из зимних вечеров 1786 года на окраине Вены в маленьком деревянном доме умирал слепой старик, бывший повар богатой графини. Несколько лет назад повар ослеп от жара печей и управляющий графини поселил его в сторожке старого сада. Вместе с поваром жила его дочь Мария, девушка лет восемнадцати. Всё убранство их дома составляли кровать, несколько старых стульев, стол, фаянсовая посуда в шкафу и, наконец, старый клавесин.

Когда Мария умыла отца, надела на него чистую рубашку, он сказал:

— Выйди на улицу и попроси первого встречного зайти к нам в дом. Мне надо исповедаться перед смертью.

Мария вышла на улицу и долго ждала. Улица была тёмная и пустынная. Наконец на улице появился прохожий. Мария подбежала к нему и дрожащим голосом попросила зайти к ним в дом, чтобы исповедать умирающего.

— Хорошо, — сказал человек спокойно. — Я не священник, но это всё равно. Идёмте.

Они вошли в дом. При свете свечи Мария увидела, что незнакомец невысокий, худой и очень молодой. Он придвинул к кровати стул, сел и наклонился к умирающему.

— Говорите, — сказал он. — Может быть, властью, данной мне Богом через искусство, я смогу облегчить ваши последние минуты и вашу душу.

— Я работал всю жизнь, пока не ослеп, — прошептал старик. — У меня не было времени грешить... Но когда заболела моя жена и доктор прописал ей разные дорогие лекарства, я украл маленькое золотое блюдо из сервиза графини и продал его. Мне тяжело вспоминать об этом. Я скрывал это от дочери и учил её не брать ничего чужого...

— А кто-нибудь из слуг графини пострадал за это? — спросил незнакомец.

— Клянусь, сударь, никто! — ответил старик и заплакал. — А золото не помогло моей Марте, она умерла.

— Как вас зовут? — спросил незнакомец.

— Иоганн Мейер, сударь.

— Так вот, Иоганн Мейер, — сказал незнакомец, положив руки на слепые глаза старика. — Вы невиновны перед Богом и перед людьми. То, что вы сделали, не есть грех, и совершили вы это ради любви. А теперь скажите мне вашу последнюю просьбу.

— Я хочу, чтобы кто-нибудь позаботился о Марии.

— Я сделаю это. А ещё чего вы хотите?

Тогда умирающий неожиданно улыбнулся:

— Чего я хочу? Я хотел бы ещё раз увидеть Марту такой, какой я встретил её в молодости. Увидеть солнце и этот старый сад, когда он цветёт весной... Простите меня за мои глупые слова.

— Хорошо, — сказал незнакомец и встал.

Он подошёл к клавесину и сел перед ним на стул.

— Хорошо! — повторил он. И как будто звон хрустальных шариков рассыпался по дорожке. — Слушайте! Слушайте и смотрите.

Он заиграл. Старый клавесин пел полным голосом впервые за много лет. Звуками наполнялся не только дом, но и старый сад.

— Я вижу, сударь! — сказал старик, приподнимаясь на кровати. — Я вижу день, когда я встретился с Мартой. Это было зимой в горах. Белый снег, синее небо и Марта. Марта смеялась...

Незнакомец играл, глядя в окно, за которым была тёмная ночь.

— А теперь? — спросил он. — Вы видите, как ночь становится синей, потом голубой. В старом саду начинают цвести белые цветы... Видите?

— Я всё это вижу! — крикнул старик. — Мария, открой окно!

Незнакомец стал играть тихо и медленно.

— Я видел всё так ясно, как много лет назад, — уже с трудом проговорил старик. — И я хочу узнать ваше имя... Имя!

Незнакомец перестал играть, подошёл к кровати:

— Меня зовут Вольфганг Амадей Моцарт.

Мария низко, почти касаясь коленом пола, склонилась перед великим музыкантом. Когда она выпрямилась, старик был уже мёртв. За окном начинался рассвет и виден был сад, засыпанный цветами мокрого снега.

1. Выполните тест. Выберите вариант правильного (в соответствии с содержанием текста) продолжения предложения.

Тест

1. Действие рассказа происходит ... .
   а) в девятнадцатом веке
   б) в начале двадцатого века
   в) в конце восемнадцатого века
2. Старый повар жил ... .
   а) в доме богатой графини
   б) в собственном доме на окраине города
   в) в маленьком доме в саду
3. Старый повар ... .
   а) имел большую семью
   б) жил вместе с дочерью
   в) был совершенно одинок
4. В доме, где жили старый повар и Мария, ...
   а) было много мебели
   б) была очень простая мебель
   в) стоял старый рояль

5. Старый повар ослеп ... .
   а) ещё в детстве
   б) от жара печей
   в) после болезни
6. Перед смертью старый повар ... .
   а) хотел исповедаться
   б) попросил дочь позвать священника
   в) рассказал дочери о своих грехах
7. Мария привела к отцу ... .
   а) священника
   б) знакомого доктора
   в) случайного прохожего, первого встречного
8. Старик хотел исповедаться перед смертью, потому что ... .
   а) у него было много грехов
   б) он был хороший христианин
   в) когда-то однажды он украл золотую вещь
9. Когда-то давно повар украл золотое блюдо в доме графини, чтобы ... .
   а) купить дорогое лекарство больной жене
   б) купить жене дорогой подарок
   в) заплатить долги
10. Когда пропало золотое блюдо, ...
    а) повара прогнали с работы
    б) были наказаны несколько слуг
    в) никто из слуг не пострадал
11. Выслушав признание (исповедь) старика, незнакомец сказал, что ... .
    а) Бог накажет или простит его
    б) воровство — большой грех
    в) старик ни в чём не виноват
12. Последним желанием умирающего было ... .
    а) выйти на улицу
    б) увидеть свою жену, солнечный свет и цветущий сад
    в) послушать музыку
13. Музыкант начал играть, и ... .
    а) старик заплакал
    б) слепому старику показалось, что он видит всё, о чём мечтал
    в) прохожие останавливались около дома, чтобы послушать музыку

14. Случайный прохожий оказался ... .
   а) священником
   б) великим композитором
   в) одним из слуг графини

2. Пользуясь выполненным тестом, кратко воспроизведите содержание рассказа.

1. Дополните предложения глаголами из скобок в нужной форме.

1. (*заботиться, позаботиться*) Старый повар и его дочь жили вдвоём и трогательно ... друг о друге. «Кто теперь ... о моей бедной дочери?» — думал умирающий старик. 2. (*воровать, украсть*) Повар никогда ничего не ... , но однажды он ... золотое блюдо, потому что нужны были деньги на лекарства. 3. (*скрывать, скрыть*) Ему удалось ... свой поступок. Он всю жизнь ... это от дочери. 4. (*страдать, пострадать*) Никто из слуг не ... из-за него тогда, но сам он ... всю жизнь. 5. (*брать, взять*) Я никогда не ... ничего чужого, но однажды я ... одно маленькое золотое блюдо из сервиза графини. 6. (*помогать, помочь*) Марта принимала дорогие лекарства, но они не ... ей. Золото тоже не ... нам. 7. (*видеть, увидеть*) «Я хочу ещё раз ... солнце, сад и свою жену», — сказал старик. «Я ... , я всё это ... !» — повторял он, слушая музыку.

2. Дополните текст глаголами **идти** или **ходить** с приставками в (во)-, вы-, под-, про-.

Мария ... на улицу и долго ждала. Мимо их дома ... какой-то человек. Она ... к нему и обратилась с просьбой. Они вместе ... в дом. Незнакомец выслушал просьбу старика и ... к роялю.

3. Передайте содержание предложений, заменяя прямую речь косвенной.

1. «Выйди на улицу и попроси первого встречного зайти в наш дом», — сказал старик дочери. 2. «Что с вами случилось?» — спросил незнакомец. 3. Выслушав старика, незнакомец спросил: «А кто-нибудь из слуг пострадал из-за вас?» 4. «У вас есть ещё просьбы?» — спросил он старика. 5. «Позаботьтесь о моей одинокой дочери!» — попросил повар. 6. «Слушайте! — сказал незнакомец. — Слушайте и смотрите!» 7. «Вы видите что-нибудь?» — спросил старика незнакомец.

4. Передайте содержание предложений, заменяя один из глаголов деепричастием.

1. Мария быстро надела пальто и выбежала на улицу. 2. Она подошла к прохожему и попросила его выслушать её просьбу. 3. Она волновалась, когда рассказывала ему о болезни отца. 4. Незнакомец снял пальто и подошёл к роялю. 5. Слепой старик слушал музыку и повторял: «Я вижу... Я всё это вижу...» 6. Старый повар и его дочь вслушивались в музыку и чувствовали и грусть, и радость, вспоминали самое дорогое в их жизни, представляли людей и пейзажи. 7. Композитор играл свой экспромт и выражал музыкой настроение слушателей, вызывал в них чувства и воспоминания. 8. Девушка молча поклонилась музыканту, так она выразила свою благодарность.

5. Передайте содержание предложений, заменяя предложения со словом **который** причастными оборотами.

1. Умирал бедный старик, который всю жизнь работал поваром. 2. Перед смертью он признался в проступке, который скрывал от дочери. 3. Золото, которое бедный повар украл у графини, не помогло ему. 4. Первый встречный, которого Мария привела к своему отцу, оказался великим композитором. 5. Он обещал старику позаботиться о девушке, которая оставалась сиротой. 6. Это было последнее желание старика, которое он высказал перед смертью. 7. Истинный художник обладает властью, которую ему дал Бог через искусство. 8. Слушая музыку, старик как будто увидел и свою Марту, которая счастливо улыбалась ему, и сад, который цвёл белыми цветами. 9. Мария никогда не слышала произведение, которое исполнял незнакомец. 10. Имя, которое он назвал, было хорошо известно ей.

6. Передайте содержание предложений, заменяя активные обороты пассивными.

1. Эту импровизацию (это произведение) композитор создавал в необычных условиях. 2. Он исполнил последнее желание умирающего старика. 3. Известный музыкант исполняет Лунную сонату Бетховена с большим вдохновением. 4. Вашу просьбу можно выполнить. 5. Просьбу умирающего нужно выполнить. 6. В этом произведении композитор выразил своё представление о счастье. 7. Он создал много прекрасных произведений. 8. В своей симфонии композитор использовал народные мелодии. 9. «Музыку создаёт народ, а мы, композиторы, только аранжируем её», — говорил великий русский композитор Михаил Глинка.

7. Дополните предложения словами с частицами **-то, -нибудь, кое-.**

1. Старик сказал дочери, что ему надо исповедаться перед ... .
2. По улице шёл ... человек. 3. Незнакомец (прохожий) сразу понял,
что у неё ... случилось. 4. Старик признался, что ... давно он совер-
шил грех. 5. Незнакомец сел к роялю и заиграл ... пьесу (... произведение). 6. Мария попросила его сыграть ещё ... . 7. Я хочу рассказать
вам ... из своей жизни.

8. Скажите, как выражены

а) отрицание:

1. *Никогда* в жизни я *не* делал *ничего* плохого. 2. Я всегда учил
свою дочь *не* брать *ничего* чужого. 3. *Никто* из слуг *не* пострадал из-за
него. 4. Вы *ни* в чём *не* виноваты *ни* перед Богом, *ни* перед людьми.

б) причина:

1. Старый повар ослеп *от* жара печей, заболел *от* тяжёлой работы. 2. Он украл золотое блюдо и продал его *за* неимением других
средств. 3. Он сделал это *из* любви к жене, *из* желания её спасти.
4. Никто из слуг не пострадал *из-за* него, *из-за* его поступка. 5. Музыкант пришёл в бедный дом *по* просьбе девушки. 6. «Талант дан
мне *по* воле Бога», — сказал композитор. 7. Старик умер спокойно
благодаря приходу музыканта, *благодаря* его доброте и таланту.

в) время:

1. Старик работал поваром, *пока не* ослеп от жара печей. 2. Девушка стояла одна на улице, *пока не* увидела прохожего. 3. Я не могу
умереть спокойно, *пока не* исповедуюсь. 4. Старый повар не мог успокоиться, *пока не* рассказал всё незнакомцу.

9. Дополните текст, вспоминая содержание рассказа.

Как истинный христианин, старик хотел ... перед смертью. Его
грех состоял в том, что он ... золотое блюдо и ... его, чтобы купить
лекарство больной жене. За это могли быть наказаны другие слуги,
но, слава Богу, никто не заметил пропажи и никто не пострадал из-за
него. Старик всю жизнь ... это от дочери, но перед смертью не мог не
... . Незнакомец выслушал исповедь старика и сказал, что он ни в чём
не ... . Старик попросил его ... о его дочери. Незнакомец подошёл к
роялю и начал ... . «Я всё вижу,— говорил старик, слушая игру. — Я
вижу Марту. Это солнечный зимний день, она ... . А теперь весна, сад
... белыми цветами». По просьбе старика незнакомец назвал своё имя.
Это был ... .

1. Расскажите:

1) как жил и умирал старый повар, как он работал, кого он любил, как относился к Богу; 2) в чём заключается смысл исповеди; 3) какое значение имеет искусство в жизни людей.

Урок 5

1. Прочитайте существительные, обозначающие различные звуки. Скажите, где можно услышать такие звуки. Какие ещё «звуковые» существительные вы знаете?

   Гром, плеск, шелест, шум, эхо.

2. Составьте словосочетания с существительным **музыка**.

3. Прочитайте рассказ. Приготовьтесь выполнить тест, который проверяет, правильно ли вы поняли содержание рассказа.

Корзина с еловыми шишками
(По рассказу К. Паустовского)

Композитор Эдвард Григ проводил осень в лесах около Бергена. Все леса хороши с их грибным воздухом и шелестом листьев. Но особенно хороши горные леса около моря, в них слышен шум прибоя. Кроме того, в горных лесах живёт весёлое эхо, которое ловит и далеко разносит любой звук. Осенью горные леса выглядят так, как будто в них собрано всё золото и медь, какие есть на земле.

Однажды Григ встретил в лесу маленькую девочку со светлыми косичками. Она собирала в корзину еловые шишки и что-то напевала.

— Как тебя зовут, девочка? — спросил Григ.

— Дагни Педерсен, — тихо ответила девочка. Она не испугалась незнакомого человека, потому что его добрые глаза улыбались.

— Как жаль, что мне нечего тебе подарить, — сказал Григ. — У меня нет с собой ни куклы, ни лент, ни бархатных зайцев.

— Дома у меня есть старая кукла, — ответила девочка. — Когда-то кукла открывала и закрывала глаза. Вот так!

Девочка закрыла глаза, и, когда она вновь их открыла, Григ заметил, что глаза у неё такие зелёные, как будто в них отражается зелень леса.

— А теперь кукла даже спит с открытыми глазами, — печально продолжала девочка. — У старых людей плохой сон. Вот дедушка тоже не спит по ночам.

— Слушай, Дагни, — сказал Григ, — я кое-что придумал. Я подарю тебе одну интересную вещь. Но только не сейчас, а лет через десять.

— Ой, как долго! — разочарованно воскликнула девочка.

— Но, понимаешь, мне ещё нужно сделать её.

— За десять лет вы можете сделать только одну игрушку? — удивилась девочка.

— Да нет, это не совсем так, — смущённо возразил Григ. — Может быть, я сделаю её за несколько дней. Но такие вещи не дарят маленьким детям. Я делаю подарки для взрослых.

— Но я не сломаю её! И не разобью! У моего дедушки есть игрушечная лодка из стекла. Она стоит на комоде. Я стираю с неё пыль. Дедушка мне разрешает.

— Ты ещё маленькая и многого не понимаешь, — сказал Григ то, что всегда говорят взрослые детям, когда у них нет других слов. — Подожди! А теперь давай корзину. Я провожу тебя, и мы поговорим о чём-нибудь другом.

Дагни вздохнула и отдала Григу корзину. Когда среди деревьев показался дом лесника, Григ сказал:

— Ну, теперь ты дойдёшь сама, Дагни Педерсен. В Норвегии много девочек с таким именем, как у тебя. Как зовут твоего отца?

— Хагеруп, — ответила Дагни. — А вы не зайдёте к нам? Дедушка разрешит вам взять в руки его стеклянную лодку.

— Спасибо, но сейчас мне некогда. Прощай, Дагни!

Дом Грига в Бергене напоминал жилище лесника или дровосека. Так считали его друзья. Из дома было убрано всё, что приглушало звуки: ковры, портьеры, мягкая мебель. Остался только большой старый диван, на котором любили сидеть гости.

В этом доме, где главное место занимал рояль, можно было услышать и шум ветра, и рокот прибоя, и шелест листьев, и пение птиц, и звуки пастушьей дудки, и песню девочки, баюкающей куклу. Рояль мог петь о любви, о порыве человеческого духа к Богу, о красоте земли, мог радоваться и грустить, гневаться и утешать.

Невозможно, конечно, передать музыку словами, как бы ни был богат наш язык.

После отдыха в горах Григ писал музыку о Дагни Педерсен. Он сочинял и видел, как навстречу ему бежит стройная девушка с сияющими зелёными глазами. Вот она подбегает к нему, обнимает его за шею и говорит: «Спасибо!», ещё не зная, за что она благодарит его.

«Ты как солнце, — говорит ей Григ. — Как нежный ветер и раннее утро. Я старик, но я отдал молодости жизнь, работу, талант. Поэтому я, может быть, счастливее тебя, юная Дагни.

Ты — счастье, ты — свет зари, ты — белая ночь с загадочным сиянием.

Да будет благословенно всё, что окружает тебя».

Григ думал так и играл обо всём, что думал. Он знал, что его подслушивают. И знал, кто это делает. Это были птицы на дереве, что стояло около дома, загулявшие матросы из порта, прачка из соседнего дома, сверчок за камином, медленно падающий снег и Золушка в стареньком платье.

Каждый слушал по-своему. Птицы волновались и переговаривались. Весёлые шумные матросы затихали. Прачка разгибала спину и вытирала покрасневшие глаза. Сверчок выглядывал из щели. Падавший снег, казалось, останавливался в воздухе. А Золушка, улыбаясь, глядела на пол, где около её босых ног стояли хрустальные туфельки.

Этих слушателей Григ ценил больше, чем нарядных и вежливых посетителей концертов в музыкальных залах.

В восемнадцать лет Дагни окончила школу. По этому случаю отец отправил её погостить к своей сестре Магде. Пускай девочка (отец считал её ещё девочкой, хотя Дагни была уже стройной девушкой с длинными русыми косами) посмотрит, как устроен свет, и немного развлечётся.

Кто знает, что ждёт Дагни в будущем? Может быть, честный, любящий, но скуповатый и скучный муж? Или работа продавщицы в деревенской лавке? Или служба в одной из многочисленных пароходных контор в Бергене?

Магда работала театральной портнихой. Муж её Нильс служил в том же театре парикмахером. И жили они в маленькой комнате под крышей театра. В комнате тёти Магды висело много театральных костюмов, и она всегда что-то делала с ними: подшивала, гладила.

Дагни часто смотрела спектакли в театре. Они производили на неё сильное впечатление: она долго не засыпала потом и даже плакала по ночам. Тётушка Магда говорила Дагни, что нельзя так волноваться и верить тому, что происходит на сцене. Но дядюшка Нильс обозвал Магду «наседкой» и сказал, что, наоборот, в театре надо верить всему. Иначе людям не нужны были бы никакие театры. И Дагни верила.

И всё же тётушка Магда настояла на том, что вместо театра надо для разнообразия пойти на концерт. Нильс против этого не возражал: «Музыка — это зеркало гения», — сказал он.

Нильс любил выражаться возвышенно и туманно. О Дагни он говорил, что она похожа на первый аккорд увертюры. А Магда, по его словам, была колдунья и имела власть над людьми. Ведь Магда мастерила театральные костюмы. А кто же не знает, что человек меняется каждый раз, когда надевает новый костюм. Один и тот же актёр сегодня на сцене герой, вчера он был убийцей, завтра будет шутом, послезавтра — принцем. И в этих метаморфозах участвует Магда.

— Дагни, — говорила в таких случаях тётушка Магда, — закрой уши и не слушай эти выдумки нашего чердачного философа!

В июне в Осло стояли белые ночи. Концерты проходили в городском парке под открытым небом.

Собираясь на концерт, Дагни решила надеть своё парадное белое платье. Магда не возражала, но дядюшка Нильс произнёс по этому поводу длинную речь, которая сводилась к тому, что в белые ночи надо надевать чёрное платье, а в темноте обязательно быть в белом. Магда попробовала спорить, но переспорить Нильса было невозможно, и Дагни надела чёрное платье из тонкого бархата. Платье это Магда принесла из костюмерной театра, и когда Дагни надела его, Магда согласилась, что Нильс прав. Это платье очень шло ей, оно подчёркивало свежую бледность её лица и красоту её длинных светлых волос.

Концерт начался после обычного вечернего выстрела из старой пушки, что стояла в порту. Этот выстрел означал заход солнца.

Дагни впервые была на симфоническом концерте. Симфоническая музыка произвела на неё сильное впечатление, вызвала в её воображении картины, похожие на сон. Дагни как будто погружалась в эти сны.

Вдруг она вздрогнула. Ей показалось, что худой мужчина во фраке, объявлявший программу концерта, назвал её имя.

— Нильс, это ты звал меня? — спросила Дагни, не веря своим ушам. Но дядюшка Нильс смотрел на Дагни не то с ужасом, не то с восхищением. И так же смотрела на неё, прижав к лицу платок, тётушка Магда.

— Что случилось? — спросила их Дагни.

— Слушай! — прошептала Магда.

И Дагни услышала, как человек на сцене сказал:

— Слушатели задних рядов просят повторить. Итак, сейчас будет исполнена симфоническая пьеса Эдварда Грига, посвящённая Дагни Педерсен, дочери лесника Хагерупа Педерсена, по случаю того, что ей исполнилось восемнадцать лет.

Дагни глубоко вздохнула, пытаясь сдержать слёзы, но это не помогло. Она закрыла лицо руками и опустила голову. От волнения и слёз она ничего не слышала сначала. Но потом в шуме и громе оркестра ей послышалась знакомая мелодия, как будто звучал пастуший рожок. Мелодия росла, подымалась куда-то к вершинам деревьев, шумела, как ветер, плескала прохладными брызгами в лицо, как море.

Да! Это был её лес, её горы, шум её моря, её родина! Ветер, исходивший от музыки, Дагни чувствовала на своём лице. Она слышала песни своих гор, шум своего леса: пение птиц,ауканье детей, эхо, повторяющее все звуки.

Так значит, это был он! Тот седой человек, что помог ей донести корзину с еловыми шишками. Это был Эдвард Григ! Это его она упрекала в том, что он не умеет быстро работать. Так вот тот подарок, что он обещал ей сделать через десять лет!

Музыка пела и звала в ту страну, где всегда солнце, где никакие горести не могут охладить любви, где никто никогда не отнимает друг у друга счастья. В наплыве звуков как будто слышался знакомый голос:

«Ты как солнце, как нежный ветер и раннее утро... Ты — счастье, ты — свет зари, ты — белая ночь с загадочным сиянием... И будь благословенно всё, что окружает тебя!»

Музыка смолкла. Загремели аплодисменты. Дагни встала и быстро пошла к выходу из парка. На неё все оглядывались. Может быть, некоторым слушателям пришла в голову мысль, что эта красивая девушка и есть Дагни Педерсен, которой Григ посвятил свою прекрасную музыку.

Дагни шла по пустынным улицам и плакала:

«Почему он умер?! Если б было можно увидеть его, подбежать к нему, обнять и поблагодарить его! Поблагодарить за то, что он не забыл меня, за его щедрость, за то, что он открыл передо мною мир красоты и красоту жизни».

Дагни шла и не замечала, что следом за ней идёт Нильс, посланный Магдой. Чердачный философ был взволнован не менее Дагни. Он шёл, покачиваясь, как пьяный, и что-то бормотал о чуде, случившемся в их маленькой жизни.

1. Выполните тест. Выберите вариант правильного (в соответствии с содержанием текста) продолжения предложения.

Тест

1. Эдвард Григ был ... .
   а) пианистом
   б) композитором
   в) поэтом
2. Эдвард Григ жил ... .
   а) в Дании
   б) в Австрии
   в) в Норвегии
3. Он отдыхал ... .
   а) на берегу Средиземного моря
   б) в горном лесу
   в) на берегу Северного моря
4. Гуляя в лесу, Григ слышал ... .
   а) шелест листьев, шум прибоя, весёлое эхо
   б) голоса людей
   в) звуки музыки
5. Григ считал, что осенью лес особенно красив, потому что ... .
   а) идут дожди
   б) дует ветер
   в) листья изменяют цвет и становятся золотыми
6. Однажды Григ встретил в лесу девочку, которая ... .
   а) собирала грибы
   б) собирала еловые шишки
   в) не могла найти дорогу домой
7. Девочка была ... .
   а) молчаливая
   б) застенчивая, робкая
   в) очень разговорчивой
8. У девочки были прекрасные глаза: ... .
   а) синие, как море
   б) чёрные, как ночное небо
   в) зелёные, как будто в них отражается вся зелень леса
9. Девочка не испугалась Эдварда Грига, потому что ... .
   а) у него были добрые глаза
   б) она была с ним давно знакома
   в) он подарил ей куклу
10. Разговаривая с девочкой, Григ узнал, что ... .
    а) она живёт в Бергене
    б) её семья живёт в деревне

в) её отца зовут Хагеруп

11. Девочка очень понравилась Григу, и он ... .
   а) подарил ей стеклянную лодку
   б) обещал сделать ей подарок лет через десять
   в) подарил ей куклу

12. Вернувшись в Берген, Григ ... .
   а) продолжил сочинять неоконченную симфонию
   б) начал писать музыку для Дагни
   в) начал давать концерты

13. В доме Грига было мало мебели, потому что ... .
   а) мебель и ковры приглушают звуки
   б) Григ не любил тяжёлую мебель
   в) Григу нравилась простая деревянная мебель

14. В доме Грига можно было услышать ... .
   а) звуки рояля
   б) разговоры друзей
   в) плач детей

15. Рояль пел ... .
   а) о таланте пианиста
   б) о любви и о красоте
   в) об отдыхе в горах

16. Музыку Грига слушали ... .
   а) профессиональные музыканты
   б) соседи и случайные прохожие
   в) члены музыкального жюри

17. Григ больше всего любил играть ... .
   а) для тех, кто его «подслушивал»
   б) для профессиональных музыкантов
   в) для нарядных посетителей концертов

18. Когда Дагни исполнилось восемнадцать лет, она поехала ... .
   а) в Осло
   б) в Берген
   в) в Лондон

19. Дагни приехала туда ... .
   а) на каникулы
   б) по случаю окончания школы
   в) за покупками

20. Её тётя и дядя работали в театре, ...
   а) они были актёрами
   б) тётя была костюмершей, а дядя — парикмахером
   в) тётя была билетёршей, а дядя — суфлёром

21. Дагни часто ходила в театр и … .
   а) потом долго не могла заснуть
   б) засыпала прямо на спектаклях
   в) никогда не верила тому, что происходит на сцене

22. Во время спектакля Дагни … .
   а) была равнодушна к тому, что происходило на сцене
   б) верила всему, что происходило на сцене
   в) не верила ничему

23. Дядя Нильс говорил, что Дагни … .
   а) колдунья
   б) наседка
   в) похожа на первый аккорд увертюры

24. Впервые идя на симфонический концерт, Дагни по совету дяди
   надела … .
   а) своё белое парадное платье
   б) чёрное бархатное платье
   в) новый выходной костюм

25. Концерт проходил … .
   а) в консерватории
   б) в городском парке
   в) в театре

26. Симфоническая музыка … .
   а) не понравилась Дагни
   б) произвела на Дагни сильное впечатление
   в) оставила её равнодушной

27. Когда Дагни услышала, что Эдвард Григ посвятил ей симфоническую пьесу, она … .
   а) выбежала из зала
   б) заплакала
   в) начала аплодировать

28. В музыке Грига Дагни услышала … .
   а) мелодии своей родины
   б) глубокую печаль
   в) звуки большого города

29. Если бы было можно увидеть Грига, Дагни хотела бы … .
   а) задать композитору вопросы
   б) извиниться перед композитором
   в) поблагодарить композитора за его чудесный подарок

2. Пользуясь выполненным тестом, кратко воспроизведите содержание
   рассказа.

1. Продолжите предложения, вспоминая содержание рассказа.

1. В музыке можно было услышать рокот моря, колыбельную песню ... . 2. Рояль мог петь, тосковать ... .

2. Дополните предложения, вспомнив профессии героев рассказа.

1. Незнакомец был известным ... . 2. Он выступал и как ... . 3. Когда композитор музицировал и окна были открыты, его слушали ... . 4. Отец Дагни был ... . 5. Тётя Магда работала в театре ... . 6. Её муж был ... . 7. Став взрослой, Дагни могла бы работать ... .

3. Ответьте на вопросы.

1. (*море, лес, горы*) Где отдыхал Григ? 2. Куда приехала Дагни через 10 лет? 3. Где жили и работали её родственники?

4. Дополните предложения глаголами движения.

1. Композитор ... к морю отдыхать. 2. Он ... по лесу, по горам. 3. Однажды он встретил в лесу девочку, которая ... большую корзину. 4. Когда они ... к дому, девочка предложила ... к ним. 5. Через десять лет восемнадцатилетняя Дагни ... в город к родственникам. 6. Она много ... по городу, ... в театр, на концерты. 7. Однажды она ... на концерт симфонической музыки. 8. На сцену ... конферансье и объявил новую симфонию Грига.

5. Скажите, что выражают выделенные слова.

Музыка звала в ту страну, где *нет никаких* несчастий, где *никакие* огорчения *не* могут охладить любви, где *никто не* отнимает друг у друга счастья.

6. Дополните предложения отрицательными конструкциями.

1. В лесу девочка ... и ... не боялась. 2. Она ... не рассказывала о встрече с незнакомцем и об их разговоре. 3. Незнакомец был ... не похож. 4. Девочка была спокойная и аккуратная, она ... не ломала и ... не роняла. 5. Она ... не уронила стеклянную лодку дедушки. 6. Кукла была старая и уже ... не закрывала глаза. 7. «К сожалению, у меня нет ... игрушек», — сказал незнакомец. 8. В доме композитора не было ... мягкой мебели. 9. До этого она ... не была на концерте, ... не слушала симфоническую музыку. 10. Дагни не общалась ... ,

кроме дяди и тёти. 11. «В театре ... нельзя верить!» — говорила тётя. «Ты ... не понимаешь!» — возражал её муж. 12. Исполнялось ... неизвестное произведение. 13. Это произведение ... раньше не слышал. 14. После концерта Дагни ... не могла сказать. 15. Она быстро вышла и шла, ... не замечая.

7. Объясните, как отличаются парные предложения по форме и по смыслу.

1. Я *ничего* не могу сказать.
2. Он *нигде* ещё *не* играл этот концерт.

— Мне *нечего* сказать.
— Ему *негде* было играть этот концерт.

8. Продолжите предложения, сделав вывод. Используйте модели типа **Мне некуда спешить, Мне некого любить, Мне не у кого спросить.**

1. У меня, к сожалению, нет ничего, что можно было бы подарить тебе, то есть ... . 2. У меня нет сейчас времени ходить в гости, то есть ... . 3. Она ни с кем не разговаривала дома: родители заняты, дедушка дремал, то есть ... . 4. Тётя считала, что Дагни должна надеть очень красивое платье, а у неё такого не было, то есть ... . 5. Когда они пришли, в зале уже не было свободных мест, то есть ... . 6. Она шла, ничего не замечая, и остановилась у моря, то есть дальше было ... .

9. Передайте содержание текста, заменяя прямую речь косвенной.

— Как тебя зовут, девочка? — спросил незнакомец.
— Дагни, — тихо ответила девочка. — Дагни Педерсен, — добавила она.
— Твоя корзина тяжёлая? — спросил незнакомец, — Дай мне её, я тебе помогу, — предложил он. Они вместе пошли по лесной дорожке. Композитор нёс корзину.
— А твой дом далеко?
— Нет. А вы зайдёте к нам?
— Сейчас у меня нет времени. Но мне хочется подарить тебе что-нибудь.
— А вы умеете делать игрушки?
— Для взрослых. Подожди немного, и ты получишь мой подарок.

10. Дополните текст словами **кто-то, что-то, какой-то, где-то, когда-то, какой-нибудь, когда-нибудь, как-нибудь, кое-кто, кое-что.**

Бродя по лесу, композитор услыхал ... голос, напевавший ... народную песню. Он подумал, что эту песню он ... слышал. Мелодия понравилась ему, и он подумал, что использует её в ... своём произведении ... в будущем. Голос звучал ... совсем рядом. И вот из-за деревьев вышла маленькая девочка с корзиной, в которой лежало ... тяжёлое. Увидев незнакомого человека, девочка смолкла. Но он приветливо поздоровался с ней, спросил, как её зовут, и обещал ... подарить ей через несколько лет.

И вот однажды на концерте была объявлена симфония, посвящённая ... Дагни Педерсен, дочери лесника. Никто из слушателей не знал, что эта самая Дагни ... здесь. А она, слушая музыку, слышала в ней знакомые мелодии, шум родного леса, рокот моря и вспоминала красивого старого человека, которого встретила ... в детстве в лесу.

11. Передайте содержание двух простых предложений одним сложным, используя союзы со значением времени.

1. Композитор отдыхал в горном лесу под Бергеном. Он встретил на прогулке очень милую восьмилетнюю девочку. 2. Он вернулся в свой дом в Бергене. Он начал писать музыку для Дагни. 3. Он вспоминал зелень леса, шум моря, зелёные глаза Дагни. Он сочинял симфонию. 4. Он работал. Он закончил симфонию. 5. Дагни закончила школу. Она поехала в гости к тёте в Осло. 6. Надо было идти на концерт. Тётя и дядя долго обсуждали платье Дагни. 7. Дагни слушала музыку. Она не замечала ничего вокруг. 8. Загремели аплодисменты. Дагни выбежала из зала.

12. Дополните предложения, выражая цель действия.

Д л я с п р а в о к: заглушать звук, отдохнуть, отдых, отдыхать, погостить, подарить, подарок, работать.

1. Композитор уехал из города к морю ... . 2. Из дома композитора была убрана мягкая мебель, ... 3. Отец отправил Дагни к родственникам в Осло ... . 4. Композитор написал симфонию ... .

1. Ответьте на вопросы.

1. Какое чудо произошло в жизни Дагни Педерсен? 2. Случайно ли Дагни получила подарок? 3. Можно ли передать музыку словами? (Прочитайте ещё раз отрывки из текста.) 4. Что вы узнали из этого рассказа о композиторе Эдварде Григе?

Урок 6

1. Обратите внимание на значение выражений.

Знать, как свои пять пальцев — знать очень хорошо;
лицо сияет — от хорошего настроения излучает свет;
махнуть на что-то рукой — бросить, оставить какое-либо дело;
падать духом — терять уверенность, способность что-то делать.

2. Вспомните значение выделенных глаголов.

сажать — посадить
Весной *сажают* цветы и деревья, я тоже *посадил* дерево около дома. Я пролил кофе и *посадил* пятно на брюки.

бросать — бросить *кого/что*
бросаться — броситься *куда/к кому*
Спортсмен *бросил* мяч партнёру. Спортсмен *бросил* институт. На меня *бросилась* собака, а я от неё *бросился* бежать к хозяину.

3. Прочитайте рассказ. Приготовьтесь выполнить тест, который проверяет, правильно ли вы поняли содержание рассказа.

Куст сирени
(По рассказу А. Куприна)

Не снимая пальто, Алмазов прошёл в свой кабинет. По его лицу жена поняла, что случилось что-то ужасное, и пошла вслед за ним. В кабинете он бросился в кресло и закрыл лицо руками.

Алмазов, молодой небогатый офицер, слушал лекции и сдавал экзамены в Академии генерального штаба. Сегодня он представлял и защищал самую трудную практическую работу — инструментальную съёмку местности.

До сих пор он благополучно сдавал экзамены и проекты, и только жене было известно, каких трудов это стоило. Поступить в академию было очень трудно, и Алмазов два раза провалился, поступив только на третий раз. Не будь жены, он махнул бы на всё рукою, но энергичная Верочка не давала ему падать духом. Она поддерживала его постоянно, радовалась успехам и спокойно встречала неудачи. По мере необходимости она бывала для мужа переписчицей, чертёжницей, чтицей, репетитором и записной книжкой.

Прошло несколько минут тяжёлого молчания. Алмазов сидел, не снимая пальто, закрыв лицо руками. Наконец Вера осторожно спросила:

— Коля, ну как же твоя работа? Плохо?

Он не отвечал.

— Коля, что? Не приняли твой план? Ну, расскажи, пожалуйста, и мы вместе всё обсудим.

— Что обсуждать?! — раздражённо заговорил Алмазов. — Всё пропало! Вот тебе и академия! Через месяц опять в полк, да ещё с позором! И всё из-за этого проклятого пятна!

— Какого пятна?

— Обыкновенного! Зелёной тушью. Ты ведь знаешь, я сидел вчера до трёх часов, нужно было окончить. План был прекрасно вычерчен. Это сегодня все говорили. И вот ночью, когда уже почти всё было сделано, я посадил пятно. Видимо, устал, хотелось спать... Да ещё такое густое, жирное пятно. Стал я его стирать и ещё больше размазал. Думал я, думал, что из него можно сделать, и изобразил зелёные кусты. Вышло очень удачно и совсем незаметно, что было пятно. Профессор сегодня долго и внимательно рассматривал мой план: «Так, так, н-да, мм... А откуда у вас здесь кусты взялись?»

Наверно, мне нужно было рассказать всю правду, может быть, посмеялся бы, и только. Впрочем, нет, не посмеялся бы, — это такой аккуратный, педантичный немец. Вот я и сказал ему: «Здесь на местности кусты». А он говорит: «Нет, я эту местность знаю, как свои пять пальцев, и здесь никаких кустов быть не может». Таким образом начался спор. Там было много наших офицеров, слушали с любопытством. В конце концов профессор заявил: «Если вы так настаиваете, что здесь растут кусты, то завтра мы вместе едем на местность. Я докажу вам, что вы работаете неточно».

— Но почему он так уверенно говорит, что там нет кустов?

— Да потому, что он уже двадцать лет изучает эту местность и знает её лучше, чем свою квартиру. Вот и окажется завтра, что я солгал.

Верочка задумалась, но через минуту энергично вскочила с кресла.

— Слушай, Коля, надо сейчас же ехать!

— Не говори глупостей! Неужели ты думаешь, что я поеду теперь оправдываться и извиняться.

— Никто не заставляет тебя ехать извиняться. А просто... если там нет этих дурацких кустов, то их надо посадить.

— Как посадить? Когда?

— Сейчас же! Если уж сделал ошибку, то надо поправлять. Собирайся! Сначала едем в ломбард!

И она стала быстро собирать свои драгоценности — серьги, браслеты, кольца, брошки. В ломбарде они получили деньги и поехали к садовнику. Когда они приехали к садовнику, была уже белая петербургская ночь. Садовник ужинал и был удивлён и недоволен поздним приездом заказчиков. На все просьбы Верочки он сухо отвечал:

— Извините. Я не могу посылать с вами ночью рабочих куда-то за город. Если вам угодно будет завтра утром, то я к вашим услугам.

Тогда Верочка решилась рассказать ему всю историю со злополучным пятном. Садовник слушал её изумлённо и сочувственно.

— Да, делать нечего, — согласился он. — Надо ехать. Какие кусты вам подойдут?

Из всех оставшихся в этот день пород кустов самой подходящей оказалась сирень. Пока рабочие собирали всё необходимое для посадки, Алмазов уговаривал жену ехать домой. Но Верочка не соглашалась и поехала со всеми за город. Пока сажали кусты, она суетилась, старалась помогать рабочим и, конечно, только мешала. Когда кусты были посажены, она сама внимательно осмотрела, как уложен дёрн, не видно ли где-нибудь свежей земли.

На другой день Вера с нетерпением ждала возвращения мужа. Она не могла усидеть дома и вышла на улицу встречать его. Ещё издали по походке она поняла, что история с кустами закончилась благополучно. Алмазов едва держался на ногах от голода и усталости, но лицо его сияло.

— Всё хорошо! — воскликнул он, увидев жену. — Приехали мы с ним к этим кустам. Уж он глядел на них, глядел, даже листочек сорвал и пожевал. «Что это за дерево?» — спрашивает. Я говорю: «Не знаю». — «Может быть, молодые берёзки?». Потом он повернулся ко мне и протянул руку: «Извините меня. Должно быть, я стареть начинаю, если забыл про эти кусты». Славный он, профессор, и умница такой. Право, мне жаль, что я его обманул. Он один из лучших профессоров у нас. И как быстро и точно он оценивает план местности!

Вера слушала и заставляла его ещё раз повторять всё в подробностях. Она интересовалась, какое выражение лица было у профессора, когда он увидел кусты, каким тоном он говорил про свою старость, что чувствовал при этом сам Коля.

Алмазов никогда не обедал с таким аппетитом, как в этот день. После обеда за чаем Вера сказала мужу:

— Знаешь, сирень теперь будет моим любимым цветком...

Б

1. Выполните тест. Выберите вариант правильного (в соответствии с содержанием текста) продолжения предложения.

Тест

1. Герой рассказа, Алмазов, был … .
   а) чиновником
   б) журналистом
   в) офицером
2. Алмазов поступил в военно-инженерную академию, … .
   а) чтобы не служить в армии
   б) чтобы сделать карьеру (получить повышение по службе)
   в) потому что этого хотели родители
3. Алмазов учился в академии … .
   а) с большим интересом
   б) без особого труда
   в) с помощью жены
4. Если у Алмазова были проблемы, … .
   а) он быстро решал их сам
   б) он всегда знал, что делать
   в) ему всегда помогала жена
5. В качестве последней практической работы Алмазов должен был сделать … .
   а) реферат
   б) подробную карту определённой местности
   в) статью о том, как создаются карты
6. Выполняя последний проект, Алмазов … .
   а) заснул над чертежом
   б) от усталости сделал неправильный план
   в) посадил на карту пятно и нарисовал на этом пятне кусты
7. На экзамене Алмазов поспорил с профессором, потому что … .
   а) он был уверен, что кусты в поле есть
   б) он боялся сказать профессору правду
   в) он хотел обмануть профессора
8. Профессор сказал, что … .
   а) Алмазов сделал карту неправильно
   б) Алмазов должен показать кусты
   в) на следующий день они вместе с Алмазовым поедут в этот район

9. Узнав о случившемся, Вера сказала, что … .
   а) из любого положения можно найти выход
   б) надо рассказать профессору правду и извиниться перед ним
   в) надо посадить кусты

10. Вера собрала все свои украшения, чтобы … .
   а) надеть их для визита к садовнику
   б) отвезти их в ломбард и получить деньги
   в) отдать их садовнику за кусты

11. Садовник помог им, … .
   а) купив им кусты
   б) посадив кусты в поле
   в) дав им кусты сирени и рабочих

12. Ночью кусты были посажены, и профессор … .
   а) сразу понял, что это сирень
   б) заметил, что они посажены недавно
   в) извинился перед Алмазовым

13. Сирень стала любимым цветком Веры, потому что … .
   а) ей нравился запах сирени
   б) они нашли выход из сложной для них ситуации благодаря кустам сирени
   в) сирень ей всегда дарил муж

2. Пользуясь выполненным тестом, кратко воспроизведите содержание рассказа.

1. В тексте сказано: «Она бывала для мужа *переписчицей, чертёжницей, чтицей, репетитором, записной книжкой*». Скажите, что делала для мужа Верочка.

2. Разберите по составу слова **благополучный, злополучный**. Скажите, с чего началась история с кустами, как кончилась эта история.

3. Опишите поведение, состояние героев рассказа с помощью следующих слов и предложений.

Изумлён, огорчён, раздражён, рассержен, удивлён; ему было обидно, он был в отчаянии.

4. Дополните предложения глаголами **сажать — посадить, бросать — бросить, бросаться — броситься.**

1. Я люблю … цветы, около дома я … розы. 2. Аспирант … пятно на чертёж. 3. Пятно можно … на книгу, на карту, на тетрадь. 4. Войдя

в кабинет, он ... свой портфель на пол, а сам ... в кресло. 5. Жена ... к нему. 6. Он хотел ... учёбу в академии.

5. Дополните текст словами и словосочетаниями из скобок в нужной форме.

Алмазов с большим трудом ... (*поступать — поступить*) ... (*академия*). Он ... (*поступать — поступить*) три раза. Он слушал лекции, ... (*сдавать — сдать*) экзамены и теперь должен был ... (*защищать — защитить*) свой последний план-карту — ... (*инструментальная съёмка местности*).

На защите Алмазов ... (*спорить — поспорить*) ... (*профессор*). Сделав из зелёного пятна на проекте кусты, слушатель пытался ... (*обманывать — обмануть*) ... (*профессор*). Потом Алмазов очень жалел ... (*это*), но извиняться ... (*профессор*) не хотел. Вся эта история казалась ему ... (*большой позор, несчастье*). Жена Алмазова умела ... (*исправлять — исправить*) ошибки мужа, и в этот раз она нашла выход. Садовник был недоволен ... (*поздний приезд заказчиков*), но, выслушав их историю, согласился ... (*помогать — помочь*) ... (*они*). Когда сажали кусты, Вера старалась ... (*помогать — помочь*) ... (*все*), но на самом деле очень ... (*мешать — помешать*) ... (*рабочие*).

В конце концов они ... (*обманывать — обмануть*) ... (*профессор*), и профессор ... (*извиняться — извиниться*) ... (*Алмазов*).

6. Ответьте на вопросы, выражая способ действия. Используйте следующие слова и конструкции.

а) благополучно, ласково, недоверчиво, осторожно, раздражённо, сочувственно, удивлённо, энергично:

1. Как сдавал экзамены слушатель академии Алмазов? 2. Как обычно разговаривала с ним жена? 3. Как он отвечал ей, когда у него были неприятности? 4. Как всегда действовала Верочка? 5. Как их встретил садовник? 6. Как он выслушал их просьбу? 7. Как отнёсся садовник к истории с пятном и кустами?

б) узнать по внешнему виду, по голосу, по лицу, по походке:

1. Каким образом Вера поняла, что проект не принят? 2. Как она догадалась, что всё кончилось хорошо? 3. Как вы узнали, что в соседней комнате ваш знакомый?

в) с аппетитом, с волнением, с любопытством, с нетерпением, с раздражением, с сочувствием:

1. Как Вера ждала мужа из академии? 2. Как он отвечал на её вопросы? 3. Как выслушал их садовник? 4. Как слушала Вера рассказ мужа о профессоре? 5. Как обедал Алмазов после истории с профессором?

г) *делать что-нибудь молча, волнуясь:*

1. (*снимать пальто, закрыть лицо руками, отвернуться к окну*) Как сидел в своём кабинете Алмазов после неудачного экзамена? 2. (*изобразить, нарисовать кусты*) Каким образом он скрыл пятно на карте? 3. (*думать о чём-то, задуматься о чём-то*) Как сидела перед ним жена? 4. (*стараться помогать, мешать всем*) Как вела себя Верочка, когда сажали кусты? 5. (*посадить ночью кусты, обмануть профессора*) Каким образом Алмазов вышел из трудного положения? 6. (*смеяться, заставлять повторять подробности, интересоваться всем*) Как слушала Вера рассказ о профессоре и кустах сирени?

7. Укажите условие действия, используя союз **если бы.**

1. Не будь жены, он бросил бы учёбу. 2. Не посади он пятно, он получил бы хорошую оценку. 3. Не будь он таким усталым, ничего не случилось бы. 4. Скажи я ему всю правду, он посмеялся бы.

8. Объедините два простых предложения в одно сложное, используя союз **если.**

1. Сделал ошибку. Надо исправлять её. 2. Вы окажетесь правы. Я извинюсь перед вами. 3. Там нет никаких кустов. Кусты надо посадить. 4. Вам очень нужны кусты. Нужно приехать на другой день. 5. Я забыл про эти кусты. Я начинаю стареть.

9. Дополните предложения, указывая причину действия. Используйте слова и словосочетания из скобок с предлогами **благодаря, из, из-за, от, по.**

1. (*помощь жены*) Алмазов неплохо сдавал экзамены ... . 2. (*злополучное пятно*) Алмазов не смог сдать последний проект ... . 3. (*усталость*) Алмазов сидел до трёх часов ночи, и у него стали дрожать руки ... . 4. (*требование профессора*) Алмазов должен был показать кусты на местности ... . 5. (*просьба Верочки*) Садовник согласился

послать за город рабочих ... . 6. (*сочувствие, уважение к их дружной семье*) Садовник помог им ... . 7. (*ошибка, близорукость*) Профессор принял кусты сирени за молодые берёзки ... . 8. (*волнение*) Ожидая мужа, Верочка не находила себе места ... . 9. (*усталость, голод*) Возвращаясь домой, Алмазов едва держался на ногах ... .

10. Ответьте на вопросы, указывая цель действия. Используйте сложные предложения с союзом **чтобы** или простые с предлогами **для, за, на**.

1. Зачем Алмазов нарисовал на своём проекте несуществующие кусты? 2. Зачем профессор поехал за город с Алмазовым? 3. Зачем Верочка собирала в сумочку все свои драгоценности? 4. Зачем они поехали в ломбард? 5. Зачем им нужны были деньги? 6. Зачем они поехали к садовнику? 7. Зачем им нужны были кусты сирени?

1. Скажите:

1) что вы думаете о семье Алмазовых; 2) можно ли считать Верочку идеалом жены; 3) почему Алмазова можно назвать слабохарактерным; 4) как вы себе представляете хорошую семью; 5) кто из героев рассказа вам наиболее симпатичен и почему.

2. Попробуйте представить себе будущее семьи Алмазовых. Расскажите об этом.

Урок 7

1. Проверьте, знаете ли вы следующие слова, близкие по значению.

   1. Соревнование, конкурс, состязание. 2. Конкурент, соперник. 3. Премия, приз, награда. 4. Высшая, идеальная, совершенная красота.

2. Назовите глаголы одного корня с данными существительными.

   Волнение, изображение, победа, поиск, сомнение.

3. Скажите, в каких ситуациях используются выражения **не верить (поверить) своим глазам; не отрывать (оторвать) глаз** *от чего.*

4. Вспомните, что такое **лавровый венок.**

5. Прочитайте рассказ. Приготовьтесь выполнить тест, который проверяет, правильно ли вы поняли содержание рассказа.

Состязание
(По рассказу В. Вересаева)

Когда было объявлено о состязании художников, никто в городе не сомневался, что победит известный всему миру старый художник. Он жил здесь, и жители города очень гордились этим.

Условие конкурса заключалось в том, что каждый художник должен был написать картину, изображающую красоту женщины. Через год картины должны были быть выставлены на главной площади города. Лучшая картина будет выбрана всенародным судом, а победитель получит в награду лавровый венок.

В городе ещё говорили о конкурсе, а старый художник уже собрался в дорогу, он решил найти для своей картины совершенную красоту. На окраине города жил его любимый, очень талантливый ученик, который мог быть достойным соперником. Увидев учителя, молодой художник радостно приветствовал его:

— Здравствуй, учитель! Куда ты собрался так рано?

— А разве ты не слышал о состязании?

— Слышал.

Учитель, поколебавшись, спросил осторожно:

— И ты думаешь участвовать в нём?

— Да, учитель. Я знаю, что борьба будет трудной. Ведь бороться придётся с тобой, учитель.

— Да, борьба будет трудной... Тебя победить нелегко... И когда же ты собираешься в путь?

— Куда?

— Как куда? Где же ты собираешься искать совершенную красоту?

Юноша улыбнулся:

— А я уже нашёл её!

Старый учитель был поражён, у него даже голос дрожал от волнения, когда он спросил:

— Где же ты нашёл её?

— А вот она! — юноша указал на Зорьку, свою возлюбленную.

— Она?!

Старый художник перестал волноваться, но как учитель считал нужным предупредить своего ученика:

— Сын мой! Твоя невеста очень мила, я не спорю, но подумай, разве это та красота, которая должна удивить, покорить мир?

— Да, та самая! Не может быть красоты выше красоты моей Зорьки!

Старый художник с удивлением смотрел на девушку и не замечал в ней ничего особенного. Глаза большие, милые, но лицо немного широко. Обыкновенная девушка. «Как слепы влюблённые!» — подумал он.

Когда старый художник выходил из города, он был уверен в себе и спокоен: самый опасный соперник, ослеплённый любовью, сам ушёл с дороги.

Старый художник переходил из города в город, из деревни в деревню, переплывал с острова на остров. Он искал на виноградниках и в рыбацких посёлках, заходил в храмы и на базары, во дворцы и в дома бедняков. Но нигде не находил то, что искал.

Шёл месяц за месяцем, а старый художник всё бродил по свету в поисках совершенной красоты. Однажды к вечеру он остановился на берегу моря усталый и огорчённый. Ему уже казалось, что он нигде не найдёт то, что ему нужно. Так он заснул.

Когда он проснулся, над морем поднималось солнце, его лучи уже коснулись гор. И, взглянув в сторону гор, старый художник вскочил на ноги, как юноша. С горы спускалась стройная девушка, осве-

щённая восходящим солнцем. И сразу без колебаний, без сомнений, с
радостью воскликнул старый художник:

— Это — она!

Наступил день состязания. На площади собрался весь народ.
Картины были закрыты полотном. Около одной стоял старый художник, около другой — его молодой ученик. Люди с любовью смотрели на спокойное, уверенное лицо старого художника и посмеивались, глядя на побледневшего от волнения ученика.

Открыли картину старого художника. На площади стало тихо.
Люди увидели прекрасную девушку, освещённую солнцем. Откуда-
то с высоты она смотрела на толпу большими глазами, ясными, как
утреннее небо, и была божественно спокойна и прекрасна. За нею
виднелись синие горы. Никто никогда ещё не видел такой красоты.
Толпа была покорена. Люди смотрели на картину, не в силах оторвать от неё глаз. Но когда они, с трудом оторвав глаза от картины,
смотрели на окружающее, всё казалось им серым и скучным. Женщины старались закрыть свои лица, а мужчины, глядя на них, не
понимали, как они могли любить эти невыразительные лица, что
им нравилось в этих обычных глазах. Старый пастух сердито смотрел на свою старую толстую жену и думал, как он мог прожить с
нею всю жизнь.

Никто не произнёс ни слова, только смотрели и молчали.

Но вот открыли картину молодого художника. Толпа возмущён-
но зашумела. С картины смотрела Зорька! Люди не верили своим
глазам. Да, Зорька! Та самая, что сама обрабатывает свой виноград-
ник, по вечерам доит в своём дворике коз, сама носит овощи с рынка. И вот она на картине! Сидит на грубой деревянной скамье около
своего дома, над нею виноградные листья, среди них гроздья виног-
рада. И всё. И всё это рядом с божественно прекрасной девушкой с
картины старого художника. Возмущённые возгласы, смех и свист.
Толпа была готова бросать камни.

Но постепенно шум затихал. Люди смотрели на картину, а с картины на них смотрела Зорька с чуть заметной улыбкой на губах и в
глазах. Та самая Зорька, которую они знали, и вместе с тем какая-то
другая. И вот один юноша удивлённо сказал другому:

— А знаешь, я до сих пор не замечал, что Зорька так прелестна.
Ты не находишь?

— Странно, но это так. Глаз не могу оторвать, — задумчиво проговорил другой.

Теперь люди видели на картине девушку, прекрасную от счастья, как будто кто-то, давно втайне любимый, неожиданно сказал ей:

— Зорька, люблю!

И каждому вспоминались лучшие минуты любви, когда расцветает красота, скрытая в каждой женщине.

Как будто солнце взошло над площадью. Прояснилось и сердитое лицо старого пастуха. Он, вспомнив что-то, взглянул на свою старуху, и свет, идущий от Зорьки, осветил старое лицо, пастух увидел милые, давно забытые глаза. В его глазах блеснуло что-то, похожее на слезу, и он первый крикнул на всю площадь:

— Лавровый венок молодому художнику!

1. Выполните тест. Выберите вариант правильного (в соответствии с содержанием текста) продолжения предложения.

Тест

1. По условиям конкурса надо было … .
   а) нарисовать красивую женщину
   б) изобразить в картине красоту женщины
   в) написать портрет красивой женщины
2. В городе жил старый художник, … .
   а) известный во всём мире
   б) которого никто не знал
   в) который не собирался участвовать в конкурсе
3. Люди в городе говорили, что победит … .
   а) молодой художник
   б) искусство
   в) старый художник
4. Старый художник … .
   а) не хотел участвовать в конкурсе
   б) думал, что он победит
   в) боялся своего талантливого ученика
5. Узнав, что молодой художник будет писать портрет Зорьки, старый художник … .
   а) похвалил его выбор
   б) посоветовал ему найти пейзаж для фона портрета
   в) уже не сомневался в своей победе

6. Старый художник ... .
   а) нашёл свою модель так же быстро, как молодой
   б) искал свою модель почти год
   в) нашёл идеальную красоту в родном городе
7. Через год на главной площади города ... .
   а) собрались все художники
   б) собрались все жители города
   в) около своих картин стояли только художники
8. Когда открыли картину старого художника, люди на площади ... .
   а) замолчали, поражённые, но картина им не понравилась
   б) увидели, как некрасивы они и все окружающие по сравнению с красотой на картине
   в) зашумели и закричали
9. Победил молодой художник, потому что ... .
   а) люди хорошо его знали и любили
   б) он нарисовал обыкновенную, простую, знакомую всем девушку
   в) он показал людям, что красота — вокруг них, в самом обыкновенном, надо только уметь видеть её

2. Пользуясь выполненным тестом, кратко воспроизведите содержание рассказа.

1. Дополните предложения словами **возмущён, (не) доволен, огорчён, поражён, удивлён.**

1. Увидев модель своего ученика, старый художник был ... . 2. Старый художник был ... , потому что никак не мог найти то, что ему было нужно. 3. Толпа была ... красотой девушки. 4. Когда люди увидели на картине Зорьку, они были ... . 5. Но, присмотревшись к картине, люди были ... . 6. Попав в Эрмитаж (Лувр, Эль-Прадо), мы были ... . 7. Узнав, сколько стоит билет в музей, мы были ... .

2. Дополните текст глаголами движения.

В одном городе происходило состязание художников. Когда было объявлено условие конкурса, старый художник ... из города. Он ... искать свою модель, женщину, красота которой должна удивить всех.

Когда старый художник ... мимо дома своего ученика, тот ... из дома, чтобы поздороваться со своим учителем. Старый художник спросил ученика, куда он ... искать свою модель, самую совершенную красоту. Молодой художник ответил, что он никуда не ... , он уже нашёл то, что ему нужно.

Старый художник ... из города и ... своей дорогой. Он ... из города в город, из деревни в деревню, ... с острова на остров. Он ... по базарам, ... в храмы, во дворцы и бедные жилища. Художник видел много красивых женщин, но он ... мимо, не останавливаясь: всё было не то, что он искал.

Однажды он ... в горы и неожиданно нашёл красоту, в совершенстве которой уже не сомневался.

Таким образом ... год, наступил день состязания. Все жители города ... на главную площадь. Картины произвели сильное впечатление на жителей города, они любовались картинами, спорили, обсуждали. Люди начали ... по домам, когда наступил вечер.

3. Передайте содержание предложений, заменяя один из глаголов деепричастием.

1. Старый художник выходил из дома и увидел своего ученика. 2. Учитель поколебался, но спросил о планах ученика. 3. Старый художник с удивлением смотрел на девушку и не замечал в ней ничего особенного. 4. Старый художник уходил из города и не сомневался в своей победе. 5. Художник проснулся и сразу увидел перед собой свою картину. 6. Люди глядели на молодого художника и посмеивались. 7. Художник отвечал людям и улыбался. 8. Люди вспоминали лучшие минуты своей жизни и молчали.

4. Передайте содержание предложений, заменяя активные обороты пассивными.

1. Картины нужно выставить на главной площади. 2. Всенародный суд должен назвать (выбрать) победителя. 3. Художника просто ослепила любовь. 4. Солнце осветило горы. 5. Картины закрыли полотном. 6. Толпу поразила красота девушки. 7. На картине художник изобразил девушку из их города. 8. Толпу возмутила картина молодого художника.

5. Перечитайте начало рассказа (первые два абзаца). Обратите внимание на формы и функции причастий. Скажите, от каких глаголов они образованы.

6. Дополните текст нужными формами причастий, образовав их от глаголов из скобок.

В рассказе говорится о конкурсе, ... (*происходить*) в одном старом городе. По условиям конкурса художник должен был создать картину, ... (*изображать*) красоту женщины. Через год картины будут ... (*выставить*) на главной площади города.

Когда было ... (*объявить*) о состязании, старый художник ушёл из города. Юноша увидел своего учителя, ... (*проходить*) мимо его дома. Старый художник, ... (*искать*) совершенную красоту, долго бродил по свету. Наконец эта красота была ... (*найти*).

Через год художники стояли у своих картин, ... (*закрыть*) полотном, и с волнением смотрели на ... (*собраться*) толпу. Когда открыли картину старого художника, люди увидели прекрасную девушку, ... (*осветить*) восходящим солнцем. Толпа была ... (*поразить*) её красотой.

На другой картине была ... (*изобразить*) девушка, ... (*жить*) в этом городе. Люди знали её и не находили в ней ничего особенного, поэтому они были ... (*удивить*) и даже ... (*возмутить*) выбором молодого художника. Но присмотревшись к картине молодого художника, люди увидели, что девушка, ... (*изобразить*) на картине, прекрасна. Картина напомнила людям о лучших минутах их жизни, показала, что в самых обыкновенных на первый взгляд лицах, можно найти красоту. Картина молодого художника была ... (*признать*) лучшей.

7. Передайте содержание текста, заменяя прямую речь косвенной.

Услышав о состязании, старый художник собрался в дорогу. Проходя через окраину города, он увидел своего любимого ученика.

— Здравствуй, учитель! Куда ты собрался так рано?

— А ты не слышал о состязании? — спросил старый художник ученика.

— Слышал и собираюсь участвовать в нём.

— А ты знаешь условия конкурса? Ведь каждый из нас должен нарисовать картину, изображающую красоту женщины. Где ты будешь искать модель?

— Я уже нашёл — вот она! — и художник показал учителю свою невесту.

Старый художник посмотрел на девушку и подумал: «Как слепы влюблённые!» Но вслух он сказал:

— Да, твоя невеста очень мила. Но разве это та красота, которая должна удивить весь мир? Подумай, сын мой!

— Нет, я уже сделал свой выбор. А тебе, учитель, желаю быстрее найти совершенную красоту.

— И тебе желаю успеха! Будь счастлив, сын мой.

— Счастливого пути, учитель! Возвращайся скорее.

Старый художник пошёл своей дорогой, думая о том, что единственный опасный соперник сам ушёл с его дороги.

8. Передайте содержание простых предложений, заменяя их сложными.

1. Все слышали о предстоящем состязании художников. 2. Никто не сомневался в победе старого художника. 3. Услышав о состязании, старый художник ушёл из города. 4. При всей уверенности в своём таланте он сомневался в победе. 5. В поисках совершенной красоты он обошёл полмира. 6. По мере приближения конкурса художник всё больше волновался и сомневался. 7. Художник нарисовал приснившуюся ему девушку. 8. Под впечатлением картины старого художника люди думали о бедности, скуке и серости своей жизни. 9. Молодой художник решил участвовать в конкурсе, почти не надеясь на победу. 10. Он нарисовал жившую в этом городе девушку. 11. Люди были возмущены (недовольны) выбором молодого художника. 12. Присмотревшись к картине, люди заметили красоту обыкновенной на первый взгляд девушки. 13. Картины произвели сильное впечатление на всех присутствующих.

9. Продолжите предложения, вспоминая содержание рассказа.

1. Условие конкурса заключалось в том, что … . 2. Старый художник решил уйти из города, чтобы … . 3. Он долго бродил по свету, пока не … . 4. Молодой художник решил нарисовать Зорьку, которая … . 5. Узнав об этом, старый художник подумал, что … . 6. Через год жители города собрались на площади, чтобы … . 7. Увидев картину старого художника, люди … . 8. Глядя на картину старого художника, люди … . 9. Присмотревшись к картине молодого художника, люди … . 10. Рассматривая картину молодого художника, люди … . 11. Картина молодого художника была признана лучшей, потому что … .

1. Ответьте на вопросы.

1. В чём заключалось условие конкурса? 2. Выполнили ли художники это условие? 3. Почему картина молодого художника была признана лучшей?

2. Скажите:

1) какое впечатление произвели на жителей города картины молодого и старого художников; 2) как люди воспринимали окружающий их мир под впечатлением от этих картин; 3) бесспорна ли, с вашей точки зрения, победа молодого художника; 4) к каким направлениям (методам) искусства относятся художники из рассказа «Состязание».

Урок 8

1. Рассказ «Чьё сердце сильнее?» входит в цикл рассказов М. Горького «Сказки об Италии».

2. Прочитайте рассказ. Приготовьтесь выполнить тест, который проверяет, правильно ли вы поняли содержание рассказа.

Чьё сердце сильнее?
(По рассказу М. Горького)

На нашей улице родилось и жило много замечательных людей. Раньше они рождались чаще, чем теперь, и были заметнее, а сейчас, когда все ходят в пиджаках и занимаются политикой, трудно стало человеку подняться выше других, да и душа плохо растёт, когда её всё время заворачивают в газетную бумагу...

До лета прошлого года гордостью нашей улицы была Нунча, торговка овощами — самый весёлый человек в мире и первая красавица нашей улицы... Но милая Нунча прошлым летом умерла на улице во время танца — редко бывает, чтоб человек умер так, и об этом стоит рассказать.

Она была слишком весёлой и сердечной женщиной для того, чтобы спокойно жить с мужем. Муж её долго не понимал этого: кричал, размахивал руками, показывал людям нож и однажды пустил его в дело.

Полиция не любит таких шуток, и Стефано, посидев немного в тюрьме, уехал в Аргентину. Перемена воздуха очень помогает сердитым людям.

Нунча в двадцать три года осталась одна с дочерью на руках, парой ослов, огородом и тележкой. Весёлому человеку немного нужно. Работать она умела, а желающих помочь ей было много. Не все женщины были довольны её жизнью, и мужчины, конечно, не все, но, имея честное сердце, она не только не трогала женатых, но даже умела помирить их с жёнами. Она говорила:

— Кто разлюбил женщину, тот, значит, не умеет любить...

Так и жила она, радуясь сама, на радость многим, приятная для всех. Даже её подруги примирились с ней, поняв, что характер человека изменить невозможно.

3*

Но вот однажды в праздник, когда люди выходили из церкви, кто-то заметил удивлённо:

— Смотрите-ка, Нина становится совсем как мать!

Это была правда. Дочь Нунчи Нина незаметно для людей засияла звездою такой же яркой, как мать. Ей было только четырнадцать лет, но, высокая и стройная, она казалась старше. Даже сама Нунча удивилась, присмотревшись к ней:

— Святая мадонна! Неужели ты, Нина, хочешь быть красивей меня?

Девушка, улыбаясь, ответила:

— Нет, только такой, как ты, этого для меня довольно...

И тогда впервые на лице весёлой женщины люди увидели тень грусти, а вечером она сказала подругам:

— Вот наша жизнь! Не успеешь допить свой стакан до половины, а к нему уже потянулась новая рука...

Сначала не было заметно соперничества между матерью и дочерью. Дочь вела себя скромно, смотрела на мир сквозь ресницы, перед мужчинами неохотно открывала рот, а глаза матери горели всё ярче и веселее.

Прошёл год, два. Дочь всё ближе к матери и дальше от неё. Уже всем заметно, что парни не знают, куда смотреть ласковей — на ту или эту. А подруги, — подруги любят ударить по больному месту, подруги спрашивают:

— Что, Нунча, гасит тебя дочь?

Женщина, смеясь, отвечала:

— Большие звёзды и при луне видны...

Как мать, она гордилась красотой дочери, как женщина, Нунча не могла не завидовать юности. Нина встала между ней и солнцем, матери обидно было жить в тени.

Шёл слух, что Нина уже не раз говорила Нунче:

— Мы могли бы жить лучше, если бы ты была более благоразумна.

И настал день, когда дочь сказала матери:

— Мама, ты слишком заслоняешь меня от людей, а ведь я уже не маленькая и хочу взять от жизни своё. Ты жила весело, не пришло ли и для меня время жить?

— В чём дело? — спросила мать, виновато опустив глаза. Знала она, в чём дело.

Из Австралии возвратился на родину Энрико Барбоне. Было ему тридцать шесть лет. Крепкий, сильный, весёлый, он прекрасно рассказывал о своей жизни в Австралии, полной чудес. Все принимали его рассказы за сказки, а мать и дочь — за правду.

— Я вижу, что нравлюсь Энрико, а ты играешь с ним, и это делает его легкомысленным и мешает мне.

— Понимаю, — сказала Нунча. — Хорошо, ты не будешь жаловаться мадонне на свою мать...

И эта женщина честно отошла прочь от человека, который был приятен ей больше многих других. Это видели все.

И вот однажды на празднике нашей улицы, когда люди веселились от всей души, а Нунча уже великолепно станцевала тарантеллу, дочь заметила ей при всех:

— Не слишком ли много ты танцуешь? Пожалуй, это не по годам тебе, пора беречь сердце.

Все, кто слышал дерзкие слова, сказанные ласково, замолчали на секунду, а Нунча крикнула сердито:

— Моё сердце? Ты заботишься о нём, да? Хорошо, дочка, спасибо! Но посмотрим, чьё сердце сильнее!

И, подумав, предложила:

— Мы побежим с тобой отсюда до фонтана три раза туда и обратно, не отдыхая, конечно...

И вот мать и дочь стоят рядом, не глядя друг на друга, вот они сорвались и летят вдоль улицы на площадь, как две большие белые птицы. Уже с первых минут стало ясно, что победит мать.

Нунча бежала так свободно и красиво, точно сама земля несла её, как мать ребёнка. Люди стали бросать из окон цветы ей под ноги, аплодировали ей. В два конца она опередила дочь. Нина, разбитая, обиженная неудачей, упала на землю — не могла уже бежать в третий раз. Бодрая, как кошка, Нунча наклонилась над ней, смеясь вместе со многими:

— Дитя, — говорила она ласково, — надо знать, что наиболее сильное сердце в веселье, работе и любви, сердце женщины, испытанное жизнью, а жизнь узнаёшь далеко за тридцать... дитя, не огорчайся!

И, не давая себе отдохнуть после бега, Нунча пожелала танцевать тарантеллу:

— Кто хочет?

Вышел Энрико, снял шляпу и низко поклонился этой славной женщине... Грянул, загудел, зажужжал бубен и вспыхнула эта пламенная пляска, опьяняющая, точно старое, крепкое вино... Завертелась Нунча, извиваясь, как змея.

Глубоко понимала она этот танец страсти, и велико было наслаждение видеть, как живёт и играет её непобедимое тело.

Танцевала она долго, со многими, мужчины уставали, а она всё не могла насытиться. Было уже далеко за полночь, когда она, крикнув:

— Ну, Энри, ещё раз, последний! — снова медленно начала танцевать с ним. Глаза её расширились и, ласково светя, обещали многое... Но вдруг, коротко вскрикнув, она упала на землю...

Доктор сказал, что она умерла от разрыва сердца.

Вероятно...

Б

1. Выполните тест. Выберите вариант правильного (в соответствии с содержанием текста) продолжения предложения.

Тест

1. Нунча была ... .
   а) танцовщицей
   б) домохозяйкой
   в) торговкой овощами
2. Нунча считалась ... .
   а) самой верной женой
   б) самой заботливой матерью
   в) первой красавицей улицы
3. Муж Нунчи ... .
   а) был спокойным, добрым человеком
   б) был вспыльчивый и ревнивый
   в) пожертвовал всем ради семьи
4. Муж Нунчи попал в тюрьму ... .
   а) из-за драки
   б) из-за кражи денег
   в) за то, что плохо обращался с женой и дочерью
5. Муж Нунчи эмигрировал, потому что ... .
   а) хотел путешествовать
   б) бежал из тюрьмы
   в) не ладил с женой
6. Когда Нунчу оставил муж, ей было ... .
   а) двадцать три года
   б) двадцать два года
   в) тридцать три года
7. После отъезда мужа Нунча ... .
   а) долго плакала
   б) продолжала жить, как раньше
   в) ещё раз вышла замуж

8. Нунча любила праздники, потому что ... .
   а) любила веселиться и танцевать
   б) не любила работать
   в) собиралось много народу
9. Мужчины ухаживали за Нунчей, а женщины осуждали её, потому что она была ... .
   а) трудолюбива и много работала
   б) красивой, стройной, очень весёлой
   в) умной
10. Когда дочь Нунчи выросла, она ... .
    а) стала помогать матери продавать овощи
    б) стала красивее, чем мать
    в) ушла от матери
11. Со временем мать и дочь стали ... .
    а) жить душа в душу
    б) вместе танцевать тарантеллу
    в) соперницами, начали ссориться
12. Энрико возвратился на родину ... .
    а) из Аргентины
    б) из Австралии
    в) из Албании
13. Когда приехал Энрико, ...
    а) мать хотела, чтобы Нина вышла за него замуж
    б) мать и дочь не хотели слушать его рассказы
    в) Нина влюбилась в него и очень ревновала его к матери
14. Однажды во время праздника улицы ... .
    а) Нина и Нунча вместе танцевали тарантеллу
    б) Нина танцевала лучше матери
    в) Нина сказала матери, что та уже немолода и ей надо беречь сердце
15. Нунча предложила проверить, чьё сердце сильнее, и они ... .
    а) пошли к врачу
    б) договорились трижды пробежать до фонтана без отдыха
    в) устроили танцевальный конкурс
16. Нунча опередила дочь ... .
    а) с большим трудом
    б) и со злой радостью смеялась над ней
    в) очень легко
17. После победы над дочерью Нунча ... .
    а) пошла домой отдыхать

б) танцевала всю ночь

в) танцевала только с Энрико

18. Нунча умерла, потому что ... .

а) она безнадёжно любила Энрико

б) её сердце не выдержало

в) она хотела уступить место дочери

2. Пользуясь выполненным тестом, кратко воспроизведите содержание рассказа.

В

1. Дополните текст словами и словосочетаниями из скобок в нужной форме.

Нунча нравилась ... (*многие мужчины*). Может быть, она даже изменяла ... (*её муж*), но она кокетничала только ... (*неженатые мужчины*). Женщины-соседки были недовольны ... (*жизнь Нунчи*), они осуждали ... (*она*). Но скорее всего, они завидовали ... (*она, её красота, её характер*). Мужчины не только любили ... (*она*), они уважали ... (*эта женщина*) и часто помогали ... (*она*). Энрико ухаживал ... (*и мать, и дочь*). Когда дочь Нунчи была маленькая, мать заботилась ... (*она*), когда дочь выросла, Нунча гордилась ... (*её красота*). Но дочь не понимала ... (*мать*).

2. Передайте содержание предложений, заменяя выделенные слова близкими по смыслу.

1. Женщины нашей улицы *были недовольны* жизнью Нунчи. 2. Соседки считали её *несерьёзной*. 3. Нунча кокетничала с другими мужчинами, и муж сильно *сердился*. 4. Может быть, она была *неверна* мужу. 5. Однажды во время драки муж *пустил в дело* нож. 6. Когда дочь выросла, между ними началось *соперничество*. 7. Однажды мать предложила дочери устроить *соревнование*. 8. Когда они побежали, сразу стало ясно, что мать *будет первой*.

3. Ответьте на вопросы.

1. Сколько лет было Нунче, когда её муж уехал? 2. Сколько лет было тогда её дочери? 3. Сколько лет было дочери, когда люди заметили её красоту? 4. Сколько лет было Энрико? 5. Сколько лет было Нунче, когда она умерла?

4. Дополните текст глаголами движения.

Каждое утро ... по нашей улице красавица Нунча. Она ... овощи на рынок. Нунча жила одна с маленькой дочерью, а её муж ... в Аргентину. Когда из Австралии ... Энрико, дочь сказала, что мать не должна ... к нему. И мать честно ... в сторону, хотя ей нравился этот мужчина. На праздник они ... вместе. Дочь хотела, чтобы мать пораньше ... домой. Нунча предложила дочери проверить, кто из них ... до фонтана быстрее.

5. Передайте содержание простых предложений, заменяя их сложными.

О б р а з е ц: Я считаю вас хорошим, честным человеком. — Я считаю, что вы хороший, честный человек.

1. Все мужчины считали Нунчу самой красивой женщиной нашей улицы. 2. По словам женщин нашей улицы, Нунча была легкомысленной женщиной. 3. Четырнадцатилетняя дочь Нунчи казалась старше своих лет. 4. Рядом мать и дочь казались сёстрами. 5. Многие считали мать более интересной. 6. Соревнование матери и дочери показалось некоторым смешным.

6. **1)** Вспомните формы деепричастий от глаголов совершенного и несовершенного вида.

Вернуться: вернувшись; возвращаться — возвратиться: возвращаясь — возвратившись; отдыхать — отдохнуть: отдыхая — отдохнув.

2) Образуйте деепричастия от следующих глаголов.

Бегать, видеть, войти, глядеть, завидовать, замечать — заметить, заниматься — позаниматься, кричать — вскрикнуть, побеждать — победить, понять, присмотреться, пробежать, проигрывать — проиграть, работать, радоваться, сидеть, танцевать, уважать, улыбаться — улыбнуться, уставать.

3) Передайте содержание предложений, используя деепричастия.

1. Так Нунча и жила, работала и радовалась жизни. 2. Когда люди заметили красоту дочери, они стали ждать, что будет. 3. Нунча всегда улыбалась, когда отвечала на колкости (шутки) подруг. 4. Она улыбнулась и сказала: «Большие звёзды и при луне видны». 5. Хотя она завидовала молодости дочери, она гордилась её красотой. 6. Они должны были бежать до фонтана и не отдыхать, конечно.

7. Замените деепричастные обороты придаточными предложениями.

1. Много работая, Нунча умела и веселиться. 2. «Проиграв соревнование, я пойду домой», — сказала Нунча. 3. Проиграв, Нина заплакала. 4. Пробежав три раза до фонтана, Нунча снова стала танцевать. 5. Нунча и умерла, танцуя.

8. Продолжите предложения, выразив сравнение.

1. Нина была похожа … . 2. Она была такая же … . 3. Но дочь была не такая … . 4. … от матери она была неразговорчива. 5. Некоторые считали, что Нина … . 6. … с матерью дочь была менее интересна. 7. Мужчины не могли решить, кто из них … . 8. Нунча была тонкая и гибкая … . 9. Нунча танцевала … . 10. Нунча была самая … .

9. Продолжите предложения, вспоминая содержание рассказа.

1. Нунча была кокетлива, поэтому … . 2. Нунча осталась одна с дочерью, потому что … . 3. Она зарабатывала себе на жизнь сама, потому что … . 4. Они могли бы жить и лучше, если бы … . 5. Нунча могла бы ещё раз выйти замуж, если бы … . 6. Дочь Нунчи хотела, чтобы … . 7. Дочь предложила матери меньше танцевать, чтобы … . 8. Мать предложила устроить соревнование, чтобы … . 9. Они побежали, и сразу стало ясно, что … . 10. Вся улица с интересом наблюдала, как … . 11. Нина, обиженная неудачей, усталая, … . 12. А Нунча была … . 13. Нунча сказала дочери, что … . 14. Нунча не стала отдыхать после бега и … . 15. Нунча умерла, когда … .

1. Ответьте на вопросы.

1. Что можно сказать о внешности и характере Нунчи? 2. Как жила Нунча с маленькой дочерью? 3. Кто был недоволен её жизнью и почему? 4. Почему мать и дочь соперничали?

2. Скажите:

1) правильно ли жила Нунча; 2) была ли Нина красивее матери; кто из них интереснее; кто больше нравится вам; 3) как бы вы ответили на вопрос, поставленный в заглавии рассказа «Чьё сердце сильнее?».

3. Поделитесь вашими размышлениями по поводу этого рассказа.

4. Эпиграфом к «Сказкам об Италии» М. Горький избрал слова Г.-Х. Андерсена: «Нет сказок лучше тех, которые создаёт сама жизнь». Согласны ли вы с мнением великого сказочника? Аргументируйте свой ответ.

Урок 9

1. Действие рассказа «Глупый француз» происходит в конце зимы — начале весны, во время так называемой масленой недели. Уточните, что такое **масленая неделя, Масленица,** что связано с этим периодом в жизни русских. Эти сведения помогут вам понять содержание рассказа.

2. Проверьте, хорошо ли вы помните значение следующих глаголов и их управление.

   Заказывать — заказать *что кому;* закусывать — закусить *что чем;* мазать — помазать *что чем;* наливать — налить *что во что;* обслуживать — обслужить *кого;* платить — заплатить *за что;* подавать — подать *что кому;* поливать — полить *что чем;* резать — разре́зать — разреза́ть *что на что (на сколько частей).*

3. Прочитайте рассказ. Приготовьтесь выполнить тест, который проверяет, правильно ли вы поняли содержание рассказа.

Глупый француз
(По рассказу А. Чехова)

Клоун из цирка братьев Гинц, Генри Пуркуа, зашёл в московский трактир Тестова позавтракать.

— Дайте мне консоме! — приказал он половому.

— Прикажете с пашотом или без пашота?

— Нет, с пашотом слишком сытно... Две-три гренки, пожалуй, дайте...

В ожидании, пока подадут консоме, Пуркуа начал смотреть по сторонам. Первое, что бросилось ему в глаза, был какой-то полный господин, сидевший за соседним столом и приготовлявшийся есть блины.

«Как, однако, много едят в русских ресторанах! — подумал француз, глядя, как сосед поливает свои блины горячим маслом. — Пять блинов! Разве один человек может съесть так много теста?»

А сосед в это время помазал блины икрой, разрезал их на половинки и проглотил быстрее, чем в пять минут...

— Челаэк! — обратился он к половому. — Подай ещё порцию! Да что у вас за порции такие? Подай сразу штук десять или пятнадцать! Дай балыка... сёмги, что ли!

«Странно... — подумал Пуркуа, рассматривая соседа. — Съел пять кусков теста и ещё просит! Впрочем, такие феномены не редкость... У меня в Бретани был дядя Франсуа, который на пари съедал две тарелки супу и пять котлет... Говорят, что есть такие болезни, когда много едят...»

Половой поставил перед соседом гору блинов и две тарелки с балыком и сёмгой. Господин выпил рюмку водки, закусил сёмгой и начал есть блины. К великому удивлению Пуркуа, ел он их быстро, как голодный...

«Очевидно, болен... — подумал француз. — Он, конечно, не съест всю эту гору. Съест не больше трёх кусков, а придётся платить за всю эту гору».

— Дай ещё икры! — крикнул сосед, вытирая масленые губы. — Не забудь зелёного луку!

«Но... уже половины горы нет! — удивился клоун. — Боже мой, он и всю сёмгу съел? Не может быть! У нас во Франции этого господина показывали бы за деньги... Боже, уже нет горы!»

— Подашь бутылку вина... — сказал сосед, когда половой принёс ему икру и лук. — Что же ещё? Пожалуй, дай ещё порцию блинов... Скорее только...

— Слушаю... А после блинов что прикажете?

— Что-нибудь полегче... Закажи порцию селянки из осетрины по-русски и... и... Я подумаю, иди!

«Может быть, это мне снится? — удивился клоун. — Этот человек хочет умереть... Да-да, он хочет умереть! Это видно...»

Пуркуа позвал полового, который обслуживал соседний стол, и спросил шепотом:

— Послушайте, зачем вы так много ему подаёте?

— Э... э... они просят-с! Как же не подавать-с? — удивился половой.

— Странно, но ведь он так может до вечера сидеть здесь и просить. Если вы сами не можете отказать ему, позовите метрдотеля, пригласите полицию!

Половой пожал плечами и отошёл.

«Дикари! — подумал француз. — Они рады, что за столом сидит сумасшедший, самоубийца... Им нужна только выручка!»

— Порядки... — сказал в это время сосед, обращаясь к французу. — Сколько можно ждать, когда принесут новую порцию! Так и аппетит потерять можно и опоздаешь... Сейчас три часа, а мне в пять надо быть на юбилейном обеде.

— Извините, — сказал бледный Пуркуа, — ведь вы уже обедаете!

— Не-ет... Какой же это обед? Это завтрак... блины...

Тут соседу принесли селянку. Он налил полную тарелку, положил перец и стал есть...

«Боже мой, если бы я знал, что увижу здесь такую картину, не пришёл бы сюда. Сцены смерти не для моих нервов! — подумал француз. — Человек интеллигентный, молодой... возможно, имеет молодую жену и детей. Судя по одежде, богат. И нашёл такой страшный способ, чтобы умереть! И какой плохой человек я, если сижу здесь и не иду к нему на помощь!»

Пуркуа встал из-за стола и подошёл к соседу.

— Послушайте, мы с вами не знакомы, но я ваш друг, верьте. Не могу ли я вам помочь чем-нибудь? Вспомните, вы молоды... у вас жена, дети...

— Я вас не понимаю!

— Ах, зачем... Я вижу! Вы так много едите...

— Я много ем?! — удивился сосед. — Я?!.. Я с самого утра ничего не ел...

— Но вы ужасно много едите!

— Что вы беспокоитесь? Не вы будете платить! Я совсем не много ем. Посмотрите, ем как все!

Пуркуа посмотрел вокруг и... Вокруг бегали половые, носили целые горы блинов... За столами сидели люди и поедали горы блинов, сёмгу, икру... с таким же аппетитом, как и его сосед.

«О, страна чудес! — думал Пуркуа, когда выходил из ресторана. — Не только климат, но даже желудки делают у них чудеса! О, страна, чудная страна!»

1. Выполните тест. Выберите вариант правильного (в соответствии с содержанием текста) продолжения предложения.

Тест

1. Действие рассказа происходит на ... .
   а) Рождество
   б) Пасху
   в) Масленицу

2. Герой рассказа, Генри Пуркуа, был ... .
   а) половым в трактире
   б) клоуном в цирке
   в) гостем на юбилейном обеде

3. Генри Пуркуа пришёл в трактир … .
   а) позавтракать
   б) пообедать
   в) поужинать
4. Когда Пуркуа заказывал себе завтрак, он хотел, чтобы еда была … .
   а) вкусной
   б) недорогой
   в) не слишком калорийной
5. В ожидании, пока принесут завтрак, Пуркуа обратил внимание, что господин за соседним столиком слишком … .
   а) много ест
   б) громко разговаривает
   в) много пьёт
6. Толстый господин был недоволен тем, что … .
   а) блины невкусные
   б) блины дорогие
   в) блинов мало
7. Пуркуа подумал, что толстый господин много ест, … .
   а) чтобы умереть таким страшным способом
   б) потому что он с утра ничего не ел
   в) чтобы выиграть пари
8. Пуркуа позвал официанта и хотел … .
   а) расплатиться по счёту
   б) заказать себе блины
   в) предупредить, чтобы толстому господину больше не подавали блинов
9. Пуркуа решил, что официант … .
   а) ждёт смерти клиента
   б) думает только о деньгах, о выручке
   в) плохо обслуживает клиента
10. Пуркуа узнал, что толстый господин торопил официанта потому, что он … .
    а) был очень голоден
    б) спешил на службу
    в) спешил в гости на обед
11. Пуркуа подошёл к толстому господину, чтобы … .
    а) спросить, почему он так много ест
    б) спасти его от смерти
    в) познакомиться

12. Толстый господин предложил Пуркуа ... .
    а) пойти в другой ресторан
    б) посмотреть вокруг
    в) пообедать вместе с ним

13. Пуркуа увидел, что за столами сидели люди и ... .
    а) смотрели на него
    б) без особого удовольствия ели блины
    в) поедали горы блинов

14. Пуркуа решил, что ... .
    а) всё это ему приснилось
    б) он не может жить в России
    в) Россия — удивительная страна

2. Пользуясь выполненным тестом, кратко воспроизведите содержание рассказа.

В

1. Дополните текст словами и словосочетаниями из скобок в нужной форме.

Пуркуа заказал ... (*официант, порция консоме*). Половой подал ... (*господин, порция блинов*). Толстый господин полил ... (*блины, масло*), потом намазал ... (*блины, икра*). Он разрезал ... (*блин, два куска*). Господин налил ... (*рюмка, водка*). Ему придётся платить ... (*все блины*). Пуркуа позвал полового, который обслуживал ... (*толстый господин*).

2. Дополните текст словами **порция, кусок, рюмка, тарелка, бутылка** в нужной форме.

Господин заказал ... блинов. Он отрезал ... блина и съел его. Он заказал ... водки и селянку. Он налил себе ... селянки, выпил ... водки и закусил икрой.

3. Дополните текст существительным **стол** в нужной форме.

Для справок: за столом, из-за стола, на стол, на столе.

Пуркуа стал смотреть по сторонам: ... рядом сидел толстый господин. Перед ним ... стояла гора блинов. Половой принёс ещё сёмгу, балык и икру и поставил ... перед господином. Когда Пуркуа увидел, что господин съел почти всю гору, он встал ... и пошёл ему на помощь.

4. Дополните предложения причастиями из скобок в нужной форме.

1. (*приготовлявшийся — приготовленный*) За соседним столом сидел человек, ... есть блины. Он быстро проглотил ... блин. 2. (*поливающий — политый; намазывающий — намазанный*) «Как много едят в русских ресторанах», — думал Пуркуа, когда смотрел на соседа, ... блины маслом и ... их икрой. Блин, ... маслом и ... икрой, сосед разрéзал на две части и проглотил. 3. (*съедавший — съеденный*) Пуркуа вспомнил своего дядю, ... на спор две тарелки супа. Толстый господин сказал, что за ... блины платить будет он сам. 4. (*принёсший — принесённый*) Пуркуа обратился к половому, ... господину новую порцию блинов. Господин ел ... блины, как голодный. 5. (*поедающий — поедаемый*) Француз посмотрел вокруг и увидел горы ... еды и людей, ... эти горы.

5. Прочитайте текст, заменяя причастные обороты предложениями со словом **который**.

Пуркуа ждал консоме, заказанное половому. В этот момент он обратил внимание на господина, сидевшего за соседним столом и приготовлявшегося есть блины. Пуркуа смотрел на гору блинов, принесённую половым, и удивлялся. Через несколько минут он опять посмотрел на соседа, поливающего блины маслом. Блины, политые маслом и намазанные икрой, сосед разрéзал на две половинки и проглотил. Гора блинов, стоявшая перед господином, быстро исчезала. Во Франции человека, съедавшего столько теста, показывали бы за деньги. Пуркуа подумал, что видит человека, решившего умереть. Он позвал на помощь полового, обслуживающего соседа.

6. Передайте содержание предложений, заменяя деепричастные обороты придаточными предложениями с союзами **когда, пока, после того как, как только, потому что, оттого что, так как**.

1. Ожидая заказанное консоме, Пуркуа начал смотреть по сторонам. 2. «Как много едят в русских ресторанах», — подумал француз, увидев гору блинов на столе перед соседом. 3. Полив блины маслом, сосед разрéзал их на половинки и съел. 4. Съев все блины, он заказал ещё. 5. Решив, что господин — самоубийца, Пуркуа позвал полового. 6. Половой пожал плечами, не понимая Пуркуа. 7. Боясь потерять аппетит, сосед быстро ел новую порцию. 8. Испугавшись, что господин умрёт, Пуркуа пошёл ему на помощь. 9. Удивившись вопросу Пуркуа, сосед показал на людей, сидевших вокруг. 10. По-

смотрев вокруг, Пуркуа увидел, что все сидевшие за столами люди съедали большие горы еды.

1. Ответьте на вопросы.

1. Что заказал Пуркуа официанту? 2. О чём больше всего беспокоился Пуркуа, делая свой заказ? 3. На кого обратил внимание Пуркуа, когда ожидал свой заказ? 4. Что показалось французу странным в поведении соседа? 5. Что заказывал толстый господин? 6. Какая разница была между толстым господином и дядей Франсуа? 7. Почему француз подошёл к соседу и завёл с ним разговор? 8. Как ответил господин на слова Пуркуа? 9. Что увидел француз, когда господин предложил ему посмотреть вокруг?

2. Как вы думаете, кто был удивлён больше: Пуркуа, наблюдая толстяка, или половой и толстый господин, услышав вопросы француза?

3. Скажите, как вы понимаете название рассказа. Как вы думаете, кому принадлежит определение **глупый**? Автору? Толстому господину? Половому?

4. Слово **чудная** может произноситься по-разному: **чу́дная** — «прекрасная, полная чудес», **чудна́я** — «странная, смешная». Как, по-вашему, произносит это слово автор рассказа? Как бы вы произнесли это слово? Аргументируйте свой ответ.

Урок 10

А

1. Проверьте, хорошо ли вы помните значение следующих глаголов и их управление.

Влюбляться — влюбиться *в кого/во что*; ждать — дожидаться — дождаться *кого*; знать *кого* — узнавать — узнать *кого/кого в ком*; любить — полюбить *кого/что*; мешать — помешать *кому*; надеяться *на кого/на что*; озадачивать — озадачить *кого чем*; писать — написать *что кому*; получать — получить *что от кого*; помнить — вспоминать — вспомнить *кого/что*; прощать — простить *кого за что/что кому*; сердиться — рассердиться *на кого за что*; смеяться — засмеяться *над кем/над чем*; спрашивать — спросить *что у кого*; уважать *кого за что*; улыбаться — улыбнуться *кому*; успокаивать — успокоить *кого*.

2. Прочитайте рассказ. Приготовьтесь выполнить тест, который проверяет, правильно ли вы поняли содержание рассказа.

На даче
(По рассказу А. Чехова)

«Я вас люблю. Вы моя жизнь, счастье — всё! Простите, но страдать и молчать больше не могу. Будьте сегодня в восемь часов вечера в старой беседке. Имя своё не подписываю, но не пугайтесь: я молода, хороша собой... чего же вам ещё?»

Такое письмо получил дачник Павел Иванович Выходцев, человек семейный, немолодой, положительный.

«Что за чёрт? — подумал он. — Женатый человек, и вдруг такое странное письмо... глупое письмо! Кто это написал?»

Павел Иванович прочитал письмо ещё раз.

«Я вас люблю... — Мальчишку нашла! Так я и побегу к тебе в беседку!.. Ну, народ эти женщины! Как можно написать такое письмо незнакомому человеку, да ещё женатому! Настоящая деморализация!»

Павел Иванович был женат уже много лет и давно не получал никаких писем, а потому это письмо его очень озадачило.

Через час после получения письма он лежал на диване и думал:

«Конечно, я не мальчишка и не побегу на это дурацкое свидание... А всё-таки интересно было бы знать, кто написал это письмо. Почерк, конечно, женский. Думаю, это не шутка. Вероятно, это вдова. Вдовы вообще очень эксцентричны. Кто бы это мог быть?» Решить этот вопрос было особенно трудно потому, что во всём дачном посёлке у Павла Ивановича была только одна знакомая женщина — его жена.

«Странно... — продолжал он думать, — «Я вас люблю...» Когда же она успела полюбить? Странная женщина. Не познакомилась, не узнала и... полюбила. Но... кто же она?»

Вдруг Павел Иванович вспомнил, что вчера и три дня назад, когда он гулял, он несколько раз встречал молоденькую блондинку в светло-голубом платье с хорошеньким носиком. Блондинка несколько раз посмотрела на него, и, когда он сел на скамейку, она села рядом с ним...

«Она? — подумал Выходцев. — Не может быть! Разве может такое небесное существо полюбить такого немолодого человека, как я? Нет, это невозможно!»

За обедом Павел Иванович смотрел на жену и думал: «Она пишет, что молода и хороша собой... Значит, не старуха... Правду сказать, я тоже не так стар и плох, чтобы в меня нельзя было влюбиться... Жена же меня любит! И говорят же в народе: «Любовь зла — полюбишь и козла».

— О чём ты думаешь? — спросила Павла Ивановича жена.

— Так... ни о чём, — ответил Павел Иванович, — голова болит...

А для себя решил: «Глупо думать об этом письме».

После обеда он лежал у себя на кровати и не мог спать, думал:

«А ведь она ждёт, надеется, будет нервничать, когда не увидит меня в беседке... А я не пойду».

«А может быть, пойти? — подумал он через полчаса. — Пойти и посмотреть... Шутки ради».

Он встал с кровати и начал одеваться.

— Ты куда это так наряжаешься? — спросила Павла Ивановича жена, когда он надевал новую рубашку и модный галстук.

— Так... Хочу пройтись... Голова болит...

Павел Иванович с трудом дождался восьми часов и вышел из дома. Когда он увидел на улице нарядных дачников и дачниц, у него забилось сердце: «Которая из них? А блондиночки не видать. Но уже восемь часов, она, наверное, уже в беседке сидит».

Павел Иванович подходил к беседке. Он тяжело дышал. Около беседки он остановился и посмотрел вокруг. «Кажется, никого...» —

подумал он и вошёл в беседку. В углу он увидел человека. Но... это был мужчина. Выходцев узнал в нём брата своей жены, студента Митю, который жил у него на даче.

— А, это ты... — сказал недовольно Павел Иванович, снял шляпу и сел.

— Да... Я... — ответил Митя.

Минуты две оба молчали.

— Извините меня, Павел Иванович, — начал Митя, — я обдумываю сочинение, у меня экзамен, а вы мне мешаете.

— А ты иди куда-нибудь, — ответил Павел Иванович, — на свежем воздухе легче думать. А я хочу здесь отдохнуть.

— Экзамен важнее, — ответил Митя недружелюбно.

Прошло минуты две-три. Оба молчали и не двигались.

— Послушай, Митя, — начал опять Павел Иванович, — ты моложе меня и должен уважать... Я болен и... хочу поспать... Уйди! Прошу тебя!

— Это эгоизм... Почему вы должны остаться, а я должен уйти? Не уйду... Из принципа...

В это время у входа в беседку появилось женское лицо с хорошеньким носиком. Женщина увидела двух мужчин и ушла.

«Ушла! — подумал Павел Иванович. — Увидела этого подлеца и ушла. Всё пропало!»

Он подождал ещё немного, встал, надел шляпу и сказал:

— Скотина ты, подлец и мерзавец! Да! Скотина! Между нами всё кончено!

— Очень рад! — ответил Митя и тоже встал и надел шляпу. — Вы сейчас сделали мне такую подлость... такую подлость! Я вам до смерти не прощу!

Павел Иванович вышел из беседки и быстро пошёл к своей даче. Даже вид стола с готовым ужином не успокоил его.

За ужином Павел Иванович и Митя смотрели в свои тарелки и молчали. Жена Павла Ивановича улыбалась.

— Ты чего улыбаешься? — вдруг закричал Павел Иванович на жену. — Только одни дуры без причины улыбаются!

Жена посмотрела на сердитое лицо мужа и засмеялась:

— Что за письмо ты получил сегодня утром? — спросила она.

— Я?.. Я никакого письма не получал...

— Ну да, рассказывай! Получил! Ведь это письмо я тебе послала. Честное слово, я! Ха-ха-ха!

Павел Иванович покраснел и нагнулся к тарелке:

— Глупые шутки...

— Но что же было делать? Сам подумай... Нам нужно было сегодня полы помыть, а как ещё можно было заставить тебя уйти из дома... Но ты не сердись... Чтобы тебе не скучно было в беседке, я и Мите такое же письмо послала. Митя, ты был в беседке?

1. Выполните тест. Выберите вариант правильного (в соответствии с содержанием текста) продолжения предложения.

Тест

1. Павел Иванович Выходцев получил письмо ... .
   а) от старого друга
   б) от своей жены, уехавшей в гости к маме
   в) от незнакомой женщины с признанием в любви и приглашением на свидание
2. Когда Павел Иванович получил письмо, он ... .
   а) обрадовался и сразу же решил пойти на свидание
   б) долго размышлял и наконец решился встретиться с автором письма
   в) сразу забыл о письме
3. Выходцев пришёл к выводу, что автором письма была ... .
   а) какая-нибудь вдова из дачного посёлка
   б) его жена
   в) молодая симпатичная блондинка, которую он однажды встретил на прогулке
4. Павел Иванович подумал, что ... .
   а) он ещё хорош собой, поэтому его можно полюбить
   б) в него нельзя не влюбиться
   в) влюбиться можно только в молодого человека
5. Когда Павел Иванович решил пойти на свидание, он ... .
   а) оделся кое-как
   б) долго думал, как одеться
   в) стал красиво одеваться
6. Уходя из дома, Павел Иванович сказал жене, что ... .
   а) у него болит голова, поэтому он хочет прогуляться
   б) он идёт встретиться с её братом
   в) он хочет поспать на свежем воздухе в беседке
7. По дороге на свидание Павел Иванович ... .
   а) сильно волновался

б) был совершенно спокоен

в) улыбался и напевал песню

8. Когда Павел Иванович вошёл в беседку, он увидел там ... .

а) незнакомого мужчину

б) блондинку, читающую книгу

в) своего родственника

9. Павел Иванович и Митя ... .

а) были рады друг друга видеть

б) просили друг друга уйти из беседки

в) поссорились, и Митя был вынужден уехать в город

10. Во время спора Павла Ивановича и Мити в беседку ... .

а) вошла какая-то пожилая женщина

б) никто не заглядывал

в) заглянула симпатичная женщина

11. Павел Иванович и Митя ... .

а) вместе пошли домой

б) ушли из беседки врагами

в) не обиделись друг на друга

12. Во время ужина выяснилось, что ... .

а) Митя получил письмо от знакомой блондинки

б) письмо попало к Павлу Ивановичу по ошибке и было предназначено не ему

в) письмо Павлу Ивановичу написала его жена

13. Жена Павла Ивановича написала письмо ... .

а) подруге

б) не только мужу, но и брату

в) только мужу

14. Жена Павла Ивановича написала письма, чтобы ... .

а) мужчины ушли из дома на время уборки

б) её муж и брат погуляли на свежем воздухе

в) подшутить над мужчинами

2. Пользуясь выполненным тестом, кратко воспроизведите содержание рассказа.

1. Дополните предложения глаголами из скобок в нужной форме. Используйте материал предтекстового задания.

1. (*писать, подписать*) Женщина ... , что любит Павла Ивановича, но своё имя не ... . 2. (*любить, полюбить*) «Когда эта женщина

успела меня … ? Но ведь … меня жена», — думал Выходцев. 3. (*знать, узнать*) Павел Иванович не … в дачном посёлке ни одной женщины, кроме жены. В беседке сидел мужчина, в нём Павел Иванович … Митю. 4. (*помнить, вспомнить*) Вдруг Павел Иванович … , что вчера он встретил хорошенькую блондинку. Павел Иванович не … почерк своей жены. 5. (*видеть, увидеть*) Женщина … мужчин и исчезла. Вчера Павел Иванович несколько раз … молоденькую блондинку. 6. (*смеяться, засмеяться*) За ужином жена посмотрела на Павла Ивановича и … . «Без причины … одни дуры», — сказал он. 7. (*сердиться, рассердиться*) Павел Иванович посмотрел на смеющуюся жену и очень … . «Не … », — сказала ему жена.

2. Дополните текст, вспоминая содержание рассказа. Используйте материал задания 1.

Дачник Павел Иванович Выходцев … какое-то странное письмо. Письмо … женщина, но кто она, Павел Иванович не знал, потому что она не … своё имя. Женщина … , что любит его и не может больше … .

Письмо очень … его. Весь день Павел Иванович не мог … , пойти в беседку или не ходить. Он не мог понять, когда она успела … в него. Вдруг Павел Иванович … , что вчера он несколько раз встречал молоденькую блондинку. И он решил пойти в беседку, потому что женщина будет … .

Павел Иванович с трудом … восьми часов. Он … чистую рубашку и модный галстук. Жена … у него, куда это он так наряжается. Он ответил, что пойдёт погулять.

В беседке Павел Иванович увидел мужчину, в нём он … брата своей жены. Митя сказал, что у него скоро экзамен, ему надо подумать, а Павел Иванович ему … . У входа в беседку появилась блондинка, но увидела мужчин и ушла. Павел Иванович и Митя … друг на друга.

Даже вид стола с готовым ужином не мог … Павла Ивановича. За ужином его жена как-то странно … . Когда она сказала, что это письмо … ему она, Павел Иванович покраснел и наклонился к тарелке. Жена просила не … на неё. В доме нужно было убраться, и она хотела, чтобы мужчины … из дома.

3. Передайте содержание предложений, подобрав из рассказа синонимы к выделенным словам и словосочетаниям.

1. Женщина писала: «Я молода и *красива*». 2. Павел Иванович давно не получал никаких писем, и поэтому это письмо *заставило*

его задуматься. 3. «*Не умно* думать об этом письме», — говорил себе Павел Иванович. 4. «Блондинка будет *беспокоиться*, когда не увидит меня в беседке», — думал он. 5. «Куда это ты так *красиво одеваешься?*» — спросила Павла Ивановича жена. 6. Павел Иванович *еле-еле* дождался восьми часов. 7. У входа в беседку *показалось* женское лицо, но женщина тут же *скрылась*. 8. Жена посмотрела на *злое* лицо Павла Ивановича и засмеялась. 9. «Как ещё можно было *выгнать* тебя из дома?» — спросила она.

4. Дополните предложения отрицательными местоимениями и наречиями.

1. Павел Иванович давно не получал ... писем. 2. Выходцев прочитал письмо и решил, что ... не побежит. 3. Во всём дачном посёлке у него не было ... знакомой женщины. 4. «О чём ты думаешь?» — спросила его жена. «Так, ... не думаю», — ответил Выходцев. 5. «Какое письмо ты получил?» — спросила жена. « ... », — ответил Выходцев. 6. Около беседки Павел Иванович посмотрел вокруг, но ... не увидел. 7. Павел Иванович сказал, что ... не простит Митю.

5. Дополните предложения неопределёнными местоимениями и наречиями.

1. Павел Иванович Выходцев получил ... странное письмо. 2. Письмо писала ... женщина. 3. Блондинка ... странно посмотрела на Павла Ивановича. 4. В беседке сидел ... мужчина. 5. «Иди ... на свежий воздух», — посоветовал Павел Иванович Мите. 6. У входа в беседку появилось ... лицо. 7. За ужином жена ... странно улыбалась.

6. Дополните предложения прилагательными из скобок в нужной форме.

1. (*молодой — молод, хороший — хорош*) Женщина писала, что она ... и ... собой. Митя — ... человек, ... студент. 2. (*немолодой — немолод*) Павел Иванович — ... человек ... . Он был уже ... . 3. (*глупый — глуп*) Какое ... письмо! Как это ... ! 4. (*женатый — женат*) Павел Иванович был ... уже много лет. Как можно написать такое письмо ... человеку? 5. (*знакомый — знаком*) В дачном посёлке у Выходцева было мало ... людей. Павел Иванович не был ... с автором письма. 6. (*старый — стар*) Павел Иванович считал, что он не так уж ... . Он не считал себя ... . 7. (*готовый — готов*) Ужин был уже ... . Вид стола с ... ужином не успокоил его. 8. (*сердитый — сердит*) Жена смотрела на ... лицо Выходцева и улыбалась. Павел Иванович был ... на Митю.

7. Дополните предложения глаголами из скобок в нужной форме. Укажите возможные варианты.

1. (*получать — получить*) Утром Павел Иванович ... какое-то странное письмо. Он давно не ... никаких писем. 2. (*писать — написать*) Кто же мог ... это письмо? Женщина ... , что молода и хороша собой. Как можно ... такое письмо женатому человеку? 3. (*подписывать — подписать*) Своё письмо женщина не ... . 4. (*вспоминать — вспомнить, встречать — встретить*) Павел Иванович вдруг ... , что вчера несколько раз ... хорошенькую блондинку. 5. (*смотреть — посмотреть*) Блондинка несколько раз ... на него. 6. (*влюбляться — влюбиться*) Павел Иванович считал, что он не так уж стар, чтобы нельзя было в неё ... . 7. (*уходить — уйти*) Выходцев просил Митю ... , но Митя не ... . 8. (*прощать — простить*) «Я вам до смерти этого не ... », — сказал Митя Выходцеву. Павел Иванович не мог ... Мите его упрямства.

8. Передайте содержание предложений, используя деепричастия там, где это возможно.

1. Павел Иванович получил странное письмо и был удивлён. 2. Он давно не получал никаких писем, и это письмо его озадачило. 3. Он давно не получал никаких писем и был озадачен. 4. Он прочитал письмо ещё раз и решил, что никуда не пойдёт. 5. «Не познакомилась, не узнала и сразу полюбила», — думал Выходцев. 6. За обедом Павел Иванович глядел на жену и думал о своём. 7. Выходцев решил пойти на свидание и начал одеваться. 8. Женщина увидела двух мужчин и ушла. 9. За ужином жена смотрела на Павла Ивановича и улыбалась. 10. Она посмотрела на сердитое лицо мужа и засмеялась ещё громче.

9. Дополните предложения глаголами движения.

1. «Я не мальчишка и не ... на это рандеву», — решил Выходцев. 2. «А ведь блондинка будет ждать», — подумал он и решил ... на свидание. 3. Павел Иванович с трудом дождался восьми часов и ... из дома. 4. «Она уже, наверное, ... », — думал он. 5. Когда он ... к беседке, он тяжело дышал. 6. Оглядевшись, он ... в беседку. 7. Увидев в беседке брата жены, он попросил его ... . 8. «Из принципа никуда не ... », — ответил Митя. 9. Когда женщина ... , Павел Иванович ... из беседки и быстро ... к своей даче. 10. «Митя, ты ... в беседку?» — спросила жена.

1. Ответьте на вопросы.

1. Какое письмо получил дачник Павел Иванович Выходцев? (передайте содержание письма в косвенной речи) 2. Каким человеком считал себя Павел Иванович? 3. Что он подумал об авторе письма? 4. Почему письмо озадачило его? 5. Почему Павел Иванович всё-таки пошёл в беседку? 6. Кого увидел Выходцев в беседке? 7. Что произошло в беседке между Митей и Павлом Ивановичем? 8. Что узнал за ужином Павел Иванович?

2. Скажите:

1) что, по-вашему, произошло после ужина; рассердился ли Павел Иванович на жену; помирились ли Митя и Павел Иванович; 2) как вы понимаете характеры (психологию) Павла Ивановича и его жены.

Урок 11

1. В рассказе А. Чехова «История одного торгового предприятия», написанном в 1892 году, встречаются фамилии *Михайловский* и *Писарев*. Может быть, вам не знакомы эти имена. Познакомьтесь с краткими биографическими данными.

Михайловский Николай Константинович (1842—1904) — русский социолог, публицист, литературный критик, один из редакторов журналов «Отечественные записки» и «Русское богатство», народник.

Писарев Дмитрий Иванович (1840—1868) — русский публицист и литературный критик, философ-материалист и утопический социалист, революционный демократ. В 1862—1866 гг. был заключён в Петропавловскую крепость за социалистические идеи, пропагандировал мысль о достижении социализма через индустриальное развитие, считал естествознание средством просвещения, отрицал значение творчества А. Пушкина для современности.

2. Прочитайте рассказ. Приготовьтесь выполнить тест, который проверяет, правильно ли вы поняли содержание рассказа.

История одного торгового предприятия
(По рассказу А. Чехова)

Андрей Андреевич Сидоров получил в наследство от своей мамаши четыре тысячи рублей и решил открыть на эти деньги книжный магазин. А такой магазин был крайне необходим. Город коснел в невежестве и в предрассудках; старики только ходили в баню, чиновники играли в карты, молодёжь жила без идеалов, девицы мечтали о замужестве, мужья били своих жён, и по улицам бродили свиньи.

«Идей, побольше идей! — думал Андрей Андреевич. — Идей!»

Нанявши помещение под магазин, он съездил в Москву и привёз оттуда много старых и новейших авторов и много учебников и расставил всё это по полкам. В первые три недели покупатели совсем не приходили. Андрей Андреевич сидел за прилавком, читал Михайловского и старался честно мыслить. Каждый день утром в магазин опрометью вбегала озябшая девка в платке и в кожаных калошах на босую ногу и говорила:

— Дай на две копейки уксусу!

И Андрей Андреевич с презрением отвечал ей:

— Дверью ошиблись, сударыня!

Когда к нему заходил кто-нибудь из приятелей, то он, сделав значительное и таинственное лицо, доставал с самой дальней полки третий том Писарева, сдувал с него пыль и говорил:

— Да... Да... Тут, одним словом, я должен заметить, такое, понимаете ли, что прочтёшь да только руками разведёшь... Да.

— Смотри, брат, как бы тебе не влетело!

Через три недели пришёл первый покупатель. Это был толстый седой господин, по всем видимостям, помещик. Он потребовал вторую часть «Родного слова».

— А грифелей у вас нет? — спросил он.

— Не держу.

— Напрасно... Жаль. Не хочется из-за пустяка ехать на базар...

«В самом деле, напрасно я не держу грифелей, — думал Андрей Андреевич. — Здесь, в провинции, нельзя узко специализироваться, а надо продавать всё, что так или иначе относится к просвещению и способствует ему».

Он написал в Москву, и не прошло и месяца, как на окне его магазина были уже выставлены карандаши, ручки, тетрадки. К нему стали изредка заходить мальчики и девочки, и был даже один такой день, когда он выручил рубль сорок копеек. Однажды опрометью влетела к нему девка в кожаных калошах; он уже раскрыл рот, чтобы сказать ей с презрением, что она ошиблась дверью, но она крикнула:

— Дай на копейку бумаги и марку за семь копеек!

После этого Андрей Андреевич стал держать марки и бумагу. Месяцев через восемь (считая со дня открытия магазина) к нему зашла одна дама.

— А нет ли у вас гимназических ранцев? — спросила она.

— Увы, сударыня, не держу!

— Ах, какая жалость! В таком случае покажите мне, какие у вас есть куклы, но только подешевле.

— Сударыня, и кукол нет! — сказал печально Андрей Андреевич.

Он написал в Москву, и скоро в его магазине появились всякие игрушки.

Потом обыватели, проходя мимо его магазина, увидели два велосипеда: один большой, другой поменьше. И торговля пошла на славу. Особенно хороша была торговля перед Рождеством, когда Андрей Андреевич вывесил на окне объявление, что у него продаются украшения для ёлки.

— Дайте мне только в Москву съездить! У меня будут такие фильтры и всякие научные усовершенствования, что вы с ума посойдёте. Науку нельзя игнорировать. Не-ет!

Наторговавши много денег, он поехал в Москву и купил там разных товаров тысяч на пять, за наличные и в кредит. Тут были и фильтры, и лампы для письменных столов, и гитары, и зоологические коллекции. Кстати же он купил на пятьсот рублей превосходной посуды — и был рад, что купил, так как красивые вещи развивают вкус и смягчают нравы. Вернувшись из Москвы домой, он занялся расстановкой нового товара по полкам. Когда он полез, чтобы убрать верхнюю полку, десять томов Михайловского один за другим свалились с полки; один том ударил его по голове, остальные же разбили два ламповых шара.

— Как, однако, они... толсто пишут! — пробормотал Андрей Андреевич.

Он собрал все книги и спрятал под прилавок. Дня через два после этого ему сообщили, что сосед бакалейщик приговорён в арестантские роты за истязание племянника и что лавка поэтому сдаётся. Андрей Андреевич очень обрадовался и приказал оставить лавку за собой. Скоро в стене была уже пробита дверь и обе лавки, соединённые в одну, были битком набиты товаром; так как покупатели, заходившие во вторую половину лавки, по привычке всё спрашивали чаю, сахару и керосину, то Андрей Андреевич недолго думая завёл и бакалейный товар.

В настоящее время это один из самых видных торговцев у нас в городе. Он торгует посудой, табаком, мылом, бубликами, красным, ружьями и окороками. Он, говорят, собирается открыть бани. Книги же, которые когда-то лежали у него на полках, в том числе и третий том Писарева, давно уже проданы по 1 р. 5 к. за пуд.

Прежние приятели, которых Андрей Андреевич теперь в насмешку величает «американцами», иногда заводят с ним речь о прогрессе, о литературе.

— Вы читали, Андрей Андреевич, последнюю книжку «Вестника Европы»? — спрашивают его.

— Нет, не читал-с... — отвечает он, играя толстой цепочкой. — Это нас не касается. Мы более положительным делом занимаемся.

Б

1. Выполните тест. Выберите вариант правильного (в соответствии с содержанием текста) продолжения предложения.

Тест

1. Андрей Андреевич Сидоров получил деньги ... .
   а) в наследство от бабушки
   б) в подарок от мамы
   в) в наследство от матери

2. На эти деньги Андрей Андреевич решил открыть ... .
   а) бакалейную лавку
   б) баню
   в) книжный магазин

3. Сидоров мечтал ... .
   а) нажить капитал
   б) спасти население города от невежества
   в) стать образованным человеком

4. Сидоров привёз из Москвы ... .
   а) много новых журналов
   б) несколько новых книг и учебников
   в) много книг и учебников

5. Когда Сидоров открыл книжный магазин, покупатели ... .
   а) изредка начали заходить к нему
   б) выстроились в очередь
   в) совсем не приходили

6. Каждый день утром в книжный магазин вбегала девушка ... .
   а) за свежей газетой
   б) за уксусом
   в) узнать новости

7. Андрей Андреевич встречал эту девушку ... .
   а) с равнодушным видом
   б) презрительными словами
   в) радостной улыбкой

8. Пока покупатели не заходили в магазин, Сидоров ... .
   а) сдувал с книг пыль
   б) расставлял книги по полкам
   в) сидел и читал

9. Сидоров был ... .
   а) очень образованным, начитанным человеком
   б) заинтересованным читателем
   в) недалёким, не очень умным человеком

10. Когда Сидоров пытался читать серьёзные книги, он ... .
   а) плохо понимал их
   б) старался составить собственное мнение по поводу прочитанного
   в) во всём соглашался с их авторами

11. Приятели, заходившие к Сидорову в магазин, думали, что он ... .
   а) не очень умный человек
   б) хороший хозяин книжного магазина
   в) читает запрещённую литературу

12. Первый покупатель пришёл за книгой ... .
   а) через три недели после открытия магазина
   б) спустя восемь месяцев
   в) в первую неделю работы магазина

13. Через месяц после открытия книжного магазина Андрей Андреевич решил, что в провинциальном городе ... .
   а) нужны узкоспециализированные магазины
   б) надо продавать всё
   в) надо продавать то, что способствует просвещению

14. Через месяц после открытия книжного магазина Сидоров решил, что просвещению могли бы способствовать ... .
   а) умные книги
   б) куклы
   в) карандаши, ручки, тетради

15. С самым большим успехом в магазине у Сидорова продавались ... .
   а) книги
   б) ёлочные игрушки
   в) гимназические ранцы

16. Сидоров говорил, что ... .
   а) науку нельзя игнорировать
   б) наука способствует прогрессу
   в) наука помогает торговле

17. Сидоров считал, что развитию науки способствуют ... .
   а) научные журналы
   б) фильтры
   в) красивая посуда

18. Сидоров убрал книги из магазина потому, что они ... .
   а) были очень толстые и занимали много места
   б) не интересовали покупателей
   в) упали и разбили лампы

19. Сидоров ... .
    а) подарил книги приятелям
    б) выставил книги в витрине магазина
    в) продал книги на вес
20. Лавка рядом с магазином Сидорова освободилась, так как её хозяин ... .
    а) был арестован
    б) уехал в Москву
    в) купил другую лавку
21. Сосед Сидорова попал в тюрьму за ... .
    а) кражу книг у Сидорова
    б) жестокое обращение со своим племянником
    в) чтение запрещённой литературы
22. Узнав об аресте соседа, Сидоров ... .
    а) очень обрадовался и купил его лавку
    б) был возмущён его поведением
    в) оказал помощь его племяннику
23. Сидоров ... .
    а) обанкротился
    б) открыл баню
    в) стал известным торговцем в своём городе
24. Приятели Сидорова ... .
    а) тоже стали торговцами
    б) продолжают говорить о прогрессе
    в) приехали из Америки
25. Встречаясь с прежними приятелями, Сидоров ... .
    а) завидует им
    б) обсуждает с ними последнюю книжку «Вестника Европы»
    в) демонстрирует своё превосходство перед ними

2. Пользуясь выполненным тестом, кратко воспроизведите содержание рассказа.

1. Скажите, как вы понимаете выделенные слова и выражения.

1. Город *коснел* в невежестве и предрассудках. 2. Молодёжь жила *без идеалов*. 3. Каждый день утром в магазин *опрометью* вбегала девушка. 4. Сидоров прочитал книгу и только *руками развёл*. 5. Тебе может *влететь*! 6. Однажды Сидоров *выручил* рубль сорок копеек. 7. Перед Рождеством торговля пошла *на славу*. 8. Сидоров считал, что

все *посойдут с ума*, когда увидят новые товары в его магазине. 9. Сидоров купил в Москве разные товары *за наличные*. 10. Сидоров считал, что авторы книг пишут *толсто*. 11. Магазин был *битком набит* товаром. 12. Сегодня Сидоров один из самых *видных* торговцев в городе. 13. Он торгует посудой, мылом, *красным*. 14. Сидоров продал книги по одному рублю пяти копеек за *пуд*. 15. Андрей Андреевич теперь *величает* прежних приятелей «американцами». 16. Приятели иногда *заводят* с Сидоровым *речь* о прогрессе, о литературе.

2. Дополните предложения прилагательными, антонимичными выделенным, или их формами степеней сравнения.

1. Один велосипед *большой*, а другой — ... . 2. Один том *толстый*, а другой — ... . 3. Одна кукла *дорогая*, а другая — ... . 4. Раньше в городе были *грубые* нравы, а теперь — ... . 5. Том Писарева стоял на *дальней* полке, а том Михайловского — ... . 6. Сначала выбор товаров в магазине был *бедным*, а потом — ... .

3. Дополните текст глаголами движения.

Д л я с п р а в о к: бродить, вбегать — вбежать, влетать — влететь, заводить — завести, заходить — зайти, ездить — съездить, ехать — поехать, идти — пойти, лезть — полезть, относить — отнести, привозить — привезти, приезжать — приехать, приходить — прийти, проходить — пройти, разводить — развести, сходить — сойти, ходить.

Андрей Андреевич Сидоров решил открыть магазин, потому что город жил в невежестве и предрассудках; старики только ... в баню, чиновники играли в карты, молодёжь жила без идеалов, и по улицам ... свиньи.

Сняв помещение под магазин, он ... в Москву и ... оттуда много разных книг. В первые три недели покупатели совсем не ... . Но каждый день утром в магазин ... девка и говорила:

— Дай на две копейки уксусу!

Когда к нему ... кто-нибудь из приятелей, то он доставал с самой дальней полки третий том Писарева и говорил:

— Прочтёшь да только руками ... .

— Смотри, брат, как бы тебе не ... !

Через три недели ... первый покупатель, седой господин.

— А грифелей у вас нет? — спросил он. — Не хочется из-за пустяка ... на базар.

Не ... и месяца, как к нему стали изредка ... мальчики и девочки, и ... день, когда он выручил рубль сорок копеек. Однажды опрометью ... к нему девка в кожаных калошах; он уже хотел сказать ей, что она ошиблась, но она крикнула:

— Дай на копейку бумаги и марку за семь копеек!

После этого Андрей Андреевич ... марки и бумагу. Месяцев через восемь к нему ... одна дама и поинтересовалась, нет ли у него ранцев и кукол.

И скоро в его магазин ... всякие игрушки.

Потом обыватели, когда ... мимо его магазина, увидели два велосипеда. И торговля ... на славу.

— Дайте мне только в Москву ... ! У меня будут такие вещи, что вы с ума ... .

И Андрей Андреевич ... в Москву и купил там разных товаров тысяч на пять. Когда он ... из Москвы домой, то занялся расстановкой нового товара по полкам. Когда он ... на верхнюю полку, десять томов Михайловского один за другим свалились с полки; один том ударил его по голове.

Андрей Андреевич собрал все книги и ... под прилавок. Дня через два после этого он снял соседнюю лавку. Так как покупатели, заходившие во вторую половину лавки, по привычке всё спрашивали чаю, сахару и керосину, то Андрей Андреевич недолго думая ... и бакалейный товар.

В настоящее время это один из самых видных торговцев у нас в городе. Прежние приятели иногда ... с ним речь о прогрессе, о литературе.

— Вы читали, Андрей Андреевич, последнюю книжку «Вестника Европы»? — спрашивают его.

— Нет, не читал-с, — отвечает он, играя толстой цепочкой. — Это нас не касается. Мы более положительным делом занимаемся.

4. Скажите, от каких глаголов образованы следующие причастия. Распределите эти причастия по графам таблицы.

Выставленный, заходивший, лежащий, набитый, озябший, приговорённый, проданный, соединённый.

	Активные причастия	Пассивные причастия
настоящего времени		
прошедшего времени		

5. Передайте содержание данных предложений предложениями с причастными оборотами.

1. Первый покупатель, который *пришёл* через три недели после открытия магазина, хотел купить «Родное слово». 2. Надо продавать все вещи, которые так или иначе *относятся* к просвещению и *способствуют* ему. 3. Люди, которые *проходили* мимо его магазина, видели два велосипеда. 4. Две лавки, которые *соединили* в одну, были набиты товаром. 5. Покупатели, которые *заходили* в магазин, хотели купить чаю и сахару. 6. Книги, которые раньше *лежали* на полках магазина, были давно проданы.

6. Дополните предложения краткими пассивными причастиями в функции предиката.

1. (*выставить*) В магазине были ... карандаши, ручки, тетради. 2. (*приговорить*) Сосед бакалейщик ... в арестантские роты. 3. (*пробить, соединить*) В стене была ... дверь, и обе лавки были ... в одну. 4. (*набить*) Магазин ... товаром. 5. (*продать*) Книги давно уже ... .

7. Передайте содержание данных предложений предложениями с деепричастными оборотами.

1. Сначала Сидоров нанял помещение под магазин, а потом привёз из Москвы много книг. 2. Сидоров доставал с дальней полки третий том Писарева и при этом делал значительное и таинственное лицо. 3. Месяцев через восемь, если считать со дня открытия, в магазине появились игрушки. 4. Жители, когда проходили мимо его магазина, видели два велосипеда. 5. Когда Сидоров наторговал много денег, он купил в Москве разных товаров тысяч на пять. 6. Когда Сидоров вернулся из Москвы домой, он начал расставлять товар по полкам. 7. Андрей Андреевич недолго думал и привёз бакалейный товар. 8. Сидоров говорит и играет цепочкой.

8. Передайте содержание простых предложений, заменяя их сложными.

1. Сняв помещение под магазин, он съездил в Москву и привёз оттуда много учебников. 2. Он, доставая с самой дальней полки третий том Писарева, сдувал с него пыль. 3. Обыватели, проходя мимо его магазина, увидели два велосипеда. 4. Наторговав много денег, он поехал в Москву. 5. Вернувшись из Москвы домой, он занялся расстановкой нового товара по полкам. 6. Андрей Андреевич, недолго думая, завёл и бакалейный товар.

9. Дополните предложения, указывая причину действия. Используйте слова и словосочетания из скобок с предлогами **за, из, из-за, по.**

1. (*желание способствовать просвещению*) Сидоров открыл книжный магазин ... . 2. (*ошибка*) Озябшая девка в кожаных калошах вбегала в магазин ... . 3. (*пустяк*) Помещик не хотел ехать на базар ... . 4. (*истязание племянника*) Бакалейщик осуждён ... . 5. (*привычка*) Покупатели ... спрашивали чаю, сахару и керосину.

10. Передайте содержание предложения, заменяя прямую речь косвенной. Используйте слова и словосочетания из скобок в нужной форме.

1. (*просить*) Каждый день утром в магазин вбегала девка и говорила: — Дай на две копейки уксусу! 2. (*предупредить о возможных неприятностях*) — Смотри, брат, как бы тебе не влетело! — сказал Андрею Андреевичу приятель. 3. — А грифелей у вас нет? — спросил седой господин. 4. — А нет ли у вас гимназических ранцев? — спросила дама. 5. (*попросить, потребовать*) — Покажите мне, какие у вас есть куклы, но только подешевле, — сказала дама. 6. — Вы читали, Андрей Андреевич, последнюю книжку «Вестника Европы»? — спрашивают его прежние приятели.

11. Дополните предложения

а) частицами -нибудь, -то:

1. Сидоров жил где-... в провинции. 2. Сидоров искал какое-... помещение под магазин. 3. Сидоров думал: «Идеи! Нужно побольше каких-... идей!» 4. Первым покупателем был какой-... помещик. 5. Седой господин хотел купить какие-... грифели. 6. Сидоров решил: «Нужно продавать всё, что как-... способствует просвещению». 7. Книга упала и разбила какую-... лампу. 8. Сидоров собирается открыть какие-... бани. 9. Сидоров кому-... продал все книги. 10. Когда Сидорова кто-... спрашивает, читает ли он «Вестник Европы», он отвечает отрицательно.

б) местоимениями какой-нибудь, какой-то в нужной форме:

1. Сидоров жил в ... маленьком городе. 2. Каждый день в магазин вбегала ... девка в кожаных калошах. 3. Когда к Сидорову заходил ... приятель, Сидоров показывал ему ... том Писарева. 4. Первым покупателем был ... толстый седой господин. 5. Однажды в магазин зашла ... дама и попросила показать ей ... кукол. 6. Перед Рождеством многие хотят купить ... украшения для ёлки.

12. Дополните предложения, указывая время действия. Используйте слова и словосочетания из скобок в нужной форме.

1. (*первые три недели*) ... покупатели совсем не приходили. 2. (*каждый день, утро*) ... в магазин вбегала озябшая девка в платке и в кожаных калошах на босую ногу. 3. (*три недели, открытие магазина*) ... пришёл первый покупатель. 4. (*восемь месяцев, открытие*) ... в магазин зашла одна дама. 5. (*Рождество*) Очень хороша была торговля ... . 6. (*два дня, его приезд из Москвы*) Сидорову сообщили, что соседняя лавка свободна, ... 7. (*его возвращение из Москвы*) Сидоров снял соседнюю лавку ... . 8. (*настоящее время*) ... Сидоров — один из самых видных торговцев в городе.

Г

1. Ответьте на вопросы.

1. Откуда у Сидорова появились деньги? 2. Почему книжный магазин был необходим в этом городе? 3. Что делал Андрей Андреевич, пока в магазин никто не заходил? 4. Почему Андрей Андреевич с презрением говорил с девушкой, вбегавшей по утрам в магазин? 5. Почему Андрей Андреевич поставил третий том сочинений Писарева на дальнюю полку и доставал его с таинственным лицом? 6. Как Андрей Андреевич объяснял расширение ассортимента товаров в своём магазине? 7. Что случилось с соседом Сидорова? 8. Какова была реакция Андрея Андреевича на арест соседа? 9. Каковы планы Сидорова?10. Какой была судьба книг, первого товара, приобретённого Сидоровым? 11. Меняется ли на протяжении рассказа отношение Андрея Андреевича к приятелям? Если меняется, то как? Если не меняется, то почему?

2. Расскажите историю одного торгового предприятия.

3. Поделитесь вашим впечатлением от рассказа, написанного более ста лет назад. Не кажется ли вам современной тема этого рассказа? Аргументируйте вашу точку зрения.

Урок 12

1. Проверьте, хорошо ли вы помните значение следующих глаголов и их управление.

Быть довольным *чем*; вмешиваться — вмешаться *во что*; возвышаться *над чем*; доставлять — доставить *что* (радость, удовольствие, огорчение) *кому*; жалеть — пожалеть *кого/о чём*; завидовать *кому/чему*; заменять — заменить *что чем/кому кого*; заставлять — заставить *кого + инфинитив*; казаться — показаться *кому чем/каким*; мешать *кому*; напирать *на что*; отказываться — отказаться *от чего*; отступать — отступить *от чего*; помнить *что/о чём*; представлять — представить *что каким*; решаться — решиться *на что*; ругаться — поругаться *с кем из-за чего*; смешиваться — смешаться *с чем*; ссориться — поссориться *с кем из-за чего*; следить *за чем*; страдать *от чего*; считать *кого каким*; тосковать *по чему/о чём*; удивляться — удивиться *чему*; упираться — упереться *во что*.

2. Прочитайте рассказ. Приготовьтесь выполнить тест, который проверяет, правильно ли вы поняли содержание рассказа.

Attalea Princeps
(По рассказу В. Гаршина)

В одном большом городе был ботанический сад, а в этом саду — огромная оранжерея из железа и стекла. Она была очень красива. Особенно хороша была оранжерея, когда солнце заходило и освещало её красным светом.

Сквозь толстые прозрачные стёкла виднелись заключённые растения. Несмотря на величину оранжереи, им было в ней тесно. Корни переплетались между собой и отнимали друг у друга влагу и пищу. Ветви деревьев мешались с огромными листьями пальм, гнули и ломали их и сами гнулись и ломались. Садовники постоянно обрезали ветви, чтобы они не могли расти, куда хотят. Но это плохо помогало. Для растений нужен был широкий простор, родной край и свобода. Они были уроженцами жарких стран, они помнили свою родину и тосковали по ней. Как ни прозрачна стеклянная крыша, она не ясное небо. Иногда, зимой, стёкла обмерзали; тогда в оранжерее становилось совсем темно. Гудел ветер, бил в рамы и заставлял их дрожать. Растения стояли и слушали вой ветра и вспоминали иной ветер, тёплый, влажный, дававший им жизнь и здоровье. Им хотелось вновь почувствовать его, хотелось, чтобы он поиграл их листьями.

Была между растениями одна пальма, выше всех и красивее всех. Учёный директор назвал её по-латыни Attalea. На пять сажен возвышалась она над верхушками других растений, и эти другие растения не любили её, завидовали ей и считали её гордой. Этот рост доставлял ей только одно горе. Кроме того что все были вместе, а она одна, она лучше других помнила своё родное небо и больше всех тосковала о нём, потому что ближе всех была к тому, что заменяло им его: к гадкой стеклянной крыше. Сквозь неё ей виднелось иногда что-то голубое. Это было небо, хоть и чужое и бледное, но всё-таки настоящее голубое небо. И когда растения болтали между собой, Attalea всегда молчала, тосковала и думала только о том, как хорошо было бы постоять даже и под этим бледненьким небом.

— Скажите, пожалуйста, скоро ли нас будут поливать? — спросила саговая пальма, очень любившая сырость.

— Меня удивляют ваши слова, соседушка, — сказал пузатый кактус. — Неужели вам мало того количества воды, которое на вас выливают каждый день?

— Что касается меня, — вмешалась корица, — то я почти довольна своим положением. Правда, здесь скучновато, но я уж, по крайней мере, уверена, что меня никто не обдерёт.

— Но ведь не всех же обдирали, — сказал древовидный папоротник. Конечно, многим может показаться раем и эта тюрьма после жалкого существования, которое они вели на свободе.

Тут растения начали ссориться, и если бы они могли двигаться, то непременно бы подрались.

— Зачем вы ссоритесь? — сказала Attalea. — Разве вы поможете себе этим? Злобой вы только увеличите своё несчастье. Лучше подумайте о деле. Послушайте меня: растите выше и шире, направляйте ваши ветки на стёкла, наша оранжерея рассыплется на куски, и мы выйдем на свободу. Если одна какая-нибудь ветка упрётся в стекло, то, конечно, её отрежут. Но что сделают с сотней сильных и смелых стволов? Нужно только постараться, и победа будет за нами.

Сначала никто не возражал пальме: все молчали и не знали, что ответить. Наконец саговая пальма решилась.

— Всё это глупости, несбыточная мечта, — заявила она.

— Глупости! Глупости!.. Ужасный вздор!.. Нелепость! — заговорили другие деревья.

Остальные, хоть и молчали, но всё-таки сердились на Attalea за её гордые слова.

Тогда пальма принялась расти, чтобы остальные увидели, что она права. И прежде посетители оранжереи удивлялись огромному росту Attalea, а она становилась всё выше и выше. Наконец она плотно упёрлась в раму. Расти дальше было некуда. Тогда ствол начал сгибаться, холодная рама впилась в нежные молодые листья пальмы. Но дерево было упрямо. Не жалея листьев, оно продолжало давить на решётки.

Маленькая травка, единственная дружившая с пальмой, следила за этой борьбой и замирала от волнения.

— Скажите мне, неужели вам не больно? Если рамы уж так прочны, не лучше ли отступить? Мне жаль вас. Вы так страдаете.

— Больно? Что значит больно, когда я хочу выйти на свободу? Молчи, слабое растение! Не жалей меня! Я умру или освобожусь!

И в эту минуту раздался звонкий удар. Лопнула толстая рама. Посыпались и зазвенели осколки стёкол.

Была глубокая осень, когда Attalea выпрямила свою вершину в пробитое стекло. Моросил мелкий дождик пополам со снегом, ветер низко гнал серые тучи. Деревья уже оголились и представлялись какими-то безобразными мертвецами. Угрюмо смотрели они на пальму. «Замёрзнешь! — как будто говорили они ей. — Ты не знаешь, что такое мороз. Ты не умеешь терпеть. Зачем ты вышла из своей теплицы?»

И Attalea поняла, что для неё всё кончено. Она замерзала. «Вернуться снова под крышу?» Но она не могла вернуться. Она должна была стоять на холодном ветре, чувствовать острое прикосновение снежинок, смотреть на грязное небо, на нищую природу.

Директор приказал спилить дерево. «Можно бы надстроить над нею особенный колпак, — сказал он, — но надолго ли это? Она опять вырастет и всё сломает. И притом это будет стоить чересчур дорого. Спилить её!»

Б

1. Выполните тест. Выберите вариант правильного (в соответствии с содержанием текста) продолжения предложения.

Тест

1. В городском ботаническом саду была оранжерея ... .
   а) из красного стекла
   б) с крышей из железа
   в) из железа и стекла
2. Оранжерея была очень красива, особенно ... .
   а) когда солнце всходило
   б) весной
   в) в лучах заходившего солнца
3. В оранжерее было много растений, и они ... .
   а) мешали друг другу
   б) чувствовали себя прекрасно
   в) росли, не мешая друг другу
4. Растениям было тесно в оранжерее, ...
   а) потому что она была невелика
   б) хотя она была огромная
   в) и они засохли
5. Садовники в оранжерее ... .
   а) старались помочь растениям
   б) работали плохо
   в) совсем не работали
6. Растения привезли ... .
   а) из соседних стран
   б) из средней полосы
   в) с юга
7. Растения вспоминали свою жаркую родину, ...
   а) яркое небо, влажный ветер
   б) проливные дожди
   в) вой ветра
8. Растениям хотелось ... .
   а) покоя
   б) простора и свободы
   в) внимания садовников
9. Одна пальма, Attalea, была ... .
   а) выше и красивее всех других растений
   б) самой старой
   в) самой зелёной
10. За высокий рост другие растения ... .
    а) очень любили Attalea
    б) считали её гордой и завидовали ей
    в) прощали ей всё

11. Рост Attalea ... .
    а) был её преимуществом перед другими растениями
    б) приносил ей только страдания
    в) никак не выделял её среди других растений
12. Attalea лучше других растений помнила ... .
    а) родное небо
    б) родную землю
    в) родной воздух
13. Attalea мечтала о свободе и призывала своих соседей ... .
    а) драться
    б) разрушить оранжерею
    в) вести себя спокойно
14. Attalea считала, что садовники могут отрезать одну ветку, ...
    а) а потом и другие ветки
    б) а потом и другие стволы
    в) но ничего не смогут сделать с сотней сильных деревьев
15. Другие деревья ... .
    а) согласились с Attalea
    б) сердились на Attalea за её гордые слова
    в) ничего не ответили Attalea
16. Attalea становилась всё выше и, наконец, начала вести борьбу ... .
    а) с холодной толстой рамой
    б) с другими растениями
    в) с садовниками
17. Борьбе Attalea сочувствовала только ... .
    а) саговая пальма
    б) маленькая травка
    в) корица
18. Attalea ... .
    а) была благодарна травке за сочувствие
    б) не обращала на маленькую травку внимания
    в) называла маленькую травку слабым растением
19. Ради того чтобы выйти на свободу, Attalea была готова ... .
    а) помириться с соседями
    б) терпеть любые страдания
    в) обратиться за советом к садовникам
20. Когда толстая рама лопнула, была ... .
    а) зима
    б) поздняя осень
    в) ранняя весна

21. Attalea выпрямила в пробитое стекло свою вершину и поняла, что ... .
    а) получила свободу
    б) жизнь продолжается
    в) замёрзнет
22. Attalea должна была стоять под дождём и снегом, потому что ... .
    а) это была её мечта
    б) она не могла вернуться под крышу
    в) в оранжерее ей было душно
23. Директор приказал ... .
    а) надстроить над Attalea специальный колпак
    б) оставить всё, как есть
    в) спилить Attalea

2. Пользуясь выполненным тестом, кратко воспроизведите содержание рассказа.

1. Ответьте на вопросы. Используйте материал предтекстового задания.

1. Почему растения в оранжерее чувствовали себя заключёнными? 2. Каково было положение растений в оранжерее? 3. Почему пальма чувствовала себя одинокой среди других растений? 4. Чем была для растений крыша оранжереи? 5. Как чувствовала себя в оранжерее корица? 6. Что думал папоротник о разном отношении растений к жизни в оранжерее? 7. Чем закончился разговор растений? 8. Что предложила сделать пальма, чтобы закончить все споры? 9. Как ответили растения на её предложение? 10. Что сделала пальма, чтобы доказать растениям свою правоту? 11. Что делала маленькая травка, когда пальма боролась с рамами? 12. О чём травка просила пальму? 13. Каким пальма увидела мир на свободе?

2. Объясните различие значений между личной и безличной конструкциями.

1. В оранжерее растения видели над собой стеклянную крышу. — Растения вспоминали родину, и им *виделось* ясное небо.

2. Растения слышали вой ветра за стеклом. — Мне *слышится* шум.

3. Все думали, что пальма слишком горда. — Мне *думается*, вы правы.

4. Пальма представляла родное небо. — Мир за стёклами оранжереи *представлялся* ей совсем другим.

5. Она хотела увидеть настоящее небо. — Ей *хотелось* увидеть настоящее небо.

3. Дополните предложения существительным **растение** в нужной форме.

1. ... чувствовали себя в оранжерее заключёнными. 2. ... было тесно в оранжерее. 3. Корни ... тесно переплелись между собой. 4. Для ... нужен был широкий простор. 5. Ветер заставлял ... дрожать. 6. Тёплый, влажный ветер родины давал ... жизнь и здоровье. 7. Ветер играл листьями ... . 8. Между ... была одна пальма. 9. Эта пальма была выше и красивее всех ... .

4. Дополните предложения глаголами из скобок в нужной форме.

1. (*мешать, мешаться*) Деревья ... друг другу, ветви деревьев ... с листьями пальм. 2. (*гнуть, гнуться; ломать, ломаться*) Ветви деревьев ... листья пальм и ... сами. 3. (*вспоминать, вспоминаться*) Растения ... свою родину, им ... тёплый ветер и ясное небо. 4. (*решить, решиться*) Attalea ... выбраться на свободу, но другие растения не могли ... на это.

5. Дополните предложения союзами или союзными словами **и, который, что, где, когда, чтобы, если, как, потому что, так как, поэтому, хотя.**

1. В одном большом городе был большой ботанический сад, ... была огромная оранжерея. 2. Особенно хороша была оранжерея, ... заходило солнце и освещало её красным светом. 3. Растениям было тесно в оранжерее, ... она была очень просторная и светлая. 4. Садовники постоянно обрезали листья, ... они не могли расти, куда хотят. 5. ... стеклянная крыша была прозрачной, она не ясное небо, ... растения тосковали по родине. 6. Растения слушали вой ветра и вспоминали другой ветер, ... давал им жизнь. 7. Attalea возвышалась над верхушками всех растений, ... они не любили её. 8. Пальма больше всех тосковала о родном небе, ... она ближе всех была к тому, ... заменяло им его. 9. ... растения болтали между собой, Attalea молчала. 10. Attalea думала только о том, ... хорошо было бы постоять даже под этим бледненьким небом. 11. Растения начали ссориться и непременно бы подрались, ... бы могли двигаться. 12. ... одна ветка упрётся в стекло, её отрежут. 13. Пальма принялась расти, ... остальные увидели, ... она права. 14. ... расти дальше было некуда, ствол начал сгибаться. 15. «Не лучше ли отступить, ... вы так страдаете?» —

спросила маленькая травка. 16. Директор приказал спилить пальму, ... можно было надстроить специальный колпак.

6. Передайте содержание предложений, заменяя прямую речь косвенной.

1. «Скажите, пожалуйста, скоро ли нас будут поливать?» — спросила саговая пальма. 2. «Что касается меня, то я почти довольна своим положением», — вмешалась корица. 3. «Конечно, многим может показаться раем и эта тюрьма после жалкого существования, которое они вели на свободе», — вмешался папоротник. 4. «Зачем вы ссоритесь? — сказала Attalea. — Разве вы поможете себе этим? Послушайте меня, напирайте на стёкла, оранжерея рассыплется на куски, и мы выйдем на свободу». 5. «Всё это глупости, несбыточная мечта», — заявила саговая пальма. 6. «Неужели вам не больно? Вы так страдаете. Мне жаль вас», — сказала маленькая травка. 7. «Не жалей меня! Я умру или освобожусь!» — ответила пальма.

7. Дополните предложения глаголами из скобок в нужной форме. Укажите возможные варианты.

1. (*заходить — зайти*) Оранжерея была особенно хороша, когда солнце ... . 2. (*обмерзать — обмёрзнуть; становиться — стать*) Зимой, когда стёкла ... , в оранжерее ... совсем темно. 3. (*заставлять — заставить*) Ветер бил в рамы и ... деревья дрожать. 4. (*называть — назвать*) Учёный директор ... пальму по-латыни. 5. (*поливать — полить*) «Скоро ли нас будут ... ?» — спросила саговая пальма. 6. (*рассыпа́ться — рассы́паться*) Если мы все будем напирать на стёкла, наша оранжерея ... . 7. (*возражать — возразить*) Сначала никто не ... пальме. 8. (*расти — вырасти*) Пальма принялась ... . 9. (*удивляться — удивиться; становиться — стать*) Посетители оранжереи ... высоте пальмы, а она ... всё выше. 10. (*отступать — отступить*) Если рамы так прочны, не лучше ли ... . 11. (*раздаваться — раздаться*) В эту минуту ... удар. 12. (*гнать — прогнать*) Моросил дождик, ветер ... серые тучи. 13. (*говорить — сказать*) Деревья смотрели на пальму и как будто ... ей: «Замёрзнешь!»

8. Объедините два простых предложения в одно сложное, указывая причину действия. Используйте союзы **потому что, оттого что, так как, благодаря тому что, из-за того что**.

1. Особенно хороша была оранжерея вечером. Солнце заходило и освещало её. 2. Корни переплетались и отнимали друг у друга влагу. Растениям было тесно. 3. Зимой в оранжерее становилось совсем

темно. Стёкла замерзали. 4. Другие деревья не любили пальму. Она возвышалась над верхушками всех деревьев. 5. Пальма лучше всех помнила своё родное небо. Она больше всех тосковала о нём. 6. Пальма принялась расти. Она очень хотела вырваться на свободу. 7. Пальма должна была стоять на холодном ветре. Она не могла вернуться. 8. Директор не стал делать надстройку. Пальма всё равно опять вырастет.

9. Передайте содержание предложений, используя деепричастия там, где это возможно.

1. Солнце заходило и освещало оранжерею красным светом. 2. Корни переплетались между собой и отнимали друг у друга влагу и пищу. 3. Садовники постоянно обрезали ветви, но это плохо помогало. 4. Растения помнили свою родину и тосковали о ней. 5. Гудел ветер, бил в рамы и заставлял деревья дрожать. 6. Пальма возвышалась над верхушками других деревьев, и они не любили её. 7. Они завидовали ей и считали её гордой. 8. Никто не возражал пальме, все молчали и не знали, что сказать. 9. Деревья оголились и представлялись какими-то мертвецами. 10. Пальма замерзала, но уже не могла вернуться.

10. Передайте содержание предложений, заменяя выделенные части предложениями со словом **который** или причастными оборотами.

1. Оранжерея была особенно хороша, когда заходило солнце и *освещало её красным светом*. 2. *Корни деревьев переплетались между собой* и отнимали друг у друга влагу и пищу. 3. *Ветер гудит, бьёт в рамы* и заставляет деревья дрожать. 4. *Растения стояли и слушали вой ветра* и вспоминали иной ветер и иное небо. 5. *Пальма лучше всех помнила своё родное небо* и больше всех тосковала о нём. 6. Деревья не разговаривали с Attalea: *Attalea всегда молчала, тосковала и о чём-то думала.*

11. Ответьте на вопросы.

1. В какое время суток оранжерея была особенно хороша? 2. Когда в оранжерее становилось особенно темно? 3. Почему растения тосковали о тёплом ветре? 4. Зачем садовники обрезали ветки? 5. При каком условии пальма не замёрзла бы? 6. В каком случае директор не приказал бы спилить пальму?

1. Ответьте на вопросы.

1. Как выглядела оранжерея? 2. Как чувствовали себя растения в оранжерее? 3. Почему автор называет их заключёнными? 4. Что становилось с оранжереей зимой? 5. Как выглядела Attalea? 6. Почему она тосковала больше всех других растений в оранжерее? 7. Из-за чего поссорились растения в оранжерее? 8. Что предложила растениям Attalea? 9. Почему они не приняли её предложение? 10. Как Attalea пыталась доказать, что была права? 11. Почему волновалась маленькая травка? 12. Что давало Attalea силы в борьбе с рамами и решётками? 13. Что увидела пальма, когда выбралась из оранжереи? 14. Совпадала ли реальность с тем, о чём она мечтала? 15. Почему погибла Attalea?

2. Сравните описание оранжереи в начале рассказа и пейзаж, который увидела Attalea, когда выбралась на свободу. Сравните авторское описание оранжереи и описание впечатлений растений от оранжереи. Какую идею несут эти сравнения?

3. Как, по-вашему, ответил бы на следующие вопросы автор рассказа, и как бы вы ответили на эти вопросы?

1. Всегда ли исполнение мечты делает нас счастливыми в реальной жизни? 2. Всегда ли наше субъективное представление о хорошем и плохом, о счастье и несчастье совпадает с реальностью? 3. Нужно ли жертвовать жизнью во имя идеала?

4. Скажите, какова, по-вашему, основная идея рассказа. Что вы думаете о позиции автора?

Урок 13

1. Объедините в группы слова, близкие или одинаковые по значению.

Замёрзнуть, великан, скрываться, закоченеть, закутаться, громила, обвязаться, оборванец, догадаться, пробовать, плакать, мороз, приятель, хохотать, печально, заступиться, восторгаться, восклицать, кричать, задушевный, добрый, откровенный, восхищаться, выручить, душевный, грустно, друг, смеяться, невесело, защитить, как будто, реветь, холод, словно, понять, прятаться, богатырь, зазябнуть, распускать слёзы, детина, пытаться, помочь.

2. *Объясните, какое значение придают следующим глаголам приставки (или приставки с суффиксом).*

Вглядеться в кого-либо; вспрыгнуть на плечо; выступить из-за угла; высунуться из-за пазухи; вытянуть руку; завезти кого-либо куда-либо; заговорить о чём-либо; закивать головой; замёрзнуть (зазябнуть); занести куда-либо (о человеке); заставить попрыгать; обогреть, отдёрнуть руку; оттаять (о бороде); отшатнуться; перебить много бутылок; переминаться с ноги на ногу; переспрашивать *кого*; погреть; поднести кулак; прижимать что-либо к себе; приплясывать; распустить слёзы; растирать замёрзшее ухо; сжимать руки на груди.

3. Проверьте, хорошо ли вы помните значение следующих глаголов и их управление.

Вглядываться — вглядеться *во что*; вздыхать — вздохнуть *о чём*; взламывать — взломать *что* (дверь, замок); восхищаться *чем/кем*; выпивать — выпить (вино) *за что*; выручать — выручить *кого*; догадываться — догадаться *о чём*; жалеть — пожалеть *кого*; задерживать — задержать *кого*; закутаться *во что*; заслуживать — заслужить *чего*; заступаться — заступиться *за кого*; засунуть *что во что*; кивать — кивнуть (головой) *кому*; надвигать *что на что*; обвязывать — обвязать *что чем*; обогреваться — обогреться — греться — согреться *где*; обращаться — обратиться *к кому*; обращаться *с кем как*; перебивать — перебить (в разговоре) *кого*; подмигивать — подмигнуть *кому*; покрывать — покрыть *что чем*; приближаться — приблизиться *к кому/ к чему*; прижимать — прижать *что/кого к чему/к кому*; прозвать *кого как за что*; проникать — проникнуть *куда*; прятаться — спрятаться *за кого/за что*; пугаться — испугаться *кого/чего*; растрогать(ся) *чем*; скрываться — скрыться *от чего/от кого*; сознаваться — сознаться *в чём*; спорить — поспорить *с кем о чём*; отшатнуться *от кого*; угощать — угостить *кого чем*; угрожать *кому чем*; хвалить — похвалить *кого за что*; хвататься — схватиться *за что*; шептаться *с кем о чём*.

4. Объясните, в каком контексте возможно употребление следующих словосочетаний. Приведите примеры.

Дрожать всем телом; задушевный разговор; закоченели пальцы; закутаться с головой; засунуть руки в рукава; идти необычной походкой; первый кусок другу; переминаться с ноги на ногу; сколько ни бейся, не...; скрестить руки на груди; схватить за шиворот; хвататься за нос, за уши; церковная крыса.

5. Объясните, что означают следующие слова и выражения.

Дело дрянь; дело лучше; дело решённое; душа-человек; ей-Богу; кому ты нужен?; куда лезешь?; нечего (заставлять); ты это брось; чего плакать?; чёрт занёс; что ж делать?; что за чёрт?; шабаш.

6. Объясните, что означают следующие жесты, позы, движения. Если можете, продемонстрируйте их.

Кивать головой, мотать головой, махнуть рукой, отшатнуться от кого-либо, подмигнуть, поднести кулак к носу, провести пальцем по горлу, скривить лицо, тронуть за плечо, ударить (бить) себя кулаком в грудь.

7. Прочитайте рассказ. Приготовьтесь выполнить тест, который проверяет, правильно ли вы поняли содержание рассказа.

Доброе дело
(По рассказу Н. Телешова)

К вечеру метель затихла. Стало морозить. Свежий снег начинал скрипеть под ногами.

На тротуаре, под окнами огромного недостроенного дома, тёмного и пустого, стоял человек, по уши обвязанный шарфом, в короткой бархатной куртке, мягкой широкополой шляпе, надвинутой ниже бровей, скрываясь от холодного ветра за углом и переминаясь с ноги на ногу, скрестив на груди руки. Под курткой у него сидело маленькое непонятное существо, закутанное в лохмотья, с головой, покрытой ситцевым грязным платком; это была обезьяна, дрожащая от холода вместе со своим хозяином, у которого усы и борода покрылись инеем, и он казался от этого седым стариком.

Глухой переулок уже давно был пуст. Вдруг из-за угла показалось четверо оборванцев; засунув руки в узкие и холодные рукава, сгорбившись и ёжась, они шли не совсем обычной походкой для людей, возвращающихся домой, а тоже как будто приплясывая, иногда хватались за уши и за нос и старались согреть их закоченелыми пальцами. Они шли быстро, почти бежали, и о чём-то спорили между собой.

Когда они приблизились к стоявшему человеку, он выступил из-за угла наперерез им и, вытянув вперёд руку, тронул осторожно за плечо одного из оборванцев и быстро заговорил что-то на непонятном языке, почти плача и дрожа всем телом.

Оборванец в первую минуту отшатнулся, но вглядевшись, молча схватил незнакомца за шиворот и повернул лицом к фонарю.

— Что за фигура? — крикнул он, поднося к его носу кулак, но сейчас же отдёрнул его, потому что крошечная человеческая рука, тёмная и сморщенная, высунулась из-за пазухи незнакомца и скребнула ногтем по чужому кулаку.

— Что за чёрт?!

— Обжёгся? — засмеялись другие оборванцы и с любопытством окружили необыкновенного человека, который и сам испугался и, крепко сжимая на груди руки, пытался что-то объяснить, но его никто не понимал.

— Да ведь это — Мусью! — догадался кто-то. — Мусью с обезьяной. С ним сколько ни бейся, он по-нашему не поймёт. А зазяб, подлец... сильно зазяб. Ты кто такое? Ты ведь — Мусью?

Человек быстро закивал головою и, услышав знакомое слово, стал улыбаться и снова заговорил что-то.

— Ах ты леший, леший, — пожалел его один из компании. — Ни слова по-нашему ты не можешь сказать, а тоже лезешь сюда... на такой-то мороз. Даже вон плачешь. А чего плакать?.. Ребята! — обратился он к товарищам. — Помрёт ведь человек-то?..

— Известно, помрёт. Что ж теперь делать?

Трое пошли вперёд, потому что самим было холодно, а четвёртый остался. Это был высокий детина лет двадцати пяти, с широкими плечами и большими серыми глазами, беловолосый, с длинными белыми ресницами, прозванный товарищами за свой ребяческий вид Дитё.

— Вот что! — сказал он, шевеля богатырскими плечами и потирая от мороза руки. — Ты это брось — реветь... Не люблю я, когда передо мной слёзы распускают. Брось, говорю! На нас самих одни заплаты, видишь? А никто не ревёт. И ты не смей.

Он показал на свои рваные плечи, заплатанные колени; показав на них, точно на сокровище, он с достоинством спросил:

— Понимаешь, Мусью?

Мусью снова закивал головой и что-то быстро заговорил. Он тоже снова показал на свою куртку, на шарф, на лёгкие ботинки, потом с отчаянием махнул рукой и быстро провёл указательным пальцем себе по горлу, точно зарезавшись.

— А, понимаю! — проговорил Дитё. — Пришёл тебе, значит, капут?

Услышав опять знакомое слово, Мусью ещё энергичнее закивал головой, как бы радуясь, что он наконец понят.

Он быстро и нервно заговорил, ударяя себя по груди свободной рукой, а другой ещё крепче прижимая к себе обезьянку.

— Понимаю, понимаю, — с важностью и уверенностью проговорил Дитё, растирая совсем замёрзшее ухо. — Замёрз ты совсем, и есть тебе нечего, и сказать ты можешь только «ху-ху» да «ху-ху». Дело твоё — дрянь, Мусью!.. Сам виноват: не лезь, куда не спрашивают. Чего тебя черти к нам занесли? Да ещё в бархате, да в таких ботинках! Сидел бы ты дома, дело-то лучше!

Он ласково взял Мусью за плечи и, подмигнув глазом, показал ему пальцами, что приглашает его выпить вина.

— Пойдём, Мусью, обогрею. Завтра у нас Новый год; и я, Василий Кондратьев, именинник. Пойдём, угощу с именинами. И обезьянку твою погреем.

И они пошли догонять товарищей.

Дитё пошёл вперёд, а Мусью сзади. Оба они молчали.

Когда в низкой душной комнате трактира, наполненной табачным дымом, все обогрелись, разговор принял задушевный характер. Мусью оказался худым, слабеньким человеком со смуглым, точно загорелым лицом и чёрными бородой и усами.

— А я думал, ты седой! — воскликнул Дитё, когда оттаяла борода Мусью.

Мусью долго и много рассказывал о себе на не понятном никому языке, но его всё-таки поняли. Поняли, что его кто-то привёз в Россию очень недавно, и решили, что привёз его товарищ, который приехал и умер. Поняли это так потому, что Мусью о ком-то вздыхал и говорил: «О-о-о!», и показывал, как кто-то закрыл глаза и вытянулся.

— Умер товарищ? — переспрашивали его. — Вот свинья какая, завёз тебя к нам, а сам умер.

— О! — восклицал Мусью, думая, что товарища его хвалят или жалеют, и утвердительно кивал головой.

— Подлец твой приятель, — подтверждали и другие. — Ни слова по-нашему не умеешь, еды тебе нет, да и кому ты нужен? Ты помрёшь, Мусью. Скоро, брат, помрёшь.

Обогревшись и повеселев, обезьяна то сидела на краю стола, то вспрыгивала Мусью на плечо, то, схватив кусок баранки, пряталась под куртку хозяина и оттуда воровато и вместе с тем наивно смотрела на компанию печальным человеческим взглядом. Компания хохотала, а Мусью улыбался, гладил и иногда целовал её в голову и прижимал к сердцу.

— А ведь Мусью — душа-человек! — восклицал то и дело Дитё, — гляди: точно с дочерью обращается — жалеет.

А Мусью всё что-то тихо рассказывал, видимо, печальное и важное.

— Сам голодает, как церковная крыса, — продолжал восхищаться Дитё, — первую баранку надвое, да первый кусок ей, а другой себе в рот. Душа — человек! Что разговаривать: душа — человек!

— Человек неплохой, — соглашался сосед. — Молодец, брат Мусью! Пей за здоровье!

Мусью глотнул из рюмки и замотал головой.

— Не любишь? — захохотала компания, глядя на скривлённое лицо Мусью, но Дитё заступился.

— Человек он не наш, нечего и заставлять. Вот что, Мусью, — обратился он к французу, — милый ты человек, сделай мне удовольствие, спой по-своему! А я тебя не оставлю. Не гляди, что я такой, а тебя выручу. Не дам тебе с голоду умереть, ей-богу, не дам!

— Спой, Мусью! — просили все.

Мусью глядел на них печальным взглядом. Видя, что от него чего-то хотят, он не понимал их.

Дитё догадался. Он встал, схватил обезьянку и заставил её попрыгать по столу.

— О! — ответил Мусью, улыбаясь. Потом он что-то шепнул обезьяне, и она под его пение, тихое и монотонное, встала, подняла обе передние лапы и закружилась под смех и восторг всей компании. Только Дитё стоял молча и глядел невесело на обезьянку.

— Умирать, что ль, теперь человеку?! — вдруг закричал он. — На мороз их, что ль, а? И его и обезьяну? А?.. Черти проклятые! — кричал он на кого-то, угрожая стене кулаком. — Сказал, не отдам! Выручу, Мусью, тебя, будь спокоен. Вот что!.. Поезжай к себе! Умрёшь ты здесь... замёрзнешь... с голоду... Товарищи, — обратился он к остальным, — пустим его на родину? Не дадим умереть! Выручим Мусью? Отправим на родину?

— Это возможно, — ответили голоса.

Потом все стали шептаться, затем шёпот перешёл в говор, голоса загудели.

— Шабаш! — резко перебил всех Дитё, кладя на стол огромную руку. — Дело решённое!

Через день в газетах было напечатано сообщение, что ночью в винную лавку проникли громилы и, взломав замки, украли из кассы деньги и перебили много бутылок вина. Одного из громил удалось задержать, он был мертвецки пьяным, но денег при нём не оказалось.

Месяцев шесть сидел он в тюрьме. Потом его судили.

На суде он сознался, что в краже участвовал не один, но раньше не хотел говорить об этом, чтобы дать время товарищам отправить за границу какого-то нерусского певца с обезьянкой, человека чужого.

— Душа растрогалась. Доброе дело захотелось сделать, — сказал он в своё оправдание.

Присяжные вынесли ему приговор: виновен, но заслуживает снисхождения. И его проводили из суда обратно в тюрьму на долгое время.

1. Выполните тест. Выберите вариант правильного (в соответствии с содержанием текста) продолжения предложения.

Т е с т

1. События рассказа начались ... .
   а) морозным утром
   б) в холодный зимний день
   в) морозным вечером
2. В переулке у недостроенного дома стоял человек, одетый ... .
   а) в тёплую куртку
   б) в короткую лёгкую куртку
   в) по погоде

3. Под курткой у плохо одетого человека ... .
   а) сидела маленькая обезьянка
   б) была собачка
   в) был кот
4. Одетый не по погоде человек и обезьянка ... .
   а) вышли подышать свежим воздухом
   б) дрожали от холода
   в) прогуливались по переулку
5. Вдруг из-за угла показались четверо ... .
   а) солидных мужчин
   б) плохо одетых мужчин
   в) модно одетых мужчин
6. Оборванцы шли очень быстро, потому что они ... .
   а) торопились на какую-то встречу
   б) за ними кто-то бежал
   в) тоже очень замёрзли
7. Человек с обезьянкой подошёл к оборванцам, потому что ... .
   а) ему больше не к кому было обратиться
   б) он их ждал
   в) они договорились встретиться у недостроенного дома
8. В первый момент оборванцы ... .
   а) засмеялись
   б) испугались
   в) обрадовались
9. Оборванцы узнали Мусью, когда ... .
   а) он пытался что-то объяснить
   б) на него упал свет фонаря
   в) обезьянка попыталась защитить хозяина
10. Трое из оборванцев не стали слушать Мусью и пошли вперёд, потому что им было ... .
    а) его не жалко
    б) холодно
    в) с ним скучно
11. С Мусью остался четвёртый оборванец, которого звали Дитё, потому что он был ... .
    а) очень добрым
    б) молодой, худой, невысокий
    в) похож на ребёнка
12. Поговорив с Мусью, Дитё пригласил его в трактир ... .
    а) по случаю своих именин
    б) на день рождения

в) встречать Новый год
13. Мусью говорил ... .
   а) по-русски
   б) о своей семье
   в) на непонятном языке
14. Из разговора оборванцы поняли, что Мусью недавно приехал в Россию ... .
   а) со своей обезьянкой, чтобы работать в цирке
   б) с товарищем, который вдруг умер
   в) с товарищем, которого он потерял где-то в городе
15. Оборванцам понравился Мусью, потому что он ... .
   а) говорил тихо, печально, задушевно
   б) любил выпить
   в) заботливо и нежно обращался со своей обезьянкой
16. Оборванцы решили помочь Мусью ... .
   а) вернуться домой
   б) найти работу
   в) купить тёплую одежду
17. Чтобы отправить Мусью на родину, оборванцы украли деньги ... .
   а) в магазине
   б) из банка
   в) в трактире
18. На месте преступления задержали одного человека. Это был ... .
   а) Мусью
   б) Дитё
   в) певец
19. На суде Дитё ... .
   а) не хотел ничего говорить
   б) ни в чём не сознался
   в) рассказал правду
20. Услышав объяснение Дитё, присяжные решили, что он ... .
   а) заслуживает небольшого наказания
   б) заслуживает сурового наказания
   в) должен быть оправдан
21. Суд ... .
   а) принял во внимание, что Дитё уже провёл в тюрьме полгода
   б) приговорил Дитё к длительному тюремному заключению
   в) оправдал Дитё

2. Пользуясь выполненным тестом, кратко воспроизведите содержание рассказа.

В

1. Ответьте на вопросы. Используйте материал предтекстовых заданий.

1. Какая погода была в тот вечер, когда встретились оборванцы и Мусью? 2. Как выглядели на морозе француз и его обезьянка? 3. Что делали люди, чтобы защититься от мороза? 4. Чем были заняты оборванцы в тот момент, когда их увидел француз? 5. Что сделал Мусью, чтобы обратить на себя внимание оборванцев? 6. Какова была реакция оборванцев в первый момент? 7. Что произошло после того, как Дитё поднёс к лицу Мусью кулак? 8. Как оборванцы узнали, что стоящий перед ними человек был французом? 9. Как оборванцы отнеслись к остановившему их человеку, когда поняли, что он иностранец и здесь один? 10. Почему у героя рассказа было такое странное имя — Дитё? 11. Как француз отвечал на вопросы оборванцев? 12. Как Дитё объяснил французу, что приглашает его с собой? 13. Зачем герои отправились в трактир? 14. Как вела себя обезьянка, когда её хозяин разговаривал с чужими людьми? 15. Что думал Мусью, когда слушал разговор своих новых товарищей на незнакомом языке? 16. Какое впечатление произвело на оборванцев отношение Мусью к своей обезьянке? 17. О чём договорились оборванцы в конце вечера? 18. Как разговаривали между собой оборванцы, когда решили выручить Мусью? 19. Как оборванцы решили помочь Мусью уехать на родину? 20. Что произошло с Дитё, когда оборванцы разгромили винную лавку? 21. Как вёл себя Дитё на суде? 22. Как он объяснил причину своего поступка? 23. Какое решение вынесли присяжные на суде?

2. 1) Проверьте, помните ли вы значение словосочетаний.

Идти, выступить наперерез *кому*; *кто* виноват *в чём*; объявить, вынести приговор *кому*; опубликовать, напечатать сообщение *о чём*; проявить снисхождение *к кому*; распускать, лить слёзы *перед кем*; сделать, доставить удовольствие *кому*.

2) Ответьте на вопросы, используя данные выше словосочетания.

1. Что сделал стоявший за углом человек, когда увидел приближающихся к нему оборванцев? 2. Почему Дитё не мог долго выслушивать плачущего француза? 3. О чём просил Дитё француза, уго-

варивая его спеть? 4. Что произошло через день после встречи Мусью и оборванцев? 5. Какова роль присяжных в суде? 6. Что решили присяжные, когда узнали, почему Дитё и его приятели ограбили винную лавку? 7. В чём виноват Дитё?

3. Дополните предложения глаголами из скобок в нужной форме. Укажите возможные варианты.

1. (*покрываться — покрыться*) Человек казался седым из-за того, что усы и борода его ... инеем. 2. (*показываться — показаться*) Вдруг из-за угла ... несколько оборванцев. 3. (*спорить — поспорить*) Оборванцы шли и о чём-то ... . 4. (*заговаривать — заговорить*) Незнакомец тронул одного оборванца за плечо и быстро ... . 5. (*хватать — схватить*) Оборванец отшатнулся, молча ... незнакомца за шиворот. 6. (*высовываться — высунуться, скрести — скребнуть*) Из-за пазухи незнакомца ... крошечная рука и ... ногтем по чужому плечу. 7. (*обогревать — обогреть*) Дитё пригласил незнакомца в трактир, чтобы ... его и обезьянку. 8. (*рассказывать — рассказать, понимать — понять*) Мусью долго и много ... о себе на непонятном языке, но его все ... . 9. (*прятаться — спрятаться, смотреть — посмотреть*) Обезьянка то ... под куртку хозяина, то печально ... на людей. 10. (*целовать — поцеловать*) Мусью иногда ... обезьянку. 11. (*проникать — проникнуть, взламывать — взломать, забирать — забрать*) Ночью кто-то ... в винную лавку, ... замки и ... деньги. 12. (*задерживать — задержать, оказываться — оказаться*) Одного вора удалось ... , но денег при нём не ... . 13. (*сознаваться — сознаться*) На суде он ... , что в краже участвовал не один. 14. (*говорить — сказать, отправлять — отправить*) Он не хотел раньше ... об этом, чтобы дать товарищам возможность ... за границу какого-то певца.

4. Дополните текст глаголами движения.

По улице, на углу которой стоял незнакомец с обезьянкой, ... четверо оборванцев. Вероятно, они ... домой. Они ... , приплясывая от мороза, быстро, почти ... .

Когда они ... к стоявшему за углом человеку, он ... им навстречу. Трое ... мимо незнакомца. Один, которого незнакомец тронул за плечо, ... к нему и схватил за шиворот. Он повернул незнакомца лицом к фонарю и ... к носу кулак.

Узнав Мусью, Дитё пригласил его ... с ними в трактир.

«Зачем ты сюда ... ? — спрашивали они незнакомца. — Тебе надо ... , здесь ты пропадёшь».

Мусью рассказал, что товарищ ... его сюда, а сам умер.

После ограбления лавки Дитё не смог ... , потому что был мертвецки пьян. На суде ему ... приговор и отправили в тюрьму на долгое время.

5. Передайте содержание предложений, используя деепричастия там, где это возможно.

1. Какой-то человек скрывался от холодного ветра за углом дома, он переминался с ноги на ногу и скрестил на груди руки. 2. Из-за угла показались четверо оборванцев, они шли не совсем обычной походкой, засунули руки в рукава, сгорбились, съёжились. 3. Они шли быстро, почти бежали, о чём-то спорили. 4. Незнакомец выступил из-за угла наперерез им и вытянул вперёд руку. 5. Оборванцы засмеялись и с любопытством окружили удивительного человека. 6. Незнакомец услышал знакомое слово, закивал головой. 7. Он говорил быстро и нервно, а свободной рукой прижимал обезьянку. 8. Компания хохотала, а Мусью гладил и иногда целовал обезьянку. 9. Мусью запел, обезьяна встала, подняла лапы и закружилась под смех всей компании.

6. Дополните предложения нужными формами причастий, образовав их от глаголов из скобок.

1. (*обвязываться — обвязаться, надвигать — надвинуть*) На тротуаре стоял человек, ... шарфом, в шляпе, ... ниже бровей. 2. (*закутывать — закутать*) У незнакомца было маленькое непонятное существо, ... в лохмотья. 3. (*покрывать — покрыть*) У незнакомца была борода, ... инеем. 4. (*горбиться — сгорбиться, съёживаться — съёжиться, возвращаться — возвратиться*) Вдруг в переулке появились четверо оборванцев, ... и ... от холода, ... домой. 5. (*наполнять — наполнить, оказываться — оказаться*) В душной комнате трактира, ... табачным дымом, оборванцы разглядели незнакомца, ... худым и слабым человеком. 6. (*привозить — привезти*) Товарищ, ... Мусью в Россию, умер.

7. Составьте предложения по образцу, используя союзы **как ни, сколько ни** и слова **всё-таки, так и.**

О б р а з е ц: Сколько с ним ни бейся, он всё равно ничего не поймёт.

1. Незнакомец кутался. Он не мог согреться. 2. Незнакомец пытался что-то объяснить. Его никто не понимал. 3. Дитё и его товарищи бедствовали. Они не ревели.

8. Продолжите предложения, вспоминая содержание рассказа.

1. Оборванцы с любопытством окружили незнакомца, который ... . 2. Хотя незнакомец очень старался что-то объяснить, ... 3. Как только Мусью услышал знакомое слово, ... 4. Оборванцам самим было холодно, поэтому ... . 5. Хотя на Дитё тоже были одни заплаты, ... 6. Мусью что-то рассказывал и провёл указательным пальцем по горлу, как будто ... . 7. В трактире начался задушевный разговор, когда ... . 8. Все догадывались, о чём рассказывал Мусью, несмотря на то, что ... . 9. Вскоре после того, как товарищ привёз Мусью в Россию, ... 10. Француз умрёт, если ... . 11. Через день в газетах напечатали, что ... . 12. Одного из громил удалось задержать, потому что ... . 13. На суде Дитё сознался, что ... . 14. На суде Дитё признался, что не хотел раньше говорить об участии в краже других, чтобы ... . 15. Если бы он раньше сказал об участии в краже товарищей, ...

1. Ответьте на вопросы.

1. Что происходило в переулке до того, как там появились оборванцы? 2. Что представляла собой компания оборванцев? 3. Как выглядел француз, когда отогрелся? 4. Что вы узнали о французе? 5. Как прошёл вечер в трактире? 6. Как оборванцы помогли Мусью? 7. Что произошло в винной лавке? 8. Что произошло на суде?

2. Скажите:

1) почему из всех оборванцев Мусью обратился именно к Дитё; 2) почему незнакомые люди, говорящие на разных языках, смогли понять друг друга; 3) почему оборванцы, несмотря на риск, решили помочь французу; 4) как вы оцениваете поступок Дитё; 5) какова идея рассказа; 6) как вы понимаете название рассказа (это ирония, сарказм, лиризм?).

Урок 14

1. Уточните по словарю значение слов **бродяга, владелец, матрос, сирота, слуга, углекоп, хирург.** Используйте эти слова в следующих пояснениях.

Врач, который делает операции — это ... ; рабочий на корабле — это ... ; человек, который добывает уголь в шахте — это ... ; человек, который работает у других людей — это ... ; человек, у которого есть свой собственный дом — это ... дома; человек, у которого нет никакого дома — это ... ; человек, у которого нет ни отца, ни матери — это ... .

2. Уточните по словарю значение следующих слов. Назовите слова, имеющие такой же корень.

Благоденствие, вопль, зажигать, изголодаться, истощённый, ночевать, обморок, огласиться, оступиться, отощать, сделка, склад, спиться, спичка, щедрость.

3. Прочитайте рассказ. Приготовьтесь выполнить тест, который проверяет, правильно ли вы поняли содержание рассказа.

Зелёная лампа
(По рассказу А. Грина)

I

В Лондоне в 1920 году, зимой, на углу Пикадилли и одного переулка, остановились двое хорошо одетых людей среднего возраста. Они только что покинули дорогой ресторан.

Теперь их внимание было привлечено лежащим без движения, плохо одетым человеком лет двадцати пяти, около которого начала собираться толпа.

— Стильтон! — брезгливо сказал толстый джентльмен высокому своему приятелю. — Он пьян или умер.

— Я голоден... и я жив, — пробормотал несчастный. — Это был обморок.

— Реймер! — сказал Стильтон. — Вот случай проделать шутку. У меня явился интересный замысел. Мне надоели обычные развлечения, а хорошо шутить можно только одним способом: делать из людей игрушки.

Эти слова были сказаны тихо, так что лежавший человек их не слышал.

Реймер, которому было всё равно, простился со Стильтоном и уехал, а Стильтон, при одобрении толпы и при помощи полисмена, усадил человека в кеб.

Экипаж направился к одному из трактиров.

Бродягу звали Джон Ив. Он приехал в Лондон из Ирландии искать работу. Ив был сирота. Кроме начальной школы, он не получил никакого образования. Ему пришлось испытать труд углекопа, матроса, слуги в трактире, а двадцати двух лет он заболел воспалением лёгких и, выйдя из больницы, решил попытать счастья в Лондоне. Но конкуренция и безработица скоро показали ему, что найти работу не так легко. Он ночевал в парках, изголодался, отощал и был, как мы видели, поднят Стильтоном, владельцем торговых складов в Сити.

Стильтон в 40 лет изведал всё, что может за деньги изведать холостой человек, не знающий забот о ночлеге и пище. Он владел состоянием в 20 миллионов фунтов.

Когда Ив выпил вина, хорошо поел и рассказал Стильтону свою историю, Стильтон заявил:

— Я хочу сделать вам предложение. Слушайте: я выдаю вам десять фунтов с условием, что вы завтра же наймёте комнату на одной из центральных улиц, во втором этаже, с окном на улицу. Каждый вечер, точно от пяти до двенадцати ночи, на подоконнике окна, всегда одного и того же, должна стоять зажжённая лампа, прикрытая зелёным абажуром. Пока лампа горит, вы от пяти до двенадцати ночи не будете выходить из дома, не будете никого принимать и ни с кем не будете говорить. Одним словом, работа нетрудная, и, если вы согласны, — я буду ежемесячно присылать вам десять фунтов. Моего имени я вам не скажу.

— Если вы не шутите, — отвечал Ив, страшно изумлённый предложением, — то я согласен забыть даже собственное имя. Но скажите, пожалуйста, — как долго будет длиться такое моё благоденствие?

— Это неизвестно. Может быть, год, может быть, — всю жизнь.

— Но для чего понадобилась вам эта зелёная иллюминация?

— Тайна! — ответил Стильтон. — Великая тайна!

— Понимаю. То есть ничего не понимаю. Хорошо.

Так состоялась странная сделка.

Прощаясь, Стильтон сказал:

— Ещё имейте в виду, что неизвестно когда, может быть, через месяц, может быть, через год, вас посетят люди, которые сделают вас состоятельным человеком. Почему — я объяснить не имею права. Но это случится...

— Чёрт возьми! — пробормотал Ив, глядя вслед кебу Стильтона и задумчиво вертя десятифунтовый билет. — Или этот человек сошёл с ума, или я счастливчик!

Вечером следующего дня одно окно второго этажа мрачного дома № 52 по Ривер-стрит сияло мягким зелёным светом. Лампа была придвинута к самой раме.

Двое прохожих некоторое время смотрели на зелёное окно с тротуара; потом Стильтон сказал:

— Так вот, милейший Реймер, когда вам будет скучно, приходите сюда и улыбнитесь. Там, за окном, сидит дурак. Дурак, купленный дёшево, надолго. Он сопьётся от скуки или сойдёт с ума... но будет ждать, сам не зная чего. Да вот и он!

Действительно, тёмная фигура глядела в полутьму улицы, как бы спрашивая: «Кто там? Чего мне ждать? Кто придёт?»

— Однако вы тоже дурак, милейший, — сказал Реймер. — Что весёлого в этой шутке?

— Игрушка... игрушка из живого человека, — сказал Стильтон, — самое сладкое кушанье!

II

В 1928 году больница для бедных на одной из лондонских окраин огласилась дикими воплями: кричал от страшной боли только что привезённый старик, грязный, скверно одетый человек с истощённым лицом. Он сломал ногу, оступившись на чёрной лестнице тёмного притона.

Пострадавшего отнесли в хирургическое отделение. Случай оказался серьёзным.

Хирург заключил, что необходима операция. Она была тут же произведена, после чего ослабевшего старика положили на койку, и он скоро уснул, а проснувшись, увидел, что перед ним сидит тот самый хирург, который лишил его правой ноги.

— Так вот как пришлось нам встретиться! — сказал доктор, серьёзный высокий человек с грустным взглядом. — Узнаёте ли вы меня, мистер Стильтон? Я — Джон Ив, которому вы поручили дежурить каждый день у горящей зелёной лампы. Я узнал вас с первого взгляда. Расскажите, что так резко изменило ваш образ жизни?

— Я разорился... несколько крупных проигрышей на бирже... Вот уже три года, как я стал нищим. А вы? Вы?

— Я несколько лет зажигал лампу, — улыбнулся Ив, — и вначале от скуки, а потом уже с увлечением начал читать всё, что мне попадалось под руку. Однажды я раскрыл старую анатомию и был поражён. Я просидел всю ночь над этой книгой, а утром отправился в библиотеку и спросил: «Что надо изучить, чтобы сделаться доктором?» Ответ был насмешлив: «Изучите математику, геометрию, ботанику, зоологию, морфологию, биологию, фармакологию, латынь и т. д.»

К тому времени я уже два года жёг зелёную лампу, а однажды, возвращаясь вечером (я не считал нужным сидеть дома 7 часов), увидел человека, который смотрел на моё зелёное окно не то с досадой, не то с презрением. «Ив — классический дурак! — пробормотал тот человек, не замечая меня. — Он ждёт... да, он хоть имеет надежду, а я почти разорён!» Это были вы. Вы прибавили: «Глупая шутка. Не стоило бросать денег».

У меня было куплено достаточно книг, чтобы учиться, учиться и учиться, несмотря ни на что. Я едва не ударил вас тогда же на улице, но вспомнил, что благодаря вашей издевательской щедрости могу стать образованным человеком...

— А дальше? — тихо спросил Стильтон.

— Дальше? В одной со мной квартире жил студент, который помог мне сдать экзамены в медицинский колледж. Как видите, я оказался способным человеком...

Наступило молчание.

— Я давно не подходил к вашему окну, — произнёс потрясённый рассказом Ива Стильтон, — давно... очень давно. Но мне теперь кажется, что там всё ещё горит зелёная лампа... лампа, озаряющая темноту ночи... Простите меня.

Ив вынул часы.

— Десять часов. Вам пора спать, — сказал он. — Вероятно, через три недели вы сможете покинуть больницу. Тогда позвоните мне, — быть может, я дам вам работу: записывать имена приходящих больных. А спускаясь по тёмной лестнице, зажигайте... хотя бы спичку.

Б

1. Выполните тест. Выберите вариант правильного (в соответствии с содержанием текста) продолжения предложения.

Тест

1. Действие рассказа происходит ... .
   а) в начале двадцатого века в Ирландии
   б) в середине девятнадцатого века в Лондоне
   в) в начале двадцатого века в Лондоне
2. Два приятеля, Стильтон и Реймер, ...
   а) вышли из дорогого ресторана
   б) шли по переулку
   в) сели в такси
3. Стильтон был ... .
   а) полисменом
   б) миллионером
   в) врачом
4. На улице Стильтон и Реймер ... .
   а) познакомились с молодым студентом
   б) подобрали бомжа среднего возраста
   в) увидели молодого бродягу, лежащего без движения
5. Молодой бродяга, Джон Ив, приехал в Лондон ... .
   а) учиться
   б) искать работу
   в) лечиться
6. Стильтон решил ... .
   а) помочь несчастному бродяге
   б) проявить милосердие
   в) развлечься
7. Стильтон считал, что самое лучшее развлечение — это ... .
   а) посещение дорогого ресторана
   б) делать из людей игрушки
   в) играть на бирже
8. Стильтон отвёз Ива в трактир, хорошо накормил, выслушал его историю и предложил ... .
   а) ему работу
   б) ему учиться
   в) оплатить его лечение в больнице
9. Стильтон дал Иву задание ... .
   а) купить комнату в центре с видом на улицу
   б) снять комнату в центре с видом на улицу
   в) снять квартиру в центре
10. Работа состояла в том, чтобы ... .
    а) ухаживать за больным в комнате с зелёной лампой

б) всё время находиться в комнате с зелёной лампой

в) в определённое время зажигать в комнате зелёную лампу

11. Когда горела зелёная лампа, Ив ... .

а) не мог ни с кем общаться

б) мог общаться, с кем хотел

в) должен был спать

12. Стильтон пообещал Иву, что в будущем к нему придут люди, которые ... .

а) помогут ему в работе

б) сделают его состоятельным человеком

в) освободят его от работы

13. Ив ... .

а) очень удивился и обрадовался предложению Стильтона

б) остался равнодушным к предложению Стильтона

в) встретил предложение Стильтона без удивления

14. Стильтон время от времени ... .

а) хвалил молодого человека за хорошую работу

б) заходил к нему

в) смотрел на его окно и называл дураком

15. Стильтон предполагал, что Ив ... .

а) убежит из этой комнаты

б) от скуки сопьётся или сойдёт с ума

в) начнёт читать книги

16. Стильтон хотел ... .

а) в самом деле помочь молодому человеку

б) сделать из молодого человека игрушку

в) дать молодому человеку средства для получения образования

17. Спустя несколько лет Стильтон ... .

а) разорился и стал нищим

б) стал ещё богаче

в) владел состоянием в двадцать миллионов фунтов

18. Однажды Стильтон ... .

а) сломал руку и попал в больницу

б) упал и сломал обе ноги

в) сломал ногу и попал в больницу

19. Хирургом, который ампутировал ногу Стильтону, оказался ... .

а) его старый приятель

б) молодой человек, которому он когда-то поручил зажигать зелёную лампу

в) молодой неопытный врач

20. Ив стал врачом, потому что … .
   а) ему нечего было делать и он много читал
   б) он всегда мечтал об этом
   в) в какой-то момент его очень заинтересовала медицина
21. Ив сказал, что он стал образованным человеком благодаря … .
   а) своему трудолюбию
   б) издевательской щедрости Стильтона
   в) помощи друзей
22. Ив считает себя человеком … .
   а) умным
   б) добрым
   в) способным
23. Стильтон … .
   а) был очень зол на Ива
   б) расстроился, что его шутка не удалась
   в) попросил у Ива прощения
24. Ив … .
   а) искренне простил Стильтона
   б) ругал Стильтона
   в) не простил Стильтона
25. Ив пообещал Стильтону … .
   а) деньги
   б) квартиру
   в) работу

2. Пользуясь выполненным тестом, кратко воспроизведите содержание рассказа.

1. Дополните предложения местоимениями **свой, его**.

1. У Стильтона возникла одна идея. Стильтон поделился … замыслом с Реймером. 2. Реймеру был не интересен … замысел. 3. Осуществляя … замысел, Стильтон сделал предложение Джону Иву. 4. Ива очень удивило … предложение. 5. Ив каждый вечер зажигал … зелёную лампу. 6. После проигрышей на бирже Стильтон потерял … состояние. 7. Ив не ударил Стильтона, потому что благодаря … издевательской щедрости он стал образованным человеком. 8. Ив вынул … часы. 9. Ив предложил Стильтону работу в … больнице.

2. Ответьте на вопросы, характеризуя способ действия. Используйте слова из скобок в нужной форме.

1. (*презрение*) Как Стильтон относился к людям? 2. (*одобрение*) Как толпа провожала кеб, в котором Стильтон увозил Ива? 3. (*изумление*) Как Ив слушал предложение Стильтона? 4. (*увлечение*) Как Ив читал всё, что попадалось ему под руку? 5. (*досада*) Как Стильтон смотрел на зелёное окно после разорения?

3. Передайте содержание данных предложений предложениями с деепричастным оборотом.

1. Двое молодых людей покинули ресторан и остановились на углу улицы. 2. После того как Ив вышел из больницы, он начал искать работу. 3. Ив изголодался, отощал и поэтому упал в обморок. 4. Стильтон усадил человека в кеб и повёз его в трактир. 5. Когда Стильтон прощался с Ивом, он дал ему десятифунтовый билет. 6. Когда Ив глядел вслед Стильтону и вертел в руках деньги, он чувствовал себя счастливчиком. 7. Двое прохожих смотрели на зелёное окно и разговаривали. 8. Тёмная фигура глядела во тьму улицы и как бы спрашивала: «Кто там?» 9. Стильтон сломал ногу, когда оступился на лестнице. 10. Когда старик проснулся, он увидел около себя хирурга. 11. Стильтон проиграл на бирже крупные суммы денег и разорился. 12. Стильтон разорился и стал нищим. 13. Когда Ив возвращался домой, он увидел Стильтона. 14. Стильтон что-то бормотал и не замечал никого. 15. После того как Ив закончил медицинский колледж, он стал хирургом в больнице для бедных.

4. Передайте содержание данных предложений предложениями с причастным оборотом.

1. Около человека, который лежал без движения, начала собираться толпа. 2. Стильтон был человеком, который не знал забот о ночлеге и пище. 3. Человеку, который зажигает лампу, нельзя выходить из дома. 4. Ив, которого изумило предложение Стильтона, быстро согласился. 5. На окне стояла лампа, которую прикрыли зелёным абажуром. 6. Ив зажёг лампу, которую придвинул к самой раме. 7. Стильтон считал Ива своей игрушкой, которую он купил очень дёшево. 8. На окне горит лампа, которая озаряет темноту ночи. 9. Старик, которого только что привезли в больницу, кричал от боли. 10. Старик, который ослабел после операции, долго спал. 11. Доктор предложил старику работу: записывать имена больных, которые приходят в больницу.

5. Передайте содержание предложений, используя предлоги **благодаря, из, из-за, от, по.**

Д л я   с п р а в о к: боль, голод, желание, проигрыш, скука.

1. Ив упал в обморок, так как сильно изголодался. 2. Стильтон хотел играть с человеком, как с игрушкой, поэтому он придумал план с зелёной лампой. 3. Так как Стильтон владел большим состоянием, он не знал забот о ночлеге и пище. 4. Ив каждый вечер зажигал зелёную лампу, потому что такое задание ему дал Стильтон. 5. Ив начал читать всё, что попадалось ему под руку, потому что ему было скучно. 6. Ив стал образованным человеком, потому что Стильтон проявил издевательскую щедрость. 7. Старику было очень больно, и он кричал. 8. Стильтон проиграл крупную сумму и разорился.

6. Передайте содержание предложения, заменяя прямую речь косвенной. Используйте слова и словосочетание из скобок в нужной форме.

1. (позвать *кого*, обратиться *к кому*) — Реймер! — сказал Стильтон приятелю. 2. (приказать *кому*, попросить *кого*) — Наймите комнату на центральной улице, — сказал Стильтон Иву. 3. — Но скажите, пожалуйста, — как долго будет длиться такое моё благоденствие? — спросил Ив. 4. — Понимаю. То есть ничего не понимаю, — сказал Ив. 5. (согласиться) — Хорошо, — сказал Ив. 6. Ив глядел в полутьму улицы и как бы спрашивал: «Кто там? Чего мне ждать? Кто придёт?» 7. (спросить *у кого*) — Узнаёте ли вы меня, мистер Стильтон? — сказал доктор. 8. — Я — Джон Ив, которому вы поручили дежурить каждый день у горящей зелёной лампы, — сказал доктор. 9. — Я узнал вас с первого взгляда, — сказал доктор. 10. (попросить *кого*, спросить *у кого*) — Расскажите, что так резко изменило ваш образ жизни? — сказал доктор старику. 11. Ив спросил у библиотекаря: «Что надо изучить, чтобы сделаться доктором?» 12. (посоветовать, рекомендовать *кому*) Библиотекарь насмешливо ответил: «Изучите математику, геометрию, ботанику, зоологию, морфологию, биологию, фармакологию, латынь и т. д.» 13. (попросить прощения *у кого*, извиниться *перед кем*) — Простите меня, — сказал Стильтон. 14. — Вам пора спать, — сказал Ив Стильтону. 15. — Вероятно, через три недели вы сможете покинуть больницу, — сказал Ив Стильтону. 16. (попросить *кого*, разрешить *кому*) — Тогда позвоните мне, — сказал Ив Стильтону. 17. (обещать — пообещать *что кому*) — Я дам вам работу: записывать имена приходящих больных, — сказал Ив Стильтону.

7. Дополните текст глаголами движения.

Для справок: возить, выходить — выйти, идти — пойти, отвозить — отвезти, относить — отнести, отходить — отойти, повезти, подходить — подойти, приводить — привести, привозить — привезти, приезжать — приехать, приходить — прийти, проходить — пройти, сходить — сойти, уезжать — уехать, уходить — уйти.

В Лондоне в 1920 году, зимой, двое хорошо одетых людей среднего возраста ... из дорогого ресторана и ... к лежащему на улице плохо одетому человеку.

— Реймер! — сказал Стильтон. — Вот случай пошутить. Мне в голову ... интересный замысел.

Реймеру шутить было неинтересно, и он ... . А Стильтон усадил человека в кеб и ... его в трактир.

Бродягу звали Джон Ив. Он ... в Лондон из Ирландии искать работу, но заболел и попал в больницу. Когда Ив ... из больницы, он не смог найти работу, изголодался и упал на улице в обморок. Стильтон сделал Иву предложение: снять комнату и каждый вечер от пяти до двенадцати ночи держать на подоконнике зажжённую лампу под зелёным абажуром. В это время Ив не должен никуда ... из дома, и никто не может к нему ... . За это Ив будет получать десять фунтов в месяц. А когда-нибудь к Иву ... люди, которые сделают его состоятельным человеком.

«Или этот человек ... с ума, или я счастливчик!» — подумал Ив.

На следующий день Стильтон ... Реймера к дому Ива и сказал:

— Реймер, когда вам будет скучно, ... сюда и улыбнитесь. Он сопьётся от скуки или ... с ума. Да вот и он!

Действительно, Ив глядел в полутьму улицы, как бы спрашивая: «Чего мне ждать? Кто ... ?»

В 1928 году в больницу для бедных на лондонской окраине ... старика, грязного, скверно одетого, истощённого. Он сломал ногу, когда ... по лестнице.

Пострадавшего ... в хирургическое отделение. Операция ... успешно.

После операции хирург спросил старика:

— Узнаёте ли вы меня, мистер Стильтон? Я — Джон Ив, которому вы поручили дежурить каждый день у горящей зелёной лампы, и я начал читать всё, что мне попадалось под руку. Однажды я ... в библиотеку и спросил: «Что надо изучить, чтобы стать доктором?» Мне ответили: «Изучите математику, геометрию, ботанику, зоологию, морфологию, биологию, фармакологию, латынь и т. д.» И я начал учиться. Через несколько лет я закончил медицинский колледж.

Однажды, когда я вечером ... домой (я не хотел сидеть дома 7 часов, зажигал лампу и ... по делам), я увидел человека, который смотрел на моё зелёное окно. Это были вы. Я узнал, что вы разорены.

— Я давно не ... к вашему окну, — произнёс Стильтон. — Но мне теперь кажется, что там всё ещё горит зелёная лампа. Простите меня.

— Десять часов. Вам пора спать, — сказал Ив. — Через три недели вы сможете ... из больницы. Тогда позвоните мне, я дам вам работу: записывать имена больных, которые ... к нам. А когда будете ... по тёмной лестнице, зажигайте хотя бы спичку.

1. Как вы можете оценить сделку, предложенную Стильтоном? Охарактеризуйте Стильтона, его отношение к людям. Расскажите историю жизни Стильтона.

2. Расскажите историю Джона Ива. Ив назвал себя счастливчиком, способным человеком. Согласны ли вы с этими оценками? Аргументируйте свой ответ.

3. Стильтон попросил прощения у Ива. Вы верите в искренность Стильтона?

4. Как вы думаете, Джон Ив простил Стильтона? Аргументируйте свой ответ.

5. Как вы думаете, почему лампа — зелёная?

Урок 15

1. Познакомьтесь со следующей информацией. Она поможет вам точнее понять содержание рассказа.

1. Орден Святой Анны был учреждён в России в 1742 г. Этот орден имел три степени, давался за заслуги на гражданской службе. 2. Орден Святого равноапостольного князя Владимира был учреждён в России 1782 г. Этот орден IV степени давался за выслугу лет по государственной службе. 3. Дворянское собрание — орган дворянского сословного самоуправления в Российской империи в 1785—1917 гг.

2. Прочитайте рассказ. Приготовьтесь выполнить тест, который проверяет, правильно ли вы поняли содержание рассказа.

Анна на шее
(По рассказу А. Чехова)

I

Богатый чиновник, которому уже было пятьдесят два года, женился на красивой девушке восемнадцати лет. Её звали Анна. Муж её, Модест Алексеевич, имел орден Святой Анны и мечтал о другом — Святой Анны второй степени. Он рассказал жене о том, как пошутил его начальник, князь, пять лет назад, когда вручал орден Святой Анны второй степени сослуживцу Модеста Алексеевича. Жену чиновника тоже звали Анна, она была легкомысленной женщиной и плохой женой. И князь сказал: «Значит, у вас теперь три Анны, одна в петлице и две на шее». Рассказав это жене, Модест Алексеевич выразил надежду, что, если он получит ещё один орден Святой Анны, князь не повторит свою шутку.

Аня была красива и скромна. Она вышла замуж за Модеста Алексеевича не от хорошей жизни. Её отец, Пётр Леонтьевич, учитель гимназии, после смерти жены стал пить. В семье не было денег, нечем было платить за квартиру. Аня сама вела хозяйство, заботилась о младших братьях, жалела отца. Она согласилась выйти замуж за немолодого чиновника из-за денег, надеясь помочь семье.

Однако Модест Алексеевич оказался человеком скупым и расчётливым. Он совсем не давал жене денег и часто повторял, что копейка рубль бережёт. Он дарил жене дорогие украшения, считая, что такие вещи хорошо иметь на чёрный день, и часто делал ревизию: все ли вещи целы. Аня каждый день слышала, что семейная жизнь не удовольствие, а долг, что каждый должен иметь свои обязанности, что выше всего муж ставит религию и нравственность. С семьёй Ани Модест Алексеевич общаться не хотел и был недоволен, когда к ней приходили братья.

Аня боялась мужа, скучала в его богатой квартире и часто уходила к своим, где ей было лучше, хотя обед был скудный и отец по-прежнему пил. Аня и мальчики просили его: «Папочка, не надо, папочка, хватит!» Отец сердился и кричал на них, но никто из них не боялся этого доброго, но слабого человека, они его жалели.

К Модесту Алексеевичу приходили в гости его сослуживцы с жёнами. После ужина мужчины играли в карты, женщины сплетничали. Ане было скучно с этими людьми. Иногда муж ходил с Аней в театр, но и там всё время поучал её, куда глядеть и кому кланяться, а в буфете жадничал, говорил, что всё дорого, и не покупал Ане даже шоколада.

Аня страдала, ничем не могла помочь отцу и братьям. Однажды Пётр Леонтьевич попросил у её мужа взаймы денег, чтобы заплатить за квартиру. Модест Алексеевич деньги дал, но долго поучал, как надо жить, и предупредил, чтобы больше Пётр Леонтьевич с подобными просьбами не обращался.

II

В конце декабря Модест Алексеевич получил приглашение на зимний благотворительный бал в Дворянском собрании. По этому случаю он дал жене деньги, чтобы она заказала себе новое платье, и велел посоветоваться с жёнами своих сослуживцев. Но Аня не стала ни с кем советоваться: она умела одеваться со вкусом, играть на пианино, танцевать, говорить по-французски, — всему этому её научила покойная мать.

Когда Модест Алексеевич и Аня приехали на бал, в большом зале уже гремел оркестр и начались танцы. Как только они вошли, Аню пригласил танцевать высокий офицер. Потом её приглашали на каждый танец, и она танцевала, не уставая, с удовольствием, с увлечением, смеялась, говорила по-французски и не думала ни о муже, ни о ком и ни о чём. Все заметили, как она красива, как хорошо танцует, и любовались ею. К ней подошёл отец. Он был трезв и элегантен. «Ты очаровательна сегодня, — сказал он ей с восторгом. — И я очень жалею, что ты рано вышла замуж. Я знаю, что ты сделала это ради нас, но...»

Аню снова пригласили танцевать. Потом к ней подошёл важный старик, князь: «Вы очаровательны! Я накажу вашего мужа за то, что он до сих пор скрывал от нас такое сокровище!»

Князь подвёл Аню к своей жене, которая распоряжалась благотворительным базаром. Княгиня указала Ане место, где она тоже должна была поработать, продавая какие-то вещи. Таким образом на бале собирали деньги для бедных.

Мужчины сразу же окружили стол Ани, охотно платили деньги за ненужные вещи. Известный богач Артынов платил больше всех и не сводил с Ани глаз. Потом он сидел рядом с ней на ужине, где было шумно и весело.

Аня чувствовала себя прекрасно, она поняла, что создана для этой блестящей шумной жизни с музыкой, танцами, поклонниками. Домой она вернулась под утро.

Проснулась она только во втором часу: ей доложили, что приехал с визитом господин Артынов. После Артынова приехал князь, он хотел поблагодарить её за участие в благотворительном базаре и попросил разрешения приезжать к ней с визитами. Модест Алексеевич был счастлив, что Аня нравится князю. Таким образом он рассчитывал получить новый орден.

Аня почувствовала, что её жизнь изменилась, когда муж обратился к ней так почтительно, как он обращался к людям вышестоящим. Она не хотела с ним говорить и приказала твёрдо и уверенно: «Пошёл вон, болван!» И Модест Алексеевич тут же вышел.

После этого у Ани не было ни одного свободного дня: балы, пикники, прогулки, спектакли. Домой она возвращалась под утро. Она тратила много денег, но не просила и не требовала денег у мужа, а только посылала ему записки: «выдать 200 р.» или «немедленно уплатить 100 р.».

К Пасхе Модест Алексеевич получил орден Святой Анны второй степени. Князь, выслушав его благодарность, пошутил:

— Значит, у вас теперь три Анны, одна в петлице и две на шее.

Модест Алексеевич поклонился:

— Теперь остаётся ожидать появления на свет маленького Владимира.

Он намекал на орден Святого Владимира IV степени.

А Аня всё каталась на тройках с Артыновым, играла в домашних спектаклях, ужинала и всё реже бывала у своих. У них дела шли всё хуже. Пётр Леонтьевич пил ещё больше, мальчики уже не отпускали его одного на улицу, следили, чтобы он не упал. Иногда им встречалась тройка Артынова, где сидела Аня, и Пётр Леонтьевич что-то кричал ей, а мальчики говорили ему:

— Не надо, папочка, не надо...

Б

1. Выполните тест. Выберите вариант правильного (в соответствии с содержанием текста) продолжения предложения.

Тест

1. Аня вышла замуж за богатого человека, который был ... .
   а) не намного старше её
   б) такого же возраста, как и она
   в) значительно старше её
2. Муж Ани, Модест Алексеевич, ...
   а) уже имел два ордена Святой Анны
   б) уже имел три ордена Святой Анны
   в) мечтал об ордене Святой Анны второй степени
3. Орден Святой Анны второй степени нужно было носить ... .
   а) в петлице
   б) на шее
   в) на груди
4. Модест Алексеевич не хотел, чтобы ... .
   а) князь повторил свою шутку о двух Аннах на шее — об ордене и жене
   б) ему вручили орден, который надо носить на шее
   в) его сослуживец получил ещё один орден
5. Аня вышла замуж за Модеста Алексеевича ... .
   а) по любви
   б) от нечего делать
   в) из желания помочь отцу и братьям
6. Модест Алексеевич оказался человеком ... .
   а) доброжелательным и общительным
   б) скупым и расчётливым
   в) щедрым
7. Модест Алексеевич говорил Ане, что выше всего — это ... .
   а) нравственность и религия
   б) семья
   в) человек

8. Аня своего мужа ... .
   а) любила
   б) боялась
   в) жалела
9. Когда Аня встречалась с сослуживцами мужа и их жёнами, Модест Алексеевич ... .
   а) учил её, на кого смотреть и кому кланяться
   б) знакомил её с интересными людьми
   в) угощал всех в буфете
10. Выйдя замуж, Аня ... .
   а) могла помогать отцу и братьям
   б) очень страдала
   в) начала играть в карты и сплетничать
11. Отец Ани был человеком ... .
   а) богатым
   б) сердитым
   в) добрым, но слабым
12. Когда однажды отец Ани попросил у её мужа взаймы денег, Модест Алексеевич ... .
   а) отказался помочь семье Ани
   б) деньги дал, но долго учил, как нужно жить
   в) охотно помог ему
13. Получив приглашение на бал в Дворянское собрание, Аня ... .
   а) сама заказала себе платье
   б) посоветовалась с жёнами сослуживцев мужа
   в) не стала тратить деньги на вечернее платье
14. Аня была молода, красива, прекрасно танцевала, ...
   а) но никто не приглашал её танцевать
   б) на этом балу она имела большой успех
   в) но муж не разрешил ей ни с кем танцевать
15. Отец, увидев её на балу, ...
   а) любовался ею издали
   б) сожалел, что она рано вышла замуж
   в) пригласил её танцевать
16. Князь, сказав ей комплимент, обещал ... .
   а) наказать её мужа
   б) наградить её мужа
   в) пригласить её танцевать
17. Когда Аню попросили поработать на благотворительном базаре, ...
   а) ей ничего не удалось продать

б) она отказалась

в) ей удалось получить много денег за ненужные вещи

18. Известный богач Артынов ... .

а) распоряжался благотворительным базаром

б) влюбился в Аню с первого взгляда

в) шумел и веселился

19. Аня чувствовала себя на балу ... .

а) не в своей тарелке

б) прекрасно

в) усталой

20. Аня поняла, что ей нравится жизнь ... .

а) тихая и спокойная

б) семейная, размеренная, где каждый имеет свои обязанности

в) весёлая — с музыкой, с танцами, с поклонниками

21. Модест Алексеевич был счастлив, что Аня ... .

а) пользовалась таким успехом в обществе

б) понравилась князю

в) — его жена

22. Модест Алексеевич начал обращаться к Ане ... .

а) с новыми поучениями, как нужно жить

б) почтительно, как к важным людям

в) с сердитыми претензиями

23. Жизнь Ани изменилась: Аня ... .

а) постоянно ездила на балы, пикники, спектакли

б) ездила к отцу и братьям и помогала им вести хозяйство

в) не выходила из дома

24. Аня ... .

а) начала ссориться с мужем из-за денег

б) не тратила деньги мужа

в) начала тратить очень много денег

25. Когда князь, вручая Модесту Алексеевичу долгожданный орден, произнёс свою старую шутку, Модест Алексеевич ... .

а) был недоволен

б) обиделся

в) сказал, что теперь он будет ждать маленького Владимира

26. Упоминая Владимира, Модест Алексеевич говорил ... .

а) о сыне

б) об ордене

в) о сослуживце

27. Аня жила своей жизнью и ... .
   а) часто бывала у своих
   б) разговаривала с отцом, когда встречала его на улице
   в) каталась на тройках с поклонниками

2. Пользуясь выполненным тестом, кратко воспроизведите содержание рассказа.

1. Дополните предложения словами и словосочетаниями из скобок в нужной форме.

1. (*молодая красивая девушка*) Немолодой богатый человек женился ... . 2. (*высокое положение; повышение по службе*) Немолодой чиновник достиг ... , но мечтал ... , а также надеялся получить орден. 3. (*богатый человек*) Девушка вышла замуж ... . 4. (*муж; директор гимназии*) Сначала она боялась ... , как раньше боялась ... . 5. (*новая квартира, её муж*) Она не могла привыкнуть ... , ... 6. (*её мать, она*) Девушка была похожа ... и подражала ... во всём: и в походке, и в манере говорить, и одеваться. 7. (*успех; она*) На балу она пользовалась ... . Мужчины восхищались ... . Дамы завидовали ... , и её ... .

2. Дополните предложения глаголами движения **ехать — ездить, идти — ходить** с приставками **вы-, от-, по-, под-, при-, про-, у-** и без приставок.

1. После свадьбы Аня часто ... к своим, мальчики тоже ... к ней. 2. Иногда они с мужем ... в театр. 3. В антракте они ... из зала. 4. Когда они ... мимо буфета, ей очень хотелось шоколада. 5. Скупой муж ... к буфету, спрашивал, что сколько стоит, и, ничего не купив, ... 6. Перед Новым годом они ... на благотворительный бал. 7. На балу сам князь ... к ней и выразил своё восхищение. 8. К столику, где торговала красивая женщина, ... мужчины и покупали ненужные вещи. 9. На другой день к ней ... князь с цветами. 10. Теперь Аня часто ... в театр, в гости, каталась на тройках и ... мимо своего бывшего дома, не останавливаясь.

3. Дополните предложения, указывая цель действия.

1) Используйте сложные предложения с союзами **чтобы, для того чтобы.**

1. Аня вышла замуж, ... 2. Муж не давал ей денег, но дарил дорогие вещи, ... 3. Её отец попросил у зятя денег, ... 4. Он дал ей

денег, ... 5. На балу был устроен благотворительный базар, ...
6. Он был готов на всё, даже «продать» жену, ...

2) Используйте слова и словосочетания из скобок с предлогами для, за, на в простых предложениях.

1. (*платье*) Муж дал Ане денег ... . 2. (*уже готовое платье*) Аня поехала к портнихе ... . 3. (*бедные*) На балу собирали деньги ... . 4. (*и «работающие» дамы, и гости*) После танцев был ужин ... . 5. (*театры, рестораны, подарки*) Артынов тратил деньги ... . 6. (*красивые платья*) Аня тратила деньги мужа ... .

4. Дополните предложения, указывая причину действия. Используйте слова и словосочетания из скобок с предлогами **благодаря, за, из-за, от, по.**

1. (*деньги; любовь*) Аня вышла замуж ... , хотя мечтала выйти замуж ... . 2. (*пьянство отца, бедность; жадность мужа*) Сначала она страдала ... , а потом — ... . 3. (*воспитание матери*) Она была хорошо воспитана, умела петь, танцевать, говорить по-французски ... . 4. (*пьянство*) Отца могли уволить из гимназии ... . 5. (*любовь, желание родителей, деньги, расчёт*) Он женился ... .

5. Дополните предложения прилагательными из скобок в нужной форме.

1. (*скромный*) Все говорили, что Аня ... девушка. Она действительно была очень ... . 2. (*богатый*) Знакомые дамы нашли ей ... жениха. 3. (*добрый*) Отец Ани был слабый и ... человек. Аня была ... к нему и к братьям. Она думала, что старый муж будет ... . 4. (*бедный*) Семья была так ... , что нечем было заплатить за квартиру. 5. (*скупой, расчётливый*) Муж оказался ... и ... . 6. (*красивый*) Аня была ... . На балу она была самая ... . 7. (*очаровательный*) Все мужчины говорили, что Аня ... . Старый князь сказал ей: «Вы ...!» 8. (*счастливый*) Муж считал, что он сделал бесприданницу Аню ... . Модест Алексеевич был ... , когда получил орден. Завидуя Ане, дамы говорили, что она ... . Была ли Аня ... на самом деле?

6. Ответьте на вопросы отрицательно, используя следующие модели.

1) *Она ничего не делала.*

1. Давал ли муж Ане какие-нибудь деньги? 2. Покупала ли Аня что-нибудь себе? 3. К кому Аня ходила в гости? 4. С кем она общалась? 5. Что купил муж Ане в театральном буфете? 6. Чем Аня мог-

ла помочь своей семье? 7. С кем Аня советовалась по поводу бального платья? 8. О ком и о чём думала Аня, танцуя на балу? 9. Был ли у неё хотя бы один свободный вечер после бала?

2) **Ей нечего было делать.**

1. Почему отец не платил за квартиру? 2. Почему Ане никто не помогал в доме отца? 3. На что (на кого) могла надеяться Аня? 4. Почему она ничего не делала в доме мужа? 5. Почему она ни с кем не советовалась?

1. Ответьте на вопросы.

1. Какой человек был Модест Алексеевич? 2. Как он относился к своей молодой красивой жене? 3. Что можно сказать об отце Ани? 4. Как вы представляете себе её покойную мать?

2. Скажите:

1) какой была Аня (*добрая, скромная, умная, красивая, заботливая, внимательная, кокетливая, легкомысленная, хитрая, злая, эгоистичная*); что (кого) она любила; что ей нравилось, что она умела делать; 2) каким образом у нас складывается впечатление, что Аня красива, хотя в тексте нет описания её внешности; 3) как пошутил князь, вручая мужу Ани орден Святой Анны; какие основания были у князя повторить свою шутку; 4) можно ли осуждать Аню; за что; в чём она виновата; 5) можно ли оправдать эгоизм и легкомысленную жизнь Ани.

Урок 16

1. Прочитайте текст, приготовьтесь ответить на вопросы.

Почтовые станции

Почтовые станции располагались на всех больших дорогах России. Дороги эти назывались почтовыми трактами, по ним перевозили почту, проезжали путешественники, ехавшие по своим или казённым делам в кибитках, повозках, каретах.

На станции проезжающие меняли лошадей, отдыхали. Почтовая станция представляла собой дом, окружённый сараями, где можно было поставить лошадей, кибитки, кареты. В этом доме жил станционный смотритель, который смотрел за порядком на станции, обеспечивал проезжающим лошадей и отдых. Станционный смотритель, согласно «Табели о рангах», введённой Петром I, был чиновником 14-го класса, самого низшего.

2. Ответьте на вопросы.

1. Где располагались почтовые станции? 2. С какой целью устраивались почтовые станции? 3. На чём ездили в России в начале XIX века? 4. Кто такой станционный смотритель?

3. Прочитайте рассказ. Приготовьтесь выполнить тест, который проверяет, правильно ли вы поняли содержание рассказа.

Станционный смотритель
(По повести А. Пушкина)

Что такое станционный смотритель? Настоящий мученик четырнадцатого класса. Какова его должность? Настоящая каторга. В дождь и в холод, в мороз и слякоть принуждён он бегать по дворам, доставать лошадей и выслушивать претензии и брань путешественников. Плохие дороги или плохая погода, упрямый ямщик или упрямые лошади — за всё отвечает станционный смотритель, во всём виноват он. Кто не проклинал станционных смотрителей, кто с ними не ругался?

Что касается меня, то я в течение двадцати лет изъездил всю Россию, имел дело со многими станционными смотрителями, почти всех их я знаю в лицо и среди них есть у меня приятели. Память одного из них мне драгоценна, и о нём я намерен рассказать теперь моим читателям. В 1816 году, в мае месяце, случилось мне быть в дороге и попасть под проливной дождь. Приехав на станцию промокший и в дурном настроении, я потребовал поскорее чаю. «Эй, Дуня! — закричал смотритель, — поставь самовар!» Из-за перегородки вышла девочка лет четырнадцати, красота которой меня поразила. «Это твоя дочка?» — спросил я смотрителя. «Дочка, — отвечал он с довольным видом, — да такая умная, такая проворная, вся в покойницу мать». Дуня вскоре принесла самовар, и мы втроём стали пить чай и беседовать, как будто век были знакомы. Маленькая кокетка заметила, какое впечатление произвела на меня её красота. Когда же я стал с нею разговаривать, меня поразило, что она отвечала мне без всякой робости, как девушка, видевшая свет.

Лошади были давно готовы, а мне всё не хотелось расставаться с смотрителем и его дочкой. Наконец я с ними простился. Отец пожелал мне доброго пути, а дочь проводила до кибитки.

Прошло несколько лет, и обстоятельства привели меня на ту самую дорогу, в те самые места. Я вспомнил дочь старого смотрителя и обрадовался при мысли, что увижу её снова. Но, подумал я, Дуня уже замужем, да и смотритель уже другой.

Лошади остановились у знакомого домика. Войдя в комнату, я увидел, что всё там сильно изменилось, как в доме без хозяев. Но больше всего изменился и постарел сам смотритель. Я смотрел на его седую голову, на глубокие морщины давно не бритого лица, на сгорбленную спину — и никак не мог понять, как за какие-нибудь четыре года бодрый мужчина мог превратиться в слабого старика.

«Узнал ли ты меня? — спросил я его, — мы с тобой старые знакомые». «Может быть, — отвечал он неприветливо, — дорога большая, проезжих много у меня перебывало». «Здорова ли твоя Дуня?» — продолжал я. «А Бог её знает», — отвечал он. «Она, наверное, замужем?» — спросил я. Старик сделал вид, что не слышал моего вопроса, и продолжал читать мои документы. Я прекратил свои вопросы и попросил чаю. Любопытство начинало меня беспокоить, и я надеялся, что пунш заставит старика разговориться

Я не ошибся: выпив, он сделался разговорчив, и я узнал от него печальную повесть.

«Так вы знали мою Дуню? — начал он. — Кто же и не знал её? Ах, Дуня, Дуня! Что за девка была! Бывало, кто ни проедет, всякий похвалит. Барыни дарили ей подарки. Господа проезжие нарочно останавливались, будто бы пообедать или поужинать, а на самом деле, чтоб на неё подольше посмотреть. Бывало, приедет сердитый барин, начнёт на меня кричать, а при ней утихает и спокойно со мной разговаривает. Поверите ль, сударь, важные господа и офицеры подолгу с нею разговаривали. Да и дом на ней держался: прибрать, приготовить — всё успевала. А я, старый дурак, не мог наглядеться, нарадоваться на неё». И он стал рассказывать мне о своём горе.

Три года тому назад в зимний вечер подъехала тройка, и в дом вошёл офицер, требуя свежих лошадей немедленно. Лошадей не было. Офицер повысил голос, но Дуня, привыкшая к таким сценам, вышла из-за перегородки и ласково предложила проезжему чаю. Появление Дуни произвело обычное впечатление. Офицер согласился ждать и заказал себе ужин. Через некоторое время он уже весело разговаривал со смотрителем и его дочерью. Смотритель пошёл искать лошадей. Когда он вернулся, чтобы сказать, что лошади готовы, увидел, что молодой офицер чувствует себя так плохо, что дальше ехать сейчас не может. На другой день ему стало хуже. Слуга его поехал в город за врачом. Приехал врач, осмотрел больного, поговорил с ним по-немецки и по-русски и объявил смотрителю, что больному нужно спокойно полежать два дня. Гусар хорошо заплатил лекарю и пригласил его вместе пообедать. Ели оба с большим аппетитом, выпили бутылку вина и расстались очень довольные друг другом.

Дня два гусар лежал в постели, охал, часто просил пить, и Дуня подавала ему лимонад. Она почти не отходила от постели больного. Через два дня больной встал, был весел, разговорчив, даже помогал смотрителю записывать проезжающих, а на третье утро собрался уезжать.

День был воскресный; Дуня собиралась в церковь. Гусар простился со смотрителем, щедро заплатив ему за всё, а Дуне предложил подвести её до церкви в своей кибитке. Дуня стояла молча, как будто в нерешительности. «Чего ты боишься? — сказал ей отец. — Его высокоблагородие не волк и тебя не съест. Прокатись до церкви». Дуня села в кибитку.

Потом уже бедный смотритель не мог понять, как он сам позволил Дуне ехать с гусаром и что тогда было с его разумом. Через полчаса он почувствовал какое-то беспокойство и сам пошёл в церковь. В церкви Дуни не было. Смотритель пошёл домой ни жив ни мёртв. Он ещё слабо надеялся, что Дуня решила прокатиться до следующей станции, где жила её крёстная мать, и ожидал возвращения уехавшей тройки. Наконец к вечеру приехал ямщик с убийственным известием: «Дуня отправилась дальше с гусаром. Она всю дорогу плакала, хотя ехала, казалось, по своей охоте».

Смотритель не вынес этого несчастья, его пришлось отвезти в больницу. Едва поправившись, он попросил отпуск на два месяца и, не сказав никому ни слова, пешком отправился в Петербург. Из дорожных документов он знал, что гусар Минский ехал из Смоленска в Петербург. В Петербурге он остановился у знакомого и начал поиски. Ему удалось найти адрес Минского.

И вот рано утром он пришёл в его дом и попросил слугу доложить о нём. Слуга сказал, что барин спит и до одиннадцати часов никого не принимает. Смотритель возвратился в одиннадцать. «Что тебе надобно?» — спросил его Минский. Бедный отец со слезами на глазах произнёс дрожащим голосом: «Ваше благородие! Сделайте божескую милость. Отдайте мне мою бедную Дуню, ведь вы погубите её!» — «Я виноват перед тобой, — ответил ему смущённый Минский. — Но не думай, что я покину Дуню. Она будет счастлива, даю тебе честное слово. Она любит меня и отвыкла от своей прежней жизни. Зачем она тебе?» И он сунул смотрителю деньги и выпроводил его из дома.

Смотритель долго стоял неподвижно возле подъезда, потом, придя в себя, выбросил деньги Минского и пошёл куда глаза глядят.

Через два дня смотритель опять пришёл, но его уже не впустили. Он долго бродил по Петербургу и случайно увидел, как Минский вышел из кареты около красивого трёхэтажного дома и вошёл в подъезд. Смотритель вошёл в тот же подъезд и спросил, где живёт Авдотья Самсоновна. «На втором этаже», — ответили ему. Позвонив в квартиру, Самсон сказал служанке, что он принёс барыне письмо. «Сейчас к барыне нельзя. У неё гости», — ответила служанка. Но Вырин прошёл в гостиную. В дверях он остановился. На ручке кресла, где сидел Минский, сидела прекрасно одетая Дуня и играла кудрями гусара. Увидев отца, она вскрикнула и упала без чувств. Минский вскочил и с бранью вытолкал старика за дверь.

Старик пошёл к себе на квартиру, а на другой день отправился на свою станцию. «Вот уже третий год, как живу я без Дуни и как нет об ней ни слуху ни духу. Жива ли, нет ли, Бог её знает. Всякое случается. Не её первую, не её последнюю соблазнил проезжий гусар, а там подержал, да и бросил. Много их в Петербурге, молоденьких дур, сегодня в атласе да бархате, а завтра метут улицу. Как подумаешь порой, что и Дуня, может быть, так же пропадает, так поневоле согрешишь и пожелаешь ей могилы...»

Так закончил свой рассказ старый смотритель. Он заплакал. Простившись с ним, я долго не мог забыть его горе и думал о бедной Дуне...

Прошли годы. Совсем недавно я оказался в тех краях и решил заехать на станцию.

Станции в том месте уже не было, но домик стоял. Жили там совсем другие люди. Новая хозяйка, толстая баба, жена пивовара, сказала мне, что Самсон Вырин умер год назад. «Отчего же он умер?» — спросил я. «Спился», — отвечала она. «А нельзя ли мне увидеть его могилу?» — «Почему нельзя? Эй, Ванька! Проводи барина на кладбище и покажи ему смотрителеву могилу».

Ко мне выбежал рыжий оборванный мальчик и повёл меня за деревню.

— Ты знал Самсона Вырина? — спросил я его.

— Как не знать! Бывало, он идёт из кабака, а мы за ним: «Дедушка, дедушка! Дай орешков!» Он угощал нас орешками, научил вырезать дудочки и любил возиться с нами.

— А проезжие вспоминают его?

— Да теперь мало проезжих, станции здесь нет. Вот летом проезжала барыня, так она спрашивала о старом смотрителе и ходила к нему на могилу.

— Какая барыня? — спросил я с любопытством.

— Прекрасная барыня, — отвечал мальчишка. — Она ехала в большой карете. Шесть лошадей! Три маленьких барчонка, нянька, собачка. Когда ей сказали, что старый смотритель умер, так она заплакала и сказала детям: «Сидите смирно, а я схожу на кладбище». Я хотел проводить её, но она сказала: «Я сама дорогу знаю». И дала мне пятак серебром — такая добрая барыня!..

Мы пришли на бедное сельское кладбище. Мальчик показал мне могилу смотрителя, похороненного рядом с женой.

— И барыня приходила сюда? — спросил я.

— Приходила, — отвечал Ванька, — я смотрел на неё издали. Она легла здесь и лежала долго. А потом пошла в церковь, говорила с попом, дала ему денег и поехала, а мне дала пятак серебром — славная барыня!..

И я дал мальчишке пятачок и не жалел уже ни о поездке, ни о семи рублях, мною истраченных.

Б

1. Выполните тест. Выберите вариант правильного (в соответствии с содержанием текста) продолжения предложения.

Тест

1. Станционный смотритель — это ... .
   а) хозяин станции
   б) чиновник четырнадцатого класса
   в) крестьянин из ближайшей деревни
2. Рассказчик много ездил по России и ... .
   а) хорошо знает всех смотрителей
   б) приобрёл среди смотрителей как друзей, так и врагов
   в) хорошо запомнил одного из смотрителей
3. Когда рассказчик впервые попал на станцию, где служил Самсон Вырин, ...
   а) он поругался со смотрителем
   б) он прожил на станции три дня
   в) красота Дуни поразила его
4. Дуня ... .
   а) жила на станции и помогала отцу во всех его делах
   б) приехала к отцу в гости
   в) приходила помогать отцу из деревни
5. Когда рассказчик приехал на станцию года через четыре, ...
   а) его приветливо встретила Дуня
   б) Дуни там не было
   в) в доме смотрителя ничего не изменилось
6. Смотритель рассказал, что Дуня ... .
   а) вышла замуж
   б) уехала к тёте
   в) сбежала с проезжавшим офицером
7. Уехав с офицером, Дуня ... .
   а) часто писала отцу
   б) не подавала о себе никаких известий
   в) посылала ему деньги
8. Когда Дуня уехала с гусаром, смотритель ... .
   а) был доволен, что дочь живёт в Петербурге
   б) от горя заболел
   в) продолжал работать на станции
9. Смотритель так страдал без Дуни, что пешком пошёл в Петербург, ...
   а) однако Дуню не нашёл и ничего о ней не узнал
   б) где узнал, что Дуня живёт в богатой квартире, которую для неё снял офицер
   в) где узнал, что офицер хочет жениться на Дуне

10. Когда офицер увидел отца Дуни, он ... .
    а) приветливо принял его
    б) испугался
    в) дал ему денег и выгнал из своего дома

11. Оказавшись на улице, смотритель пошёл ... .
    а) на вокзал
    б) в храм
    в) к себе на квартиру

12. С тех пор смотритель ... .
    а) сильно изменился и постарел
    б) совершенно не изменился
    в) забыл свою дочь

13. Когда рассказчик приехал на станцию через несколько лет, ...
    а) дома уже не было
    б) станции там уже не было, а дом стоял
    в) не было ни станции, ни дома смотрителя

14. Новая хозяйка дома рассказала, что смотритель умер ... .
    а) от болезни
    б) от пьянства
    в) от тоски

15. Сын хозяйки дома проводил рассказчика на кладбище и ... .
    а) показал ему могилу смотрителя
    б) угостил его орехами
    в) спросил, откуда он знает смотрителя

16. Мальчик вспоминал, как смотритель ... .
    а) возился с детьми, угощал их орешками
    б) работал на станции
    в) горевал без дочери

17. Мальчик рассказал, что ... .
    а) теперь здесь много проезжих
    б) летом приезжала богатая барыня, которая тоже навестила могилу смотрителя
    в) смотритель умер год назад

18. Мальчик называл барыню прекрасной, славной, потому что она ... .
    а) приехала в большой карете с шестью лошадьми
    б) плакала на могиле смотрителя и его жены
    в) дала ему пятак серебром

2. Пользуясь выполненным тестом, кратко воспроизведите содержание рассказа.

1. Прочитайте два первых абзаца рассказа и ответьте на вопросы.

1. Что вы узнали о должности станционного смотрителя? 2. Как обычно относятся к станционному смотрителю проезжающие? 3. Что думает об этой должности рассказчик (автор)?

Д л я   с п р а в о к: отвечать *за что*; ругать *кого за что*; виноват *в чём*; сочувствовать *кому*.

2. Передайте содержание предложений, заменяя выделенные слова близкими по смыслу.

1. Я *намерен* рассказать читателям эту историю. 2. В дороге я попал под *проливной* дождь. 3. На станцию я приехал в *дурном* настроении. 4. Она была вся в *покойную* мать. 5. Проезжие *нарочно* останавливались, чтоб на неё посмотреть. 6. Гусар *щедро* заплатил лекарю.

3. Скажите, как вы понимаете выделенные выражения.

1. Бывало, *кто ни проедет*, всякий её похвалит. 2. Не увидев Дуню в церкви, он вернулся домой *ни жив ни мёртв*. 3. Она всю дорогу плакала, хотя ехала *по своей охоте*. 4. Три года нет от неё *ни слуху ни духу*.

4. Передайте содержание предложений, заменяя один из глаголов деепричастием.

1. Когда я приезжал на станцию, я подолгу беседовал со смотрителем. 2. Смотритель читал мои документы и нехотя отвечал на мои вопросы. 3. Он выпил горячего вина и рассказал мне свою печальную историю. 4. Офицер вошёл в комнату и потребовал лошадей. 5. Он увидел Дуню и перестал ругаться. 6. Доктор осматривал больного и говорил с ним по-немецки.

5. Дополните предложения словами и словосочетаниями из скобок в нужной форме.

1. (*смотритель этой станции, другие смотрители*) Автор был знаком ... и ... . 2. (*лошади*) Обычно проезжающие требуют ... немедленно. 3. (*смотритель; плохие дороги и лошади, плохая погода, всё*) Усталые путешественники ругают ... , и он должен отвечать ... . 4. (*все проезжающие, все*) Дочь смотрителя нравилась ... и ... производила приятное впечатление. 5. (*автор; все проезжающие*) Красо-

та девушки поразила ... , как и ... . 6. (*чужие люди; господа*) Она не стеснялась ... , свободно беседовала ... , но при этом была скромна и сдержанна. 7. (*дочь; её красота*) Смотритель был очень доволен ... и гордился ... . 8. (*они; смотритель и его дочь*) Автор с сожалением попрощался ... .

6. Ответьте на вопросы, используя слова и словосочетания из скобок в нужной форме.

1. (*1816 год; XIX век; начало XIX века*) Когда происходило действие рассказа? 2. (*1816 год; осень; зима; весна; лето*) Когда автор впервые приехал на станцию? 3. (*четыре года*) Когда автор приехал второй раз? 4. (*несколько лет; пять лет; зима 1826 года*) Когда он приезжал последний раз? 5. (*несколько дней; неделя*) Сколько времени прожил на станции офицер? 6. (*отъезд Дуни, её бегство*) Когда заболел смотритель? 7. (*десять лет; смерть отца*) Когда Дуня приехала в родные края?

7. Дополните предложения глаголами движения

а) **идти — ходить** с приставками **во-, вы-, по-, под-, при-**:

1. Из-за перегородки ... красивая девушка и ... к отцу. 2. Смотритель ... в деревню за лошадьми. 3. После того как он ... из больницы, он ... пешком в Петербург. 4. Узнав адрес офицера, он ... к нему. 5. Смотритель ... к дому, где жила Дуня, поднялся по лестнице и ... в квартиру. 6. Офицер выгнал смотрителя, но он ... ещё раз. 7. Смотрителя не пустили в дом, и он ... куда глаза глядят.

б) **носить — нести, возить — везти** с приставками **до-, под-, при-, у-**:

1. Дуня ... самовар, и они сели пить чай. 2. Она убрала посуду и после чаю ... самовар на кухню. 3. Офицер предложил ... её до церкви, куда она собиралась идти пешком. 4. Он ... её до церкви и предложил ей ехать с ним в Петербург. 5. Офицер уехал и ... с собой дочь смотрителя. 6. Он ... её в Петербург и снял для неё хорошую квартиру. 7. Смотритель хотел ... свою дочь домой.

в) **ехать — ездить** с приставками **за-, об- (из-), по-, при-, про-, у-** и без приставок:

1. Автор много ... и был знаком со многими смотрителями. 2. Он впервые ... на станцию в 1816 году. 3. После чаю и беседы с Дуней ему не хотелось ... . 4. Через несколько лет он ... по этой же дороге, через эту же станцию. 5. Дочь смотрителя неожиданно ... с проез-

жим офицером. 6. Когда офицер заболел, его слуга ... за доктором. 7. Доктор поговорил с больным по-немецки, получил деньги и довольный ... . 8. Из документов смотритель знал, что офицер ... в Петербург. 9. В Петербурге офицер жил в своей квартире, а к Дуне он ... в гости. 10. За несколько лет автор ... всю Россию и не раз ... на эту станцию.

г) в правильной форме:

1. В зимний вечер к станции ... тройка и в дом ... офицер, требуя лошадей. Из-за перегородки ... Дуня.

2. В воскресенье офицер собрался ... . Дуня хотела ... в церковь. Офицер предложил ... её до церкви в своей кибитке. Отец сказал ей, что она может ... до церкви.

3. Смотритель ... к Минскому, но его не впустили. Он долго ... по Петербургу и случайно увидел, как Минский ... из кареты около трёхэтажного дома и ... в подъезд. Смотритель ... в тот же подъезд и сказал слуге, что он ... барыне письмо. Он поднялся по лестнице и ... в гостиную.

8. Передайте содержание текстов, заменяя прямую речь косвенной.

I. 1. «А где же Дуня? — спросил автор. — Она замужем (вышла замуж)?» 2. «Я не хочу чаю, я хочу немедленно ехать!» — кричал офицер. 3. «Дуня, принеси самовар, предложи господину чаю», — попросил смотритель. 4. «Это твоя дочь?» — удивился офицер. 5. «Отдайте мне мою дочь!» — просил офицера смотритель. 6. «Я виноват, — сказал смотрителю офицер. — Вот возьми деньги и иди домой».

II. — Раньше здесь жил смотритель, — сказал автор. — Где он теперь живёт?

— Он умер год назад, — ответила женщина.

— Отчего же он умер? — спросил автор.

— Спился.

— А нельзя ли мне увидеть его могилу?

— Почему нельзя? Эй, Ванька! Проводи барина на кладбище и покажи ему смотрителеву могилу.

— Ты знал Самсона Вырина? — спросил автор мальчика.

— Как не знать! Он угощал нас орешками, учил вырезать дудочки.

— А проезжие вспоминают его?

— Да теперь мало проезжих. Вот летом проезжала барыня, так она спрашивала о старом смотрителе и ходила на кладбище.

1. Расскажите о первом приезде рассказчика на станцию.

2. Вспомните второй приезд (перечитайте соответствующий фрагмент). Ответьте на вопросы.

1. Что изменилось на станции за 3—4 года? 2. Какие вопросы задавал смотрителю рассказчик, и что он услышал в ответ? 3. Что рассказал смотритель о приезде офицера? 4. Почему офицер, который очень спешил, задержался на станции на несколько дней? 5. Каким образом офицер увёз Дуню? 6. Что случилось со смотрителем после бегства Дуни? 7. Как происходила встреча отца Дуни с офицером? 8. Как живёт теперь смотритель, и что он думает о судьбе Дуни?

3. Расскажите о последнем приезде рассказчика на знакомую станцию.

4. Скажите:

1) сколько рассказчиков в прочитанном тексте; о чём рассказывают они; как из их рассказов получается текст; 2) кто главный рассказчик, и кто главный персонаж рассказа; 3) есть ли рассказ (текст) у Дуни; что она могла бы рассказать о своей жизни на станции, о своём бегстве, о своей жизни в Петербурге; 4) какие нравственные, психологические и социальные вопросы нашли отражение в рассказе; 5) связаны ли эти вопросы со временем А. Пушкина (начало XIX века), или они вечные; 6) можно ли рассматривать эту историю как драму.

Урок 17 ━━━━━━━━━━━━━━━━━━━━ ■

1. Проверьте, хорошо ли вы помните значение следующих глаголов и их управление.

Гостить *у кого*; держаться *за что/за кого*; зарабатывать — заработать *на что чем*; издеваться *над кем/над чем*; обмениваться — обменяться *чем с кем*; обнимать — обнять *кого*; объявлять — объявить *что*; откладывать — отложить *что на сколько времени*; пробираться — пробраться *куда*; провожать — проводить *кого куда*; прощаться — проститься *с кем*; пугаться — испугаться *чего/кого*; радоваться *кому/чему*; склоняться — склониться *над чем/над кем, к чему/к кому*; скрывать — скрыть *что от кого*; считать *кого кем*.

2. Уточните по словарю значение словосочетаний.

Быть равнодушным *к кому*; выйти замуж *за кого*; жениться *на ком*; жить чем Бог пошлёт; зарабатывать (на жизнь) тяжёлым трудом; обменяться словами *с кем*; объявить войну *кому*; оставить *кого* на *чьих* руках; пропасть без вести.

3. Прочитайте рассказ. Приготовьтесь выполнить тест, который проверяет, правильно ли вы поняли содержание рассказа.

Холодная осень
(По рассказу И. Бунина)

В июне того года он гостил у нас в имении — всегда считался у нас своим человеком: отец его был другом и соседом моего отца.

Утром шестнадцатого привезли с почты газеты. Отец вышел из кабинета с московской вечерней газетой в руках в столовую, где он, мама и я ещё сидели за чайным столом, и сказал:

— Ну, друзья мои, война! В Сараеве убит австрийский кронпринц. Это война!

На Петров день к нам съехалось много народу, — были именины отца, — и за обедом он был объявлен моим женихом. Но девятнадцатого июля Германия объявила России войну...

В сентябре он приехал к нам всего на сутки — проститься перед отъездом на фронт (все тогда думали, что война кончится скоро, и свадьба наша была отложена до весны). После ужина подали самовар, и, посмотрев на запотевшие от его пара окна, отец сказал:

— Удивительно ранняя и холодная осень!

Мы в тот вечер сидели тихо, лишь изредка обменивались незначительными словами, преувеличенно спокойными, скрывая свои тайные мысли и чувства.

— Так ты всё-таки хочешь ехать утром? — спросил отец.

— Да, если позволите, утром, — ответил он. — Очень грустно, но я ещё не всё закончил по дому.

Отец легонько вздохнул:

— Ну, как хочешь, душа моя. Только в этом случае нам с мамой пора спать, мы непременно хотим проводить тебя завтра...

Мама встала и перекрестила своего будущего сына, он склонился к её руке, потом к руке отца. Оставшись одни, мы ещё немного побыли в столовой, — он молча ходил из угла в угол, потом спросил:

— Хочешь, пройдёмся немного?

На душе у меня делалось всё тяжелее, я безразлично отозвалась:

— Хорошо...

Одеваясь в прихожей, он продолжал что-то думать, с милой усмешкой вспомнил стихи Фета:

> Какая холодная осень!
> Надень свою шаль и капот...

— Капота нет, — сказала я. — А как дальше?

— Не помню. Кажется, так:

> Смотри — меж чернеющих сосен
> Как будто пожар восстаёт...

— Времена наших дедушек и бабушек... Ах, Боже мой, Боже мой!

— Что ты?

— Ничего, милый друг. Всё-таки грустно. Грустно и хорошо. Я очень, очень люблю тебя...

Одевшись, мы прошли через столовую на балкон, сошли в сад. Сперва было так темно, что я держалась за его рукав... Он, приостановясь, обернулся к дому:

— Посмотри, как совсем особенно, по-осеннему светят окна дома. Буду жив, вечно буду помнить этот вечер...

Я посмотрела, и он обнял меня... Я отвела от лица платок, слегка наклонила голову, чтобы он поцеловал меня. Поцеловав, он посмотрел мне в лицо.

— Как блестят глаза, — сказал он. — Тебе не холодно? Воздух совсем зимний. Если меня убьют, ты всё-таки не сразу забудешь меня?

Я подумала: «А вдруг правда убьют? И неужели я всё-таки забуду его — ведь всё в конце концов забывается?» И поспешно ответила, испугавшись своей мысли:

— Не говори так! Я не переживу твоей смерти!

Он, помолчав, медленно выговорил:

— Ну что ж, если убьют, я буду ждать тебя там. Ты поживи, порадуйся на свете, потом приходи ко мне.

Я горько заплакала.

Утром он уехал. Мама надела ему на шею образок, который носили на войне её отец и дед, и мы все перекрестили его... Глядя ему вслед, постояли на крыльце, чувствуя только удивительную несовместимость между нами и окружавшим нас радостным, солнечным утром. Постояв, вошли в опустевший дом. Я пошла по комнатам, заложив руки за спину, не зная, что теперь делать с собой и зарыдать ли мне или запеть во весь голос...

Убили его — какое странное слово! — через месяц, в Галиции. И вот прошло с тех пор целых тридцать лет. И многое, многое пережито было за эти годы, кажущиеся такими долгими, когда внимательно думаешь о них, перебираешь в памяти всё то волшебное, непонятное, непостижимое ни умом, ни сердцем, что называется прошлым. Весной восемнадцатого года, когда ни отца, ни матери уже не было в живых, я жила в Москве, в подвале у торговки на Смоленском рынке, которая всё издевалась надо мной: «Ну, ваше сиятельство, как ваши обстоятельства?» Я тоже занималась торговлей, продавала, как многие тогда, солдатам кое-что из оставшегося у меня, — то какое-нибудь колечко, то крестик, и вот тут, торгуя на углу Арбата и рынка, встретила человека редкой, прекрасной души, пожилого военного в отставке, за которого вскоре вышла замуж и с которым уехала в апреле в Екатеринодар. Ехали мы туда с ним и его племянником, мальчиком лет семнадцати, тоже пробиравшимся туда, где не было большевиков.

Пробыли мы на Дону и на Кубани больше двух лет. Потом вместе с другими беженцами зимой отплыли из Новороссийска в Турцию, и на пути, в море, муж мой умер от тифа. Близких у меня осталось после того на всём свете только трое: племянник мужа, его молодая жена и их девочка, ребёнок семи месяцев. Но и племянник с женой уплыли через некоторое время в Крым, к Врангелю, оставив ребёнка на моих руках. Там они и пропали без вести. А я ещё долго жила в Константинополе, зарабатывая на себя и на девочку очень тяжёлым чёрным трудом. Потом, как многие, где только не жила с ней! Болгария, Сербия, Чехия, Бельгия, Париж, Ницца... Девочка давно выросла, осталась в Париже, стала совсем француженкой, очень миленькой и совершенно равнодушной ко мне, служит в шоколадном магазине... а я жила и всё ещё живу в Ницце чем Бог пошлёт... Была я в Ницце первый раз в девятьсот двенадцатом году — и могла ли думать в те счастливые дни, чем некогда станет она для меня!

Так и пережила я его смерть, неосторожно сказав когда-то, что я не переживу её. Но, вспоминая всё то, что я пережила с тех пор, всегда спрашиваю себя: да, а что же всё-таки было в моей жизни? И отвечаю себе: только тот холодный осенний вечер. Неужели он был когда-то? Всё-таки был. И это всё, что было в моей жизни, — остальное ненужный сон. И я верю, где-то там он ждёт меня — с той же любовью и молодостью, как в тот вечер. «Ты поживи, порадуйся на свете, потом приходи ко мне...». Я пожила, порадовалась, теперь уже скоро приду.

1. Выполните тест. Выберите вариант правильного (в соответствии с содержанием текста) продолжения предложения.

Тест

1. События, с которых начинается рассказ, происходят накануне ... .

   а) революции 1917 года

   б) Первой мировой войны

   в) Нового года

2. Героиня рассказа вспоминает вечер, когда её жених приехал ... .

   а) попрощаться перед отъездом на фронт

   б) на именины её отца

   в) к ним погостить

3. Жених считался в семье героини своим человеком, потому что ... .

   а) он жил в их доме

   б) он давно дружил с героиней

   в) его отец был другом её отца

4. Свадьба героини была отложена до весны, так как ... .

а) все думали, что война скоро кончится и её жених к этому времени вернётся с фронта

б) все думали, что война затянется

в) они хотели проверить свои чувства

5. В тот холодный осенний вечер героиня сказала, что она ... .

а) будет вечно помнить этот вечер

б) не переживёт смерти своего жениха

в) будет ждать своего жениха всю жизнь

6. Её жених был убит ... .

а) в августе

б) в сентябре

в) в октябре

7. Весной 1918 года героиня жила в Москве одна, потому что её родители ... .

а) умерли

б) остались в имении

в) эмигрировали

8. Она вышла замуж за пожилого военного, который потом ... .

а) погиб на фронте

б) погиб во время Гражданской войны

в) умер на пути в Турцию

9. Она осталась одна с маленькой девочкой, родители которой ... .

а) эмигрировали в Турцию

б) пропали без вести

в) уехали во Францию

10. Ей пришлось переезжать из одной страны в другую, зарабатывать на жизнь ... .

а) торговлей драгоценностями

б) продажей шоколада

в) чёрным трудом

11. В последние годы жизни героиня ... .

а) осталась совершенно одна

б) ещё раз вышла замуж

в) жила с внучкой

12. На склоне лет героиня ... .

а) получала пенсию

б) жила чем Бог пошлёт

в) жила на деньги внучки

13. Вспоминая свою жизнь, героиня думает, что самым важным для неё ... .

а) были счастливые дни в Ницце в 1912 году

б) было её замужество

в) был вечер накануне отъезда её жениха на фронт

2. Пользуясь выполненным тестом, кратко воспроизведите содержание рассказа.

1. Ответьте на вопросы. Используйте материал предтекстовых заданий.

1. Где находился герой в то время, когда Германия объявила войну России? 2. Как относились к герою в семье героини? 3. Что произошло в день именин отца? 4. Зачем герой приехал в имение в сентябре? 5. На сколько времени отложили свадьбу? 6. Как прошёл последний вечер в имении перед отъездом жениха на фронт? 7. Что рассказала героиня о её последней прогулке с женихом? 8. Какие чувства вызвала в героине мысль о том, что его могут убить? 9. Как относилась к героине торговка, у которой она жила в Москве? 10. Почему героиня оказалась на Дону, а потом на Кубани?

2. Продолжите предложения, вспоминая содержание рассказа и используя материал предтекстовых заданий.

1. Девятнадцатого июля Германия ... . 2. В последний вечер все сидели тихо и лишь изредка ... . 3. В восемнадцатом году героиня встретила в Москве человека редкой души и ... . 4. Племянник мужа и его жена уехали в Крым к Врангелю, а ребёнка ... . 5. Родители девочки ... . 6. Героиня долго жила в Константинополе ... . 7. Девочка выросла и стала ... . 8. Сейчас героиня в Ницце ... .

3. Дополните предложения глаголом **жить** с приставкой или без неё.

Д л я   с п р а в о к: выжить, дожить, пережить, пожить, прожить.

1. Героиня думала, что не сможет ... , если его убьют. 2. Она сказала: «Я не ... твоей смерти». 3. «Если меня убьют, то ты ... , порадуйся, а потом приходи ко мне», — ответил он. 4. После его отъезда она не знала, как ей дальше ... . 5. После его смерти она ... уже тридцать лет. 6. За все эти годы ей пришлось многое ... . 7. Когда она ... в Москве, она торговала на углу Арбата и рынка. 8. Тогда многие торговали, чтобы ... . 9. На Дону и Кубани она с мужем и семьёй племянника ... больше двух лет. 10. Она долго ... в Константинополе с дочерью племянника. 11. Сейчас она в Ницце, ... чем Бог пошлёт. 12. Несмотря на свои слова, она ... его смерть и ... до старости.

4. Дополните предложения, указывая время или срок действия.

1. История, о которой рассказывает героиня, началась ... . 2. Газеты с сообщением об убийстве австрийского кронпринца привезли ... . 3. В имение съехалось много народа ... . 4. Сын соседа был объявлен её женихом ... . 5. В сентябре он приехал всего ... , чтобы проститься ... на фронт. 6. Свадьба была отложена ... . 7. ... мы сидели тихо, изредка обмениваясь словами. 8. Он хотел уехать ... . 9. Убили его ... . 10. С тех пор прошло ... . 11. Многое было пережито ... . 12. Она жила в Москве ... . 13. Она уехала с мужем в Екатеринодар ... . 14. Пробыли они на Дону и Кубани ... . 15. Первый раз она была в Ницце ... . 16. Она часто вспоминает, что она пережила ... .

5. Дополните предложения, используя конструкции *кто* **(с)может**...; *кому* **можно/нельзя**...; *кто* **должен**...; *кому* **нужно/надо**...; *кому* **пришлось**...; *кому* **удалось**...; *кто* **сумел**...; *кто* **хочет**... .

1. Жених ... уйти на фронт. 2. Он сказал, что ... уехать утром до завтрака. 3. Героиня и её жених ... прогуляться в саду в последний вечер. 4. Он ... навечно запомнить этот вечер. 5. Она сказала, что не ... жить, если его убьют. 6. Она не ... говорить этого. 7. За 30 лет, которые прошли после его гибели, ей ... много пережить. 8. После революции она жила в Москве, ... торговать, чтобы выжить. 9. В то время ей ... встретить человека редкой души, который стал её мужем. 10. С мужем и его племянником ей ... уехать на юг, где не было большевиков. 11. После поражения Врангеля им ... отплыть из Новороссийска в Турцию. 12. В Константинополе ей ... зарабатывать на хлеб тяжёлым трудом. 13. Когда она впервые была в Ницце, она ... думать, что когда-нибудь ... пережить здесь самые печальные дни её жизни.

6. Объедините два простых предложения в одно сложное, используя нужный союз или союзное слово.

1. Он гостил у нас в имении. В этот год началась война. 2. Он считался у нас своим человеком. Его отец был другом и соседом моего отца. 3. Утром привезли газеты. В них сообщали об убийстве австрийского кронпринца. 4. На Петров день к нам съехалось много народу. Были именины моего отца. 5. Был обед. Он был объявлен моим женихом. 6. В сентябре он приехал к нам на сутки. Он хотел проститься перед отъездом на фронт. 7. Все думали, что война скоро кончится. Свадьба была отложена до весны. 8. Они обменивались незначительными преувеличенно спо-

койными словами. На душе у всех делалось всё тяжелее. 9. Весной восемнадцатого года они плыли из Новороссийска в Турцию. Муж её умер от тифа. 10. Муж её умер. Близких у неё осталось только трое: племянник мужа, его жена и их ребёнок. 11. Племянник и его молодая жена уехали в Крым к Врангелю. Там они пропали без вести. 12. Она зарабатывала тяжёлым трудом на себя и на девочку. Теперь эта девочка живёт в Париже и совершенно равнодушна к ней.

7. Передайте содержание предложений, заменяя выделенную часть предложения или целое предложение предложно-падежной группой и производя необходимую трансформацию.

1. (с чем) Отец вышел из кабинета. *В руках у него была вечерняя газета.* 2. (из-за чего) Война была объявлена, *потому что в Сараеве был убит австрийский кронпринц.* 3. (на что) На Петров день съехалось много народа. *Были именины отца.* 4. (за чем) *Когда был обед,* он был объявлен женихом. 5. (на сколько времени) В сентябре он приехал в имение, *где хотел пробыть сутки.* 6. (в чём) Она *надела тёплую шаль* и вышла на балкон. 7. (после чего) *Он уехал,* она не знала, что ей делать. 8. (о чём) Она вспоминала, *что было пережито за эти годы.* 9. (без кого) В Москве она жила одна. *Ни отца, ни матери уже не было.* 10. (от чего) Её муж *заболел тифом* и умер. 11. (без чего) Племянник и его жена пропали. *От них не было вестей.* 12. (на что) Она зарабатывала деньги, *чтобы жить самой и воспитывать девочку.* 13. (чем) Она зарабатывала деньги. *Бралась за любой чёрный, тяжёлый труд.*

8. Определите значение деепричастного оборота. Где возможно, замените его придаточным предложением (временным, причинным, условным или уступительным).

1. Он жил у нас в имении, считаясь у нас своим человеком. 2. Отец вышел из кабинета, держа в руках вечернюю газету. 3. Мы обменивались незначительными словами, скрывая свои тайные мысли и чувства. 4. Одеваясь в прихожей, он вспомнил стихи Фета. 5. Простившись с ним, я вернулась в дом, не зная, что мне теперь делать. 6. Я пережила его смерть, сказав когда-то неосторожно, что не переживу её. 7. Вспоминая всё то, что я пережила, я всегда спрашиваю себя, что же было в моей жизни, кроме того осеннего вечера.

9. Передайте содержание предложений

а) активными оборотами:

1. Он считался у нас своим человеком. 2. За обедом он был объявлен моим женихом. 3. После ужина был подан самовар. 4. Свадьба была отложена до весны.

б) пассивными оборотами:

1. В Сараеве убили австрийского кронпринца. 2. Германия объявила войну России. 3. Его убили через месяц в Галиции. 4. Многое они пережили за эти годы.

10. Дополните предложения неопределёнными местоимениями и наречиями.

1. Отец вышел из кабинета с ... газетой в руках. 2. Одеваясь в прихожей, он продолжал о ... думать. 3. Убили его через месяц ... в Галиции. 4. Весной восемнадцатого года она ... время жила в подвале у торговки. 5. Она продавала ... из оставшегося у неё, то ... колечко, то крестик. 6. Они пробирались ... , где не было большевиков. 7. Племянник с женой ... пропали. 8. Девочка стала взрослой и служит в ... шоколадном магазине. 9. Она пережила его смерть, хотя ... неосторожно сказала, что не переживёт. 10. Было ли ещё ... значительное в её жизни? 11. Неужели этот вечер ... был?

1. Ответьте на вопросы.

1. Как жила героиня рассказа до того, как началась война? 2. Как исторические события изменили жизненные планы героев? 3. Что происходило в доме в последний вечер перед отъездом жениха на фронт? (содержание диалогов передайте в монологической форме) 4. Представляла ли героиня, как события, происходящие в мире, могут повлиять на её личную жизнь? 5. Что чувствовала героиня после отъезда жениха на фронт? 6. Как сложилась её жизнь в России после революции? 7. Как она жила в эмиграции? 8. Какие события из её трудной жизни оставили самый значительный след в её памяти?

2. Скажите:

1) почему из всей своей жизни самым значительным героиня считает только один «тот» вечер; 2) почему автор не даёт своим героям имён собственных; 3) как вы понимаете название рассказа; 4) как воспринимается вами этот рассказ: как трагический или как романтический.

Урок 18 ━━━━━━━━━━━━━━━━ ■

А

1. Вспомните, а) какие значения слова **ёлка** вы знаете, б) что такое **свадьба**.

2. Проверьте, хорошо ли вы помните значение следующих глаголов и их управление.

Действовать — подействовать *на кого/на что*; заигрывать *с кем*; заняться *чем*; коситься — покоситься *на кого/на что*; любоваться — полюбоваться *кем/чем, на кого/на что*; мешать *кому/инфинитив*; наблюдать *за кем/за чем*; обижать — обидеть *кого*; откладывать — отложить (деньги) *на что/на сколько времени*; пользоваться — воспользоваться *чем* (ситуацией, моментом, случаем); походить *на кого/на что*; предназначаться *кому*; приниматься — приняться *за что/инфинитив*; прислушиваться — прислушаться *к чему/к кому*; прогонять — прогнать *кого*; пугаться — испугаться *кого/чего*; пускать — пустить *кого куда*; разбирать *что*; решаться — решиться *на что/инфинитив*; удивляться — удивиться *чему*; узнавать — узнать *кого в ком*; ухаживать *за кем*.

3. Уточните по словарю значение словосочетаний.

Быть в раздумье; в присутствии *кого*; говорить любезности *кому*; говорить (не) в шутку; говорить шёпотом/еле слышным голосом; идти на цыпочках; кричать/хохотать во всё горло; *кто* одет *во что*; потирать руки; принимать участие *в чём*; проводить время *где/как/ с кем*; рассыпаться в похвалах/в комплиментах/в любезностях *кому/ перед кем*.

4. Прочитайте рассказ. Приготовьтесь выполнить тест, который проверяет, правильно ли вы поняли содержание рассказа.

Ёлка и свадьба
(По рассказу Ф. Достоевского)

На днях я видел свадьбу... но нет! Лучше я вам расскажу про ёлку. Ровно пять лет назад, накануне Нового года, меня пригласили на детский бал. Лицо приглашавшее было одно известное деловое лицо, со связями, с знакомством, с интригами, так что можно было подумать, что детский бал этот был предлогом для родителей сойтись и поговорить.

В семейном счастии хозяина, у которого было пятеро сытеньких мальчиков, принимал участие один господин. Это было лицо. Звали его Юлиан Мастакович. С первого взгляда можно было видеть, что он был гостем почётным. Хозяин и хозяйка говорили ему любезности, ухаживали, поили его, подводили к нему для рекомендации своих гостей, а его самого ни к кому не подводили. Я заметил, что у хозяина заискрилась слеза на глазах, когда Юлиан Мастакович сказал о вечере, что он редко проводит таким приятным образом время. Мне как-то стало страшно в присутствии такого лица, и потому, полюбовавшись на детей, я ушёл в маленькую гостиную, которая была совершенно пуста.

Дети все были очень милы, они никак не хотели походить на больших, о чём постоянно просили их гувернантки. Они разобрали всю ёлку вмиг, до последней конфетки, и успели уже переломать половину игрушек, прежде чем узнали, кому какая предназначена. Но особенно хороша была девочка лет одиннадцати, прелестная, как амурчик, тихонькая, с большими задумчивыми глазами. Её как-то обидели дети, и потому она ушла в ту самую гостиную, где я сидел, и занялась в уголке своей куколкой. Гости с уважением указывали на одного богатого человека, её отца, и кое-кто замечал шёпотом, что за ней уже отложено на приданое триста тысяч рублей. Я посмотрел на говорящих об этом, и взгляд мой упал на Юлиана Мастаковича, который, наклонив голову набок, как-то особенно внимательно прислушивался к словам этих господ. Потом я не мог не удивиться мудрости хозяев при раздаче детских подарков. Девочка, уже имевшая триста тысяч рублей приданого, получила богатейшую куклу. Потом следовали подарки, понижаясь по понижению рангов родителей всех этих счастливых детей. Наконец, последний ребёнок, мальчик лет десяти, маленький, худенький, рыженький, получил только одну книжку без картинок. Он был сыном гувернантки хозяйских детей, одной бедной вдовы, мальчик крайне забитый и запуганный. Одет он был в курточку из очень бедной ткани. Получив свою книжку, он долгое время ходил около других игрушек; ему ужасно хотелось поиграть с другими детьми, но он не смел; видно было, что он уже чувствовал и понимал своё положение. Я очень люблю наблюдать за детьми. Чрезвычайно любопытно в них первое самостоятельное проявление в жизни. Я заметил, что рыженькому мальчику так сильно хотелось поиграть богатыми игрушками других детей, особенно театром, что он решился поподличать. Он улыбался, заигрывал с другими детьми, отдал своё яблоко одному толстому мальчишке, у которого и так был полный платок гостинцев, и даже решился повозить одного на себе, чтоб только не отгоняли его от театра. Но через минуту какой-то озорник сильно побил его. Ребёнок не посмел заплакать. Тут появилась гувернантка, его маменька, и велела ему не мешать играть другим детям. Ребёнок вошёл в ту же гостиную, где была девочка. Она пустила его к себе, и оба принялись наряжать богатую куклу.

Я сидел уже с полчаса за цветами и почти задремал, прислушиваясь к разговору рыженького мальчика и красавицы с тремястами тысяч приданого, как в комнату вошёл Юлиан Мастакович. До этого с минуту назад, как я заметил, он весьма горячо разговаривал с папенькой будущей богатой невесты, с которым только что познакомился, о службе. Теперь он стоял в раздумье и как будто что-то считал на пальцах.

— Триста... триста, — шептал он. — Одиннадцать, двенадцать... шестнадцать — пять лет!.. Ну, пятьсот, положим, пятьсот тысяч, по крайней мере, это обязательно; ну, излишек на тряпки, гм...

Он окончил раздумье и хотел уже выйти из комнаты, как вдруг взглянул на девочку и остановился. Он меня не видел за цветами. Мне казалось, что он был очень взволнован. Или расчёт подействовал на него, или что-нибудь другое, но он потирал руки и не мог стоять на месте. Он бросил взгляд на будущую невесту и было двинулся вперёд, но сначала огляделся кругом, потом на цыпочках, как будто чувствуя себя виноватым, стал подходить к ребёнку. Он подошёл с улыбочкой, нагнулся и поцеловал её в голову. Та, не ожидая, вскрикнула от испуга.

— А что вы тут делаете, милое дитя? — спросил он шёпотом, оглядываясь.

— Играем...

— А? С ним? — Юлиан Мастакович покосился на мальчика. — А ты бы, душенька, пошёл в зал, — сказал он ему.

Мальчик молчал и смотрел на него во все глаза. Юлиан Мастакович опять осмотрелся кругом и опять нагнулся к девочке.

— А что это у вас, куколка, милое дитя? — спросил он.

— Куколка, — отвечала девочка немножко испуганно.

— Куколка... А ты бы пошёл, мальчик, в зал, к другим детям, — сказал Юлиан Мастакович, строго посмотрев на ребёнка. Девочка и мальчик схватились друг за друга, им не хотелось расходиться.

— А знаете ли вы, почему подарили вам эту куколку? — спросил Юлиан Мастакович, говоря всё тише и тише.

— Не знаю...

— А оттого, что вы были милым и послушным дитя всю неделю.

Тут Юлиан Мастакович, взволнованный ещё больше, уже совсем еле слышным голосом спросил:

— А будете ли вы любить меня, милая девочка, когда я приду в гости к вашим родителям?

Сказав это, Юлиан Мастакович хотел ещё раз поцеловать девочку, но рыженький мальчик, видя, что она совсем хочет заплакать, схватил её за руки и сам заплакал от сочувствия к ней. Юлиан Мастакович рассердился не в шутку.

— Пошёл, пошёл отсюда, пошёл! — говорил он мальчишке. — Пошёл в зал! Пошёл туда, к своим ровесникам!

— Нет, не нужно, не нужно! Уходите вы, — сказала девочка, — оставьте его, оставьте его! — говорила она плача.

Кто-то зашумел в дверях. Юлиан Мастакович тотчас поднялся, испугавшись. Но рыженький мальчик испугался ещё больше, он бросил девочку и тихонько по стенке вышел из гостиной в столовую. Юлиан Мастакович также вышел в столовую.

Я тоже вышел за уважаемым господином в столовую и увидел странную картину. Юлиан Мастакович, весь красный от злости, пугал рыжего мальчика, который не знал, куда бежать, и от страха залез под стол.

— Пошёл, что здесь делаешь, пошёл, негодник, пошёл! Ты здесь фрукты таскаешь, а? Ты здесь фрукты таскаешь? Пошёл, негодник, пошёл, сопливый, пошёл к своим ровесникам!

Разволновавшись донельзя, Юлиан Мастакович достал свой носовой платок, взял его за уголок и стал выгонять им из-под стола ребёнка, перепуганного и присмиревшего до последней степени. Надо заметить, что Юлиан Мастакович был немножко толстоват, что мешало ему наклониться под стол. Но он старался, краснел, пыхтел ужасно. Так велико было в нём чувство негодования и, может быть (кто знает?), ревности. Я захохотал во всё горло.

В это время из противоположной двери вошёл хозяин. Мальчик вылез из-под стола, вытирая свою одежду. Юлиан Мастакович поспешил поднести к носу платок.

Хозяин немножко удивлённо посмотрел на нас троих. Но как человек, знающий жизнь, тотчас же воспользовался ситуацией.

— Вот-с тот мальчик-с, — сказал он, показывая на рыженького, — о котором я имел честь вас просить... Сын гувернантки моих детей, — продолжал хозяин, — бедная женщина, вдова одного честного чиновника; и потому... Юлиан Мастакович, если можно помочь...

— Ах, нет, нет, — поспешно закричал Юлиан Мастакович, — никак невозможно.

Тут он взглянул на меня одним глазом, но тотчас же отвернулся и, видимо, спросил у хозяина про меня.

Нахохотавшись, я вернулся в зал. Там Юлиан Мастакович рассыпался в похвалах о красоте, талантах, грации и воспитании милого дитя перед матерью девочки. Мать слушала его чуть ли не со слезами восторга. Отец, стоявший рядом, улыбался. Хозяин дома радовался всеобщей радости.

Недавно я проходил мимо церкви, меня поразило, как много народа собралось здесь. Кругом говорили о свадьбе. День был пасмурный, начинался мелкий дождик. Я пробрался в церковь и увидел жениха. Это был маленький, толстый человек, сильно разукрашенный. Он бегал, отдавал приказы. Наконец привезли невесту. Я увидел чудную красавицу. Говорили, что ей едва исполнилось шестнадцать лет. Она была бледна и грустна, смотрела рассеянно; мне показалось даже, что глаза её были красны от недавних слёз.

Взглянув на жениха, я вдруг узнал в нём Юлиана Мастаковича, которого не видел ровно пять лет. Я поглядел на неё... Боже мой! Я скорее направился к выходу из церкви. В толпе толковали, что невеста богата, что у неё пятьсот тысяч приданого... и на столько-то тряпками...

«Однако расчёт был хорош!» — подумал я, выйдя на улицу...

1. **Выполните тест. Выберите вариант правильного (в соответствии с содержанием текста) продолжения предложения.**

Тест

1. Юлиан Мастакович был почётным гостем на детском празднике, потому что он ... .
   а) помогал хозяину дома
   б) был интересным человеком
   в) был богат и занимал высокое положение в обществе
2. Рассказчику было страшно в присутствии такого важного лица, и он ... .
   а) пошёл посмотреть на детей
   б) ушёл в маленькую пустую комнату
   в) ушёл домой

3. В эту же комнату пришла прелестная девочка с большими задумчивыми глазами, которую ... .
   а) обидели другие дети
   б) наказали родители
   в) не интересовали другие дети
4. Рассказчик подумал, что этой девочке лет ... .
   а) десять
   б) одиннадцать
   в) двенадцать
5. Рассказчик отметил мудрость хозяев, раздававших подарки ... .
   а) по интересам детей
   б) по жребию
   в) в соответствии с положением родителей детей
6. Девочка получила в подарок от хозяев бала дорогую куклу, так как ... .
   а) она хотела такую куклу
   б) её отец был очень богатым человеком
   в) она хорошо вела себя
7. Юлиан Мастакович заинтересовался девочкой, потому что ... .
   а) она была хороша, как амурчик
   б) для неё было приготовлено большое приданое
   в) он был знаком с её родителями
8. Юлиан Мастакович подсчитал, что приданое девочки составит ... .
   а) триста тысяч
   б) более трёхсот тысяч
   в) более пятисот тысяч
9. Хозяин дома обратился к Юлиану Мастаковичу с просьбой помочь ... .
   а) одному из своих сыновей
   б) кому-то из гостей
   в) сыну бедной гувернантки
10. Юлиан Мастакович ответил отказом на просьбу хозяина, потому что ... .
    а) просьба была слишком серьёзной
    б) этот мальчик помешал ему поговорить с богатой девочкой
    в) не хотел помогать беднякам
11. Через пять лет рассказчик случайно увидел в церкви ... .
    а) толстого мужчину маленького роста и шестнадцатилетнюю красавицу

б) прекрасную пару

в) молодых людей

12. Невеста была ... .

а) радостной и оживлённой

б) грустной

в) счастлива

13. Узнав в женихе Юлиана Мастаковича, рассказчик ... .

а) с интересом стал наблюдать церемонию венчания

б) поздравил его

в) ушёл из церкви

14. В толпе рассказчик услышал, что у невесты пятьсот тысяч приданого, и не мог не признать, что ... .

а) Юлиан Мастакович ошибся в своём расчёте

б) Юлиан Мастакович в своё время неточно посчитал на пальцах

в) расчёт, произведённый Юлианом Мастаковичем пять лет назад, был очень точным

2. Пользуясь выполненным тестом, кратко воспроизведите содержание рассказа.

В

1. Ответьте на вопросы

а) используя глаголы из предтекстового задания:

1. Как автор определил, что Юлиан Мастакович был гостем особенным, почётным? 2. Кто из присутствующих на празднике нравился автору? 3. О чём гувернантки просили детей? 4. Что сделали дети с ёлкой? 5. Почему девочка-«амурчик» ушла от детей в гостиную? 6. О чём говорили гости, показывая на девочку и её отца? 7. Что делал Юлиан Мастакович, когда гости говорили о богатом приданом девочки? 8. Какое впечатление произвела на автора раздача детских подарков? 9. В чём проявилась особая «мудрость» хозяев при распределении подарков? 10. Что сделал рыженький мальчик, чтобы его не отогнали от игрушечного театра? 11. Что сказала рыженькому мальчику его мама, когда он хотел поиграть богатыми игрушками? 12. Чем занялись рыженький мальчик и девочка с богатым приданым? 13. Что делал автор после того, как ушёл от взрослых? 14. Почему Юлиан Мастакович вошёл в гостиную, где играли девочка и рыженький мальчик, и завёл разговор с девочкой? 15. Как

смотрел на мальчика Юлиан Мастакович? 16. Что хотел сделать с мальчиком Юлиан Мастакович? 17. Почему Юлиан Мастакович ушёл из гостиной? 18. Почему хозяин дома завёл разговор с Юлианом Мастаковичем о мальчике, когда увидел их обоих в столовой? 19. Почему, увидев свадьбу, автор решил рассказать нам о ёлке?

б) используя словосочетания из предтекстового задания:

1. Чем был детский праздник для взрослых? 2. Почему Юлиан Мастакович был почётным гостем в семье хозяина? 3. Как хозяин и хозяйка выражали своё отношение к почётному гостю? 4. Что говорил о вечере хозяевам дома Юлиан Мастакович? 5. Чем отличался внешне от других детей сын гувернантки? 6. Как выглядел Юлиан Мастакович, узнавший о богатом приданом девочки, когда он вошёл в гостиную? 7. Как разговаривал Юлиан Мастакович с девочкой? 8. Что можно было подумать о разговоре Юлиана Мастаковича с девочкой? 9. Как реагировал автор на то, что произошло в гостиной между мальчиком и Юлианом Мастаковичем? 10. О чём говорил с матерью девочки Юлиан Мастакович?

2. Замените, где возможно, слова **можно, мочь — смочь** глаголами **сметь — посметь, уметь — суметь, успевать — успеть** или конструкцией **кому (не) удалось**.

1. Можно было подумать, что детский бал для родителей был предлогом сойтись и поговорить. 2. Можно было видеть, что этот человек был гостем почётным. 3. Я не мог находиться в присутствии такого важного лица и вышел из зала. 4. Дети никак не хотели походить на больших, они вмиг смогли разобрать ёлку до последней конфетки, а также смогли переломать половину игрушек. 5. О богатом приданом девочки гости не могли говорить громко, об этом только шептались. 6. Я не мог не удивиться мудрости хозяев при раздаче подарков. 7. Сыну гувернантки очень хотелось поиграть с другими детьми, но он не мог. 8. Мальчик мог сделать всё, чтобы только его не отогнали от театра. 9. Какой-то озорник побил его, но ребёнок не мог заплакать. 10. Я сидел в гостиной за цветами, и Юлиан Мастакович не мог меня видеть. 11. Минуту назад этот господин разговаривал с отцом девочки, а теперь уже смог посчитать, какой будет эта сумма через пять лет. 12. Юлиан Мастакович не смог скрыть своё волнение, он не мог стоять на месте. 13. Мальчик смотрел на господина и не мог сказать ни слова. 14. Юлиан Мастакович хотел поцеловать девочку ещё раз, но не смог — мальчик схватил её за руку. 15. Я вышел из гостиной сразу после этого господина и смог уви-

деть странную сцену. 16. От страха мальчик не мог вылезти из-под стола. 17. Господин был толстоват и не мог наклониться под стол. 18. В тот момент вошёл хозяин, но Юлиан Мастакович смог быстро поднести платок к носу. 19. В церкви было много народа, но я смог пробраться и увидеть жениха. 20. В женихе я смог узнать Юлиана Мастаковича, а в красавице-невесте — ту самую девочку. 21. Пять лет назад этот господин всё смог рассчитать очень точно.

3. Дополните предложения отрицательными местоимениями и наречиями.

1. На балу всех гостей подводили к одному важному лицу, а его самого … не подводили. 2. Важный господин сказал хозяину, что он … не проводил время таким приятным образом. 3. Они вмиг разобрали ёлку, не оставив на ней … конфетки. 4. Девочку с богатым приданым как-то обидели дети, и она ушла в гостиную, потому что … не хотела играть. 5. С рыжим мальчиком … не хотел играть. 6. В зал вошла гувернантка и велела своему сыну … не мешать. 7. Юлиан Мастакович огляделся, увидел, что рядом … не было, и подошёл к девочке. 8. Мальчик и девочка смотрели на важного господина во все глаза и … не понимали. 9. Важный господин был толстоват и … не мог наклониться под стол. 10. Вошедший в гостиную хозяин увидел странную картину, но … не понял. 11. В ответ на просьбу хозяина Юлиан Мастакович сказал, что … не может помочь мальчику. 12. Он посмотрел на смеющегося человека и сделал вид, что … не произошло.

4. Дополните предложения неопределёнными местоимениями и наречиями.

1. Я ушёл в … гостиную, которая была пуста. 2. Дети … обидели хорошенькую девочку. 3. … из гостей говорил о богатом приданом девочки и указывал на … богатого человека — её отца. 4. Важный господин … особенно внимательно прислушивался к этим разговорам. 5. Все дети получили … подарки. 6. Рыжий мальчик тоже получил подарок, … книжку без картинок. 7. Мальчик заигрывал с другими детьми и отдал своё яблоко … толстому мальчишке. 8. … озорник побил рыжего мальчика. 9. Важный господин долго разговаривал о … с папенькой девочки. 10. Юлиан Мастакович стоял в гостиной и рассчитывал … на пальцах. 11. Он был очень взволнован: или расчёт подействовал на него, или … другое. 12. Он хотел подойти к девочке, но сначала огляделся, нет ли … рядом. 13. Он хотел про-

гнать мальчика, но в это время ... зашумел в дверях. 14. Автор вышел вслед за Юлианом Мастаковичем и мальчиком в столовую и увидел ... странную картину. 15. Мальчик хотел ... убежать, но не мог. 16. Хозяин вошёл в столовую и увидел, что там происходит ... странное. 17. Хозяин просил Юлиана Мастаковича ... помочь бедному мальчику. 18. Юлиан Мастакович ... спросил хозяина об авторе. 19. Спустя пять лет, когда автор однажды проходил мимо церкви, он услышал, как все говорили о ... свадьбе. 20. В церкви автор увидел жениха, это был ... маленький, толстый человек. 21. Когда привезли невесту, автору показалось, что он уже ... видел её.

5. Найдите в предложениях приставочные глаголы или образованные от них слова. Объясните, какое значение придают слову приставки, приставки с суффиксом или постфикс.

1. Я заметил, что после слов важного господина у хозяина заискрилась слеза. 2. Полюбовавшись на детей, я ушёл в гостиную. 3. Дети вмиг разобрали ёлку и успели переломать половину игрушек. 4. Для девочки уже отложили триста тысяч на приданое. 5. Юлиан Мастакович внимательно прислушивался к словам господ, разговаривающих о приданом. 6. Бедному мальчику так хотелось поиграть богатыми игрушками, что он решился поподличать. 7. Он заигрывал с другими детьми и даже решился повозить одного из них на себе, но какой-то озорник сильно побил его. 8. Автор сидел за цветами и уже задремал, прислушиваясь к разговору мальчика и красавицы. 9. Господин окончил расчёты, хотел выйти, но взглянул на девочку и остановился. 10. «А что вы тут делаете?» — спросил он девочку и огляделся. 11. Девочка и мальчик схватились друг за друга, им не хотелось расставаться. 12. Мальчик посмотрел на девочку и заплакал от сочувствия к ней, а Юлиан Мастакович рассердился. 13. Разволновавшись, господин стал выгонять перепуганного и присмиревшего ребёнка из-под стола. 14. Нахохотавшись, я вернулся в зал, где Юлиан Мастакович рассыпался в похвалах перед матерью девочки. 15. Жених был маленький, толстый человек, сильно разукрашенный. 16. Взглянув на жениха, я вдруг узнал в нём Юлиана Мастаковича, которого не видел пять лет.

6. Дополните предложения, указывая цель действия. Используйте слова и словосочетания из скобок с союзом **чтобы** или с предлогами **для, за, на, ради.**

1. (*детский бал*) Накануне Нового года меня пригласили ... .
2. (*встретиться и поговорить*) Родители организовали детский

праздник ... . 3. (*рекомендация*) К важному господину подводили всех гостей ... . 4. (*заняться своей куклой*) Девочка ушла в гостиную ... . 5. (*приданое*) Отец девочки отложил триста тысяч ... . 6. (*интересные игрушки*) Мальчик решился поподличать ... . 7. (*прогнать мальчика*) Юлиан Мастакович старался, краснел и пыхтел ... . 8. (*обратиться с просьбой*) Хозяин воспользовался ситуацией ... .

7. Дополните предложения, указывая причину действия. Используйте слова и словосочетания из скобок с союзом **потому что** или с предлогами **благодаря, из, из-за, от, с.**

1. (*своё положение*) Юлиан Мастакович был почётным гостем на балу ... . 2. (*радость*) Когда важный господин похвалил бал, у хозяина на глазах ... заискрились слёзы. 3. (*любопытство*) Я люблю наблюдать за детьми ... . 4. (*богатый отец*) Девочка получила самую дорогую куклу ... . 5. (*бедная одежда, бледность, забитость*) Мальчик выделялся среди других детей ... . 6. (*осторожность*) Прежде чем подойти к девочке, Юлиан Мастакович ... огляделся. 7. (*свои расчёты*) Он очень разволновался ... . 8. (*испуг*) Девочка вскрикнула ... . 9. (*сочувствие к девочке*) Мальчик заплакал ... . 10. (*страх*) Мальчик залез под стол ... . 11. (*полнота*) Юлиан Мастакович не мог наклониться под стол ... . 12. (*злость*) Он был весь красный ... . 13. (*негодование*) Он краснел, пыхтел ... . 14. (*ревность*) Он выгнал мальчика ... . 15. (*восторг*) Мать девочки слушала похвалы важного господина со слезами ... . 16. (*слёзы*) Глаза невесты были красны ... . 17. (*богатое приданое*) Юная красавица стала несчастной ... .

8. Объясните, при каком условии могло бы произойти следующее.

1. Автор не ушёл бы из зала в гостиную, если бы ... . 2. Важный господин не обратил бы внимания на хорошенькую девочку, если бы ... . 3. Рыжий мальчик мог бы получить богатый подарок, если бы ... . 4. Мальчик не стал бы заигрывать с детьми и подличать, если бы ... . 5. Богатая девочка и бедный мальчик могли бы и дальше играть вместе, если бы ... . 6. Юлиан Мастакович смог бы залезть под стол и прогнать мальчика, если бы ... . 7. Важный господин, может быть, помог бы мальчику, если бы ... . 8. Свадьба не удивила бы автора, если бы ... .

9. Объедините два простых предложения в одно сложное, используя нужный союз или союзное слово.

1. Взрослые организовали детский праздник. Они хотели сойтись и поговорить. 2. Один господин был почётным гостем на балу. Он принимал участие в семейном счастье хозяина и его пятерых мальчиков. 3. Один из гостей был важным лицом. Хозяева подводили к нему всех гостей для рекомендации. 4. У хозяина заискрились глаза от радости. Важный господин сказал, что очень приятно проводит время на его балу. 5. Автору стало страшно в присутствии такого важного господина. Он полюбовался на детей и ушёл в гостиную. 6. Он ушёл в маленькую гостиную. Гостиная была пуста. 7. Дети вмиг переломали половину игрушек. Гувернантки просили их быть похожими на больших. 8. Девочку обидели. Она ушла в гостиную. Я сидел в этой гостиной за цветами. 9. За девочкой было уже отложено богатое приданое. Об этом шептались все гости. 10. Автор обратил внимание на Юлиана Мастаковича. Он особенно внимательно прислушивался к этому шёпоту. 11. Девочка получила самую дорогую куклу. Уже имела триста тысяч приданого. 12. Я удивился мудрости хозяев при распределении подарков. Все дети получили подарки в зависимости от рангов родителей. 13. Мальчику было лет десять. Он уже хорошо понимал своё положение. 14. Мальчику очень хотелось поиграть дорогими игрушками. Он не смел. 15. Автор очень любил наблюдать за детьми. Чрезвычайно любопытно их первое самостоятельное проявление. 16. Он подарил своё яблоко какому-то мальчишке. У этого мальчишки и без того уже был целый платок гостинцев. 17. Мальчика побил какой-то озорник. Он не решился заплакать. 18. Мальчик пошёл в гостиную. Там сидела девочка со своей куклой. 19. Автор вышел из гостиной в столовую. Он увидел странную картину. 20. Господин был немного толстоват. Это мешало ему залезть под стол и выгнать мальчика. 21. Автор вернулся в зал. Там Юлиан Мастакович рассыпался в похвалах перед маменькой девочки. 22. Через пять лет автор увидел свадьбу. Она его поразила.

Г

1. Ответьте на вопросы.

1. Какую свадьбу увидел автор, когда однажды проходил мимо церкви? 2. Что за праздник был в доме знакомых автора пять лет назад? 3. Что вы узнали о девочке, похожей на амурчика? 4. Что вы узнали о рыжем мальчике? 5. Что произошло между детьми после

раздачи подарков? 6. Какими подсчётами и почему занимался во время праздника Юлиан Мастакович? 7. Какие действия предпринял Юлиан Мастакович, когда закончил свои подсчёты? 8. Что произошло между рыжим мальчиком и Юлианом Мастаковичем в гостиной и в столовой? 9. Как повёл себя Юлиан Мастакович, когда выяснилось, что они с мальчиком не одни в столовой? 10. Как вёл себя автор в продолжение праздника? 11. Как повлияло на планы Юлиана Мастаковича то, что автор во всё горло хохотал над его поведением?

2. Проследите, как при описании сцены в гостиной меняется обращение Юлиана Мастаковича к мальчику. Объясните, какие изменения в настроении героя отражают эти формы обращения.

— А ты бы, душенька, пошёл в зал...

— А ты бы пошёл, мальчик, в зал к другим детям...

— Пошёл, пошёл отсюда, пошёл!.. пошёл туда к своим ровесникам...

— Пошёл, негодник, пошёл, сопливый, пошёл к своим ровесникам...

3. Людей, не принадлежавших к высшему сословию, небогатых, представителей высшего общества презрительно называли «кухаркины дети». На примере сына гувернантки объясните, каково было положение этих людей в обществе.

4. Сюжет «неравный брак» был чрезвычайно популярен во времена Достоевского. Он разрабатывался многими писателями и художниками. Возможно, вы знакомы с картиной художника В.В. Пукирева «Неравный брак», драмой А.Н. Островского «Бесприданница». Традиционно эта тема решалась так: бедность — причина бесправия женщины. Объясните, в чём своеобразие в решении этой темы у Достоевского.

5. Расскажите, есть ли подобные сюжеты в произведениях вашей культуры. Как они решаются?

6. Как вы думаете, к какому читателю обращается в этом рассказе Достоевский? Аргументируйте своё мнение.

Урок 19

1. Уточните по словарю значение следующих глаголов. Составьте с ними словосочетания.

Жертвовать, завидовать, заниматься, мешать, ненавидеть, отбирать, отдавать, покидать, презирать, принадлежать, разводиться, толкать, утверждать, чувствовать.

2. Назовите существительные одного корня с данными глаголами.

Жертвовать, завидовать, ненавидеть, разводиться, чувствовать.

3. Прочитайте рассказ. Приготовьтесь выполнить тест, который проверяет, правильно ли вы поняли содержание рассказа.

Моя «Она»
(По рассказу А. Чехова)

Она, как утверждают мои родители и начальники, родилась раньше меня. Правы они или нет, я не знаю. Но я не помню ни одного дня в моей жизни, когда бы я не принадлежал ей и не чувствовал над собой её власти. Она не покидает меня день и ночь, и я тоже не имею желания убежать от неё; связь наша крепкая и прочная...

Но не завидуйте! Эта трогательная связь не приносит мне ничего, кроме несчастий. Во-первых, моя «она» не отходит от меня день и ночь, не даёт мне заниматься делом. Она мешает мне читать, писать, гулять, наслаждаться природой... Я пишу, а она толкает меня под локоть. Во-вторых, она забирает все мои деньги. За её привязанность я пожертвовал всем: карьерой, славой, комфортом... Из-за неё я хожу голодным и плохо одетым, живу в дешёвой гостинице. Всё, всё съедает она, ненасытная! Я ненавижу её, презираю... Давно бы пора развестись с ней, но не развёлся я не потому, что московские адвокаты берут за развод четыре тысячи... Детей у нас пока нет... Хотите знать её имя? Пожалуйста... Оно поэтично и напоминает Лилю, Лелю, Нелли...

Её зовут *Лень*.

1. Выполните тест. Выберите вариант правильного (в соответствии с содержанием текста) продолжения предложения.

Тест

1. Автор ... .
   а) с детства был знаком с «ней»
   б) недавно познакомился с «ней»
   в) принадлежал «ей» всю жизнь
2. Их связь ... .
   а) крепка и неразрывна
   б) случайна
   в) непродолжительна
3. Связь с «ней» приносит автору ... .
   а) радость
   б) одни неприятности
   в) деньги
4. «Она» ... .
   а) постоянно с автором
   б) приходит к нему иногда
   в) живёт отдельно
5. «Она» ... .
   а) иногда помогает автору в работе
   б) мешает автору, но помогает другим
   в) препятствует автору во всём
6. За связь с «ней» автор пожертвовал ... .
   а) карьерой и славой
   б) жизнью
   в) своим имуществом
7. Автор ... .
   а) любит «её», но хочет развестись
   б) ненавидит «её», но не хочет разводиться
   в) презирает «её», но не может развестись

2. Пользуясь выполненным тестом, кратко воспроизведите содержание рассказа.

В

1. Передайте содержание предложений, заменяя выделенные части близкими по значению выражениями из рассказа.

1. Мои родители и начальники *говорят*, что она родилась раньше меня. 2. К сожалению, они *говорят правду*. 3. Она *не уходит* от меня никогда. 4. *Я полностью в её власти.* 5. Она *мешает* мне, когда я пишу.

2. Дополните предложения

а) словами и словосочетаниями из скобок в нужной форме:

1. (*я, наша любовь*) Не надо завидовать … . 2. (*я, мои деньги*) Она отбирает … … . 3. (*она, карьера, комфорт, всё*) Я пожертвовал … … . 4. (*она*) Я ненавижу … , но не могу развестись.

б) вспоминая содержание рассказа:

1. Она мешает мне … . 2. Из-за неё я … .

3. Возразите данным утверждениям, используя отрицательные конструкции.

1. Я могу прожить без неё несколько дней. 2. Она иногда покидает меня. 3. Я часто занимаюсь делами. 4. Эта связь приносит мне счастье. 5. Мне все завидуют.

4. Дополните предложения, используя прилагательные в полной или краткой форме.

Д л я   с п р а в о к: красивый, крепкий, нежный, постоянный, поэтичный, прочный, стабильный, счастливый, трудный, ужасный.

1. Наша связь … .   4. У неё … имя.
2. Наша любовь … .   5. У нас … связь.
3. Моя жизнь … .   6. У нас … любовь.
                        7. У меня … жизнь.

1. Скажите, как вы понимаете следующие высказывания.

1. Она съедает все мои деньги и время. 2. Я хожу голодный и плохо одетый.

2. Расскажите, как автор описывает свои отношения с «нею».

3. Скажите:

1) как осложняет вашу жизнь «она»; 2) чего бы вы достигли, если бы не лень.

Урок 20

A

1. Уточните по словарю значение прилагательных.

Болтливый, вежливый, снисходительный, сострадательный, суетный, уступчивый, фальшивый, чистосердечный.

2. Составьте предложения с данными выше прилагательными по образцу:

1. Он ... человек. 2. Он всегда ... . — 1. Он *вежливый* человек. 2. Он всегда *вежлив.*

3. Прочитайте рассказ. Приготовьтесь выполнить тест, который проверяет, правильно ли вы поняли содержание рассказа.

Что такое воспитанный человек
(Из письма А. Чехова брату Николаю)

Воспитанные люди уважают человеческую личность, а потому всегда снисходительны, мягки, вежливы, уступчивы. Они прощают и шум, и холод, и остроты, и присутствие в их жилье посторонних. Они сострадательны не к одним только нищим и кошкам.

Они чистосердечны и боятся лжи. Не лгут они даже в пустяках. Они не рисуются и держат себя на улице так же, как дома, не пускают пыль в глаза. Они не болтливы и не откровенничают, когда их не просят. Они не уничижают себя, чтобы вызвать в других сочувствие, чтобы в ответ им вздыхали и нянчились с ними.

Воспитанные люди не суетны. Их не привлекают такие фальшивые бриллианты, как знакомства со знаменитостями.

Они воспитывают в себе эстетику. Они брезгливы. Они не могут уснуть в одежде, им трудно в грязной и душной квартире.

Они уважают чужую собственность и платят долги.

Если они имеют талант, то уважают его. Они жертвуют для него покоем, женщинами, вином, суетой.

Таковы воспитанные. Чтобы воспитать себя, нужны беспрерывный дневной и ночной труд, вечное чтение, самообразование, воля. Тут дорог каждый час.

В человеке всё должно быть прекрасно: и лицо, и одежда, и душа, и мысли.

1. Выполните тест. Выберите вариант правильного (в соответствии с содержанием текста) продолжения предложения.

Тест

1. Воспитанные люди уважают людей, и потому они всегда … .
   - а) болтливы
   - б) вежливы
   - в) суетны

2. Воспитанные люди прощают шум, потому что они … .
   - а) терпеливы
   - б) чистосердечны
   - в) фальшивы

3. Воспитанные люди жалеют не только кошек и собак, они … .
   - а) сострадательны
   - б) брезгливы
   - в) уступчивы

4. Они никогда не лгут: они … .
   - а) уступчивы
   - б) чистосердечны
   - в) сострадательны

5. Они не пускают пыль в глаза и ведут себя дома, как на улице: они … .
   - а) вежливы
   - б) сострадательны
   - в) порядочны

6. Воспитанные люди не стремятся к знакомству со знаменитыми людьми, потому что они … .
   - а) суровы
   - б) не суетны
   - в) аккуратны

7. Они не могут спать в одежде в грязной и душной комнате: они … .
   - а) брезгливы
   - б) суровы
   - в) снисходительны

8. Они платят свои долги, потому что они … .
   - а) вежливы
   - б) суетны
   - в) порядочны

9. Если у них есть талант, они ... .
   а) берегут его
   б) жертвуют ради него покоем и суетой
   в) работают
10. Чтобы стать воспитанным человеком, нужно ... .
    а) заниматься, читать
    б) иметь деньги
    в) иметь свободное время

2. Пользуясь выполненным тестом, кратко воспроизведите содержание рассказа.

В

1. Дополните предложения прилагательными в полной или краткой форме.

Д л я с п р а в о к: болтливый, вежливый, порядочный, снисходительный, сострадательный, суетный, суровый, уступчивый, фальшивый, чистосердечный.

1. Мой друг часто мешает мне заниматься, так как он очень ... . Трудно заниматься рядом с ... человеком. 2. Человека, который очень старается везде успеть и много получить, сильно суетится, называют ... . Воспитанные люди не ... . 3. Добрые люди обычно ... и ... . 4. Есть люди, которые весьма ... к животным, но очень ... к людям. 5. Человека, который в жизни как будто играет роль, обманывая других, называют ... . 6. Мне нравятся ... и ... люди. Приятно иметь дело с ... людьми.

2. Скажите, каких людей мы называем воспитанными, используя данные глаголы в отрицательных конструкциях.

О б р а з е ц: Воспитанный человек *никого* не унижает. Воспитанный человек *ни перед кем* не унижается.

Ссориться, обижать, обижаться, унижать, унижаться, жаловаться, лгать, пускать пыль в глаза, откровенничать, осуждать.

3. Скажите, как ведут себя воспитанные люди, используя данные глаголы.

Уважать, уступать, бояться, сочувствовать.

Г

1. Ответьте на вопросы.

1. Как можно стать воспитанным человеком? 2. Каким, по словам А. Чехова, должен быть результат воспитания?

Урок 21

А

1. Поясните, что празднуют в **Рождество, Крещение**, в **Новый год**. Знаете ли вы, что такое **сочельник** (по одной из версий, это слово происходит от слова **сочень** — лепёшка на конопляном масле), **святки**?

2. Скажите, какой общий корень имеют выделенные слова. Определите значение этих слов. Вспомните, что слово **вещий** значит «говорящий о будущем», «знающий будущее».

   1. Жемчуг *предвещает* несчастье. 2. Жемчуг считают *зловещим* подарком. 3. Отец приехал *навестить* дочь.

3. Уточните по словарю значение слов **барыня, горничная, негодяй, пройда (пройдоха), сквалыжник**. Используйте эти слова в следующих пояснениях.

   Подлый, низкий человек — это ... ; скупой, жадный человек — это ... ; служанка в богатом доме — это ... ; хитрый, ловкий человек — это ... ; хозяйка богатого дома — ... .

4. Прочитайте рассказ. Приготовьтесь выполнить тест, который проверяет, правильно ли вы поняли содержание рассказа.

Жемчужное ожерелье

(По рассказу Н. Лескова)

I

Я расскажу вам происшествие самое истиннейшее, и притом о лицах мне очень дорогих и близких. Дело касается моего родного брата, который хорошо служит и пользуется вполне им заслуженною доброю репутациею.

Назад тому три года брат приехал ко мне на святки из провинции, где он тогда служил, и точно его какая муха укусила — приступил ко мне и к моей жене с просьбою: «Жените меня».

Мы сначала думали, что он шутит, но он серьёзно: «Жените! Спасите меня от невыносимой скуки одиночества! Хочу иметь свой очаг, хочу сидеть вечером с дорогою женою у своей лампы. Жените!»

— Ну, — говорим, — всё это прекрасно, женись, но ведь надобно же время.

А он отвечает:

— Времени довольно: две недели святок венчаться нельзя, — вы меня в это время сосватайте, а на Крещение вечерком мы обвенчаемся и уедем.

— Э, — говорю, — да ты, должно быть, немножко с ума сошёл от скуки. Мне с тобой дурачиться некогда, я сейчас в суд на службу иду, а ты вот тут оставайся с моей женою и фантазируй.

Возвращаюсь к обеду домой.

Жена говорит мне:

— У нас была Машенька Васильева, посидели за чаем, и брат говорит: «Вот прекрасная девушка! Что ещё выбирать — жените меня на ней!»

Я отвечаю жене:

— Теперь я вижу, что брат в самом деле одурел.

— А ты что же имеешь против Машеньки? Она девушка ясного ума, благородного характера и прекрасного и верного сердца. Притом и он ей очень понравился.

— Как! — воскликнул я, — так ты уж и с её стороны успела заручиться признанием?

— Признание, — отвечает, — не признание, а разве это не видно?

— Вы, — говорю, — все очень противные свахи: вам бы только кого-нибудь женить, а там что из этого выйдет — это вас не касается. Побойся последствий твоего легкомыслия.

— А я ничего, — говорит, — не боюсь, потому что я их обоих знаю, и знаю, что брат твой — прекрасный человек и Маша — премилая девушка. Они будут счастливы!

— Очень рад! Только не мешает, — говорю, — моему братцу и тебе знать, что отец Машеньки всем известный сквалыжник. Машенька действительно превосходная девушка, а отец её, выдавая замуж двух старших её сестёр, обоих зятьёв обманул и ничего не дал — и Маше ничего не даст.

— Он её больше всех любит.

— Всех обманет! Да ему и не обмануть нельзя — он на том стоит, и состоянию своему, говорят, тем начало положил, что деньги в большой рост под залоги давал. У такого-то человека вы захотели любви и великодушия доискаться. А я вам скажу, что первые его два зятя оба сами пройды, и если он их надул и они теперь во вражде с ним, то уж моего братца, который с детства страдал деликатностию, он и подавно оставит на бобах.

— То есть как это — на бобах?

— Да разве ты не знаешь, что такое значит «оставить на бобах»? Ничего не даст Машеньке.

— Я, — говорит, — никогда не думала, что по-твоему — получить путную жену, хотя бы и без приданого, — это называется «остаться на бобах».

Знаете милую женскую привычку и логику...

II

Чёрт знает что за сцена! И это после четырёх лет самой счастливой супружеской жизни!..

Спрашиваю горничную:

— Где же барыня?

— А они, — отвечает, — уехали с вашим братцем к Марьи Николаевны отцу.

«Какова! — думаю. — Пусть он их надует — и брата и мою жену. Пусть она обожжётся на первом уроке, как людей сватать!»

Мне было некогда. Дело заняло нас на суде так, что домой я являлся только поесть и выспаться.

А дома у меня дела не ждали, и когда я под самый сочельник явился под свой кров, довольный тем, что освободился от судебных занятий, меня пригласили осмотреть дары жениха невесте.

А жена говорит:

— Переодевайся скорее и поедем к Машеньке: мы сегодня у них встречаем Рождество, и ты должен принести ей и брату своё поздравление.

III

Не успели мы оглянуться, как уже налетел и канун Нового года. Встретили мы Новый год опять у Машенькиных родных. Одно было не в порядке. Машенькин отец о приданом молчал, но зато сделал дочери престранный и, как потом я понял, зловещий подарок. Он сам надел на неё при всех за ужином богатое жемчужное ожерелье... Мы, мужчины, взглянув на эту вещь, даже подумали очень хорошо.

Жемчуг крупный и чрезвычайно живой. Ожерелье сделано в старом вкусе. Прекрасный, ценный дар совсем затмевал дары моего брата. Мы, грубые мужчины, все находили отцовский подарок Машеньке прекрасным.

Но у женщин ведь на всё свои точки зрения, и Машенька, получив ожерелье, заплакала, а жена моя не выдержала и сделала Николаю Ивановичу выговор, который он по праву родства выслушал: жемчуг предвещает *слёзы*, а потому жемчуг для новогодних подарков не употребляется.

Николай Иванович отшутился.

— Это, — говорит, — пустые предрассудки. Жемчуг жемчугу рознь. Ты, дитя моё, не плачь и выбрось из головы, что мой жемчуг приносит слёзы. Это не такой. Я тебе на другой день после свадьбы открою тайну этого жемчуга, и ты увидишь, что тебе никаких предрассудков бояться нечего...

Так это и успокоилось, и брата с Машенькой после Крещенья перевенчали, а на следующий день мы с женою поехали навестить молодых.

IV

Мы застали их в необыкновенно весёлом расположении духа.

Мне это напомнило старый роман, где новобрачный сошёл с ума от счастья, и я это брату заметил, а брат подаёт нам открытое письмо, и в письме читаем следующее:

«Предрассудок насчёт жемчуга ничем вам угрожать не может: этот жемчуг *фальшивый*».

Жена моя так и села.

— Вот, — говорит, — негодяй!

— Ты неправа: старик поступил очень честно. Я прочёл это письмо и рассмеялся... Что же мне тут печального? Я ведь приданого не искал и не просил, я искал жену, стало быть мне никакого огорчения в том нет, что жемчуг не настоящий, а фальшивый. Пусть это ожерелье стоит не тридцать тысяч, а просто триста рублей, — не всё ли равно для меня, лишь бы жена моя была счастлива... Как это сообщить Маше? Над этим я задумался и не заметил, что дверь забыл запереть. Через несколько минут вижу, что у меня за спиной стоит тесть.

Я вскочил, обнял его и говорю:

«Вот это мило! Мы должны были к вам через час ехать, а вы сами... Это против всех обычаев... мило и дорого».

«Ну что, — отвечает, — за счёты! Мы свои. Я был в церкви, помолился за вас и вот просвиру вам привёз. А ты письмо моё получил?»

«Как же, — говорю, — получил».

И я рассмеялся.

Он смотрит.

«Чего же, — говорит, — ты смеёшься?»

«Это очень забавно. И вас только буду об одном просить... Позвольте не говорить об этом Маше».

«Ты не хочешь её огорчить?»

«Да — это между прочим».

«А ещё что?»

«А ещё то, что я не хочу, чтобы в её сердце хоть что-нибудь шевельнулось против отца».

«Против отца?»

«Да».

«Ну, теперь ей главное — муж...»

«Никогда, — говорю, — сердце не заезжий двор: в нём тесно не бывает. К отцу одна любовь, к мужу — другая, и кроме того... муж, который желает быть счастлив, обязан заботиться, чтобы он мог уважать свою жену, а для этого он должен беречь её любовь и почтение к родителям».

«Ага! Вот ты какой практик!»

И стал молча пальцами по табуретке барабанить, а потом встал и говорит:

«Я, любезный зять, наживал состояние своими трудами, но очень разными средствами. С высокой точки зрения они, может быть, не все похвальны, но такое моё время было, да и я не умел наживать иначе. В людей я не очень верю, и про любовь только в романах слыхал, как читают, а на деле я видел, что все денег хотят. Двум зятьям я денег не дал, а вышло верно: они на меня злы и жён своих ко мне не пускают. Не знаю, кто из нас благороднее — они или я? Я денег им не даю, а они живые сердца портят. А я им денег не дам, а вот тебе возьму да и дам! Да!»

Брат показал нам три билета по пятидесяти тысяч рублей.

— Неужели, — говорю, — всё это твоей жене?

— Нет, — отвечает, — он Маше дал пятьдесят тысяч, а я ему говорю:

«Знаете, Николай Иванович, Маше будет неловко, что она получит от вас приданое, а сёстры её — нет... Это вызовет у сестёр к ней зависть и неприязнь... Нет, оставьте у себя эти деньги и... когда благоприятный случай примирит вас с другими дочерьми, тогда вы дадите *всем* поровну. И вот тогда это принесёт всем нам радость... А одним нам ... *не надо*!»

Тесть крикнул:

«Марья!»

Маша вышла.

«Поздравляю, — говорит, — тебя. Ты себе хорошего мужа выбрала!»

«Я, папа, не выбирала. Мне его Бог дал».

«Хорошо, хорошо. Бог дал, а я *придам*: я тебе хочу прибавить счастья. — Вот три билета, все равные. Один тебе, а два твоим сёстрам. Раздай им сама — скажи, что ты *даришь*...»

«Папа! Я так счастлива... за сестёр!»

«То-то и есть... И я счастлив!.. Теперь можешь видеть, что нечего тебе было бояться жемчужного ожерелья. Я пришёл тебе тайну открыть: подаренный мною тебе *жемчуг — фальшивый*, меня им давно сердечный приятель надул, — да ведь какой, — не простой, а из Рюриковичей и Гедиминовичей. А вот у тебя муж простой души, да *истинной*: такого надуть невозможно — душа не стерпит!»

1. **Выполните тест. Выберите вариант правильного (в соответствии с содержанием текста) продолжения предложения.**

Тест

1. Брат приехал к автору ... .
   - а) на Пасху
   - б) на Масленицу
   - в) на святки
2. Брат хотел ... .
   - а) немного развлечься в городе
   - б) жениться
   - в) встретиться с друзьями
3. Брат планировал жениться через ... .
   - а) год
   - б) две недели
   - в) три года
4. Брат полюбил Машу ... .
   - а) после нескольких дней знакомства
   - б) впервые в жизни
   - в) с первой встречи
5. Маше ... .
   - а) брат не понравился
   - б) тоже понравился брат
   - в) хотелось поскорей выйти замуж
6. Жена автора была уверена, что брат и Маша ... .
   - а) будут счастливы
   - б) будут несчастны
   - в) не подходят друг другу

7. Автор считал поведение брата ... .
   а) разумным
   б) деликатным
   в) легкомысленным
8. Автор беспокоился, ...
   а) потому что его жена принимала участие в сватовстве брата
   б) что отец Маши не даст ей приданого
   в) потому что брат не спрашивал у него совета
9. Автор считал отца Маши человеком ... .
   а) великодушным, любящим дочь
   б) непорядочным, очень жадным
   в) благородным
10. Отец Маши подарил ей жемчужное ожерелье, которое понравилось ... .
    а) всем
    б) только мужчинам
    в) женщинам
11. Ожерелье было сделано ... .
    а) из прекрасного крупного жемчуга
    б) из изящного мелкого жемчуга
    в) в современном вкусе
12. Получив ожерелье, Маша ... .
    а) обрадовалась
    б) сделала отцу выговор
    в) расплакалась
13. Женщины расстроились, потому что жемчуг, по их мнению, предвещает ... .
    а) дальнюю дорогу
    б) слёзы
    в) скорую разлуку
14. Отец Маши сказал, что ... .
    а) он верит предрассудкам
    б) после свадьбы он привезёт ей другой подарок
    в) ей нечего бояться
15. После свадьбы брат получил письмо, в котором тесть писал, что ... .
    а) он даёт им приданое
    б) жемчуг фальшивый
    в) жемчуг надо вернуть

16. Прочитав письмо, брат ... .
    а) очень расстроился и обиделся
    б) очень смеялся, но решил ничего не говорить жене
    в) обрадовался и рассказал всё жене

17. Брат просил Николая Ивановича не говорить Маше правду, так как ... .
    а) боялся, что она расстроится
    б) думал, что она будет ругаться
    в) опасался, что она может обидеться на отца

18. Брат сказал, что муж ... .
    а) должен уважать родителей жены
    б) должен поддерживать добрые чувства жены к родителям
    в) должен быть счастлив

19. Николай Иванович удивился словам мужа Маши, потому что ... .
    а) не верил в людей
    б) всегда всему удивлялся
    в) считал зятьёв хорошими людьми

20. Николай Иванович пообещал денег ... .
    а) только мужу младшей дочери
    б) всем зятьям
    в) мужьям старших дочерей

21. Услышав предложение Николая Ивановича, муж Маши ... .
    а) сразу согласился
    б) категорически отказался от денег
    в) спросил, сколько денег он получит

22. Муж Маши считал, что, если приданое получит только Маша, ...
    а) её сёстры будут рады за неё
    б) это будет справедливо
    в) это не принесёт ей радости

23. Муж Маши сказал, что ... .
    а) все сёстры должны получить приданое поровну
    б) Маша должна получить большое приданое, потому что отец любит её больше других дочерей
    в) Николай Иванович уже помирился со старшими дочерьми

24. Николай Иванович ... .
    а) сам раздал дочерям деньги
    б) отдал все деньги Маше, чтобы она подарила их сёстрам
    в) отдал деньги мужу Маши, чтобы он справедливо разделил их

25. Маша сказала, что она счастлива, потому что … .
   а) она получила большое приданое
   б) она получила сто пятьдесят тысяч рублей
   в) её сёстры наконец получили приданое
26. Николай Иванович был доволен тем, что … .
   а) младшая дочь выбрала себе хорошего мужа
   б) все дочери вышли замуж
   в) все его зятья — хорошие люди
27. Жемчужное ожерелье … .
   а) никак не повлияло на Машину жизнь
   б) принесло Маше несчастье
   в) принесло радость в Машину семью

2. Пользуясь выполненным тестом, кратко воспроизведите содержание рассказа.

В

1. Найдите в тексте рассказа, как называют главную героиню. Чем отличаются имена **Маша, Машенька, Марья, Марья Николаевна**? Как (когда) они употребляются?

2. Установите взаимоотношения героев рассказа, дополнив предложения нужными словами.

   Д л я   с п р а в о к: дитя, жена, зять, молодые, невеста, новобрачные, сваха, супруги, тесть.

   Машенька в начале рассказа — … , а в конце — … . Отец Маши для её мужа — … . Муж Маши для её отца — … . Маша и её жених во время венчания — … , а потом — … . Отец Маши называл её «… моё». Жена рассказчика в этой истории выступила как … .

3. Дополните предложения следующими словами и словосочетаниями в нужной форме: **выдать замуж** *кого за кого*, **выйти замуж** *за кого*, **дать приданое** *кому*, **получить приданое** *от кого*, **женить** *кого на ком*, **жениться** *на ком*, **обвенчаться**, **сосватать** *кого с кем*.

   Брат хотел, чтобы во время святок его … с какой-нибудь девушкой. Он планировал … на Крещение. Познакомившись с Машенькой, брат решил … на ней. «Сваха» очень старалась … его на Машеньке. Отец Маши уже … двух дочерей, но он им не … . Николаю Ивановичу понравился человек, за которого … Маша. Благодаря Маше с мужем её сестры тоже … от отца.

4. Определите значение приставок **пре-** и **при-** в выделенных словах.

1. Маша — *превосходная, премилая* девушка. 2. Отец сделал Маше *престранный* подарок. 3. Отец сказал Маше, что хочет *придать, прибавить* ей счастья.

5. Определите значение выделенных слов.

Д л я   с п р а в о к: бесхитростный, открытый; легко понятный, не сложный, не трудный; обыкновенный; принадлежащий к непривилегированной группе людей.

1. Брат поставил перед родственниками *простую* задачу: женить его. 2. У брата было *простое* желание: иметь свою семью. 3. Зять — человек *простой* души. 4. Горничная была *простая* девушка.

6. Скажите, как вы понимаете выделенные слова и выражения.

Д л я   с п р а в о к: аристократ; богатство; высокие моральные принципы; гостиница; давать (*что*) в долг под большие проценты; дворянин; деньги; дом; домой; капитал; место, где постоянно меняются люди; метод; настоящий; некрасивый; неприятный; ничего не дать; обмануть; обыкновенный; отличаться (*от чего*); получить согласие; появиться; приходить; странно вести себя; уважение; хороший; честный; чувство.

1. Брата *точно какая муха укусила*. 2. Брат говорил: «Хочу иметь свой *очаг*». 3. «Сваха» *заручилась признанием* невесты. 4. Отец Маши давал деньги *в большой рост*. 5. Тесть *надул* зятьёв, *оставил их на бобах*: не дал приданого дочерям. 6. Брат нашёл себе *путную* жену. 7. *Чёрт знает что за* история! 8. Под свой *кров* я *являлся* только поесть и поспать. 9. Жемчуг жемчугу *рознь*. 10. Брат не хотел, чтобы в сердце Маши что-нибудь *шевельнулось* против отца. 11. Сердце не *заезжий двор*. 12. В душе каждого человека должно быть *почтение* к родителям. 13. Тесть наживал *состояние* не всегда *похвальными средствами*. 14. Если бы приданое получила только Маша, сёстры могли бы чувствовать к ней *неприязнь*. 15. Приятель отца был *не простой* человек, а из *Рюриковичей* и *Гедиминовичей*. 16. Брат — человек *истинной* души.

7. Ответьте на вопросы, указывая место действия. Используйте слова и словосочетания из скобок в нужной форме.

1. (*провинция*) Откуда приехал брат? 2. (*суд*) Где служил рассказчик? 3. (*отец Марии Николаевны*) Куда ездили брат и жена рассказчика? 4. (*Машенька*) Где герои рассказа были на Рождество? 5. (*Машенькины родные*) Где они встретили Новый год? 6. (*церковь*) Откуда Николай Иванович приехал к молодым? 7. (*Николай Иванович, их отец*) Куда зятья не пускают своих жён?

8. Ответьте на вопросы, указывая время действия. Используйте слова и словосочетания из скобок в нужной форме.

1. (*две недели*) На сколько времени к рассказчику приехал брат? 2. (*чай*) Когда брат познакомился с Машенькой? 3. (*четыре года*) Сколько времени был женат рассказчик к моменту женитьбы своего брата? 4. (*сочельник*) Когда рассказчик освободился от своих судебных занятий? 5. (*ужин*) Когда отец подарил Маше ожерелье? 6. (*Крещение*) Когда брат обвенчался с Машенькой? 7. (*свадьба*) Когда отец открыл Маше тайну жемчуга?

9. Дополните предложения, указывая причину действия. Используйте слова и словосочетания для справок с предлогами **благодаря, за, из-за, от**.

Д л я   с п р а в о к: брат, его странный подарок, его судебные занятия, женитьба брата, испуг, одиночество, помощь «свахи», приданое, скука, счастье, фальшивый жемчуг.

1. В провинции можно одуреть ... . 2. Рассказчик и его жена поссорились ... . 3. Рассказчик поздно приходил домой ... . 4. «Сваха» рассердилась на Николая Ивановича ... . 5. Машенька заплакала ... . 6. Маша и брат поженились ... . 7. Новобрачный сошёл с ума ... . 8. Брат не огорчился ... . 9. Тесть и зятья враждовали ... . 10. ... отец помирился с дочерьми и зятьями.

10. Ответьте на вопросы отрицательно.

1. Какое участие принимал рассказчик в женитьбе своего брата? 2. О чём рассказчик говорил с братом до Рождества? 3. К кому ездил в гости рассказчик перед Рождеством? 4. Чего боялась жена рассказчика? 5. Кому верил отец Маши? 6. Во что он верил? 7. Какое приданое отец Маши дал старшим дочерям? 8. Мог ли чем-нибудь угрожать Маше фальшивый жемчуг?

11. Передайте содержание предложений, используя модели типа **Мне (было/будет) не о чем с ним говорить.** Обращайте внимание на управление глаголов, данных в скобках.

1. У меня не было свободного времени. 2. Маше не нужно ничего бояться. 3. (плакать *о чём*) Отец был уверен, что Маша не должна плакать. 4. (печалиться *о чём*) У мужа Маши не было причин для печали. 5. (смеяться *над чем/чему*) По мнению тестя, зять не должен был смеяться, получив его письмо. 6. (завидовать *кому/чему*) Сёстры не будут завидовать Маше: у всех одинаковое приданое.

12. Передайте содержание предложений, заменяя один из глаголов деепричастием.

1. Брат поговорил с Машенькой за чаем и решил на ней жениться. 2. «Сваха» хорошо знала брата и Машу и была уверена, что они будут счастливы. 3. Когда отец выдавал замуж старших дочерей, он не дал им приданое. 4. Мужчины взглянули на жемчужное ожерелье и решили, что это прекрасный подарок. 5. Машенька заплакала, потому что получила в подарок жемчужное ожерелье.

13. Дополните предложения глаголами из скобок в нужной форме.

1. (*приезжать — приехать*) Однажды брат ... в столицу на святки. Перед праздником у меня было много работы, я ... домой только поспать. Когда я ... домой под сочельник, мне сказали, что брат женится. 2. (*обманывать — обмануть*) Николай Иванович всю жизнь всех ... . И нового зятя, деликатного человека, он обязательно должен был ... . 3. (*делать — сделать*) Женихи обычно ... невестам подарки. Отец ... дочери богатый подарок. Увидев жемчуг, «сваха» не могла не ... выговор Николаю Ивановичу. 4. (*приносить — принести*) Считают, что жемчуг ... слёзы. Отцовский подарок ... всем счастье. 5. (*поступать — поступить*) Тесть в своих делах не всегда ... честно. Зять считал, что тесть, сказав о фальшивом жемчуге, ... честно. 6. (*выбирать — выбрать*) Маша — прекрасная девушка, зачем ещё ... , нужно жениться. Маша ... хорошего мужа. Маша считала, что она не ... себе мужа, а его ей дал Бог.

14. Дополните предложения прилагательными из скобок (полными или краткими) в нужной форме.

1. (*прекрасный*) Брат твой — ... человек. Вот ... девушка! Мужчины считали отцовский подарок дочери ... . Всё это ... . 2. (*милый*) Маша — ... девушка. Вы знаете эту ... женскую логику! Это ... , что

вы сами к нам приехали. 3. (*известный*) Отец Маши — всем ... сквалыжник. Женская логика всем ... . Брат ... своей деликатностью.
Высокие чувства мне не ... . Мой приятель — ... человек. 4. (*счастливый*) Новобрачные были ... . Брат хотел, чтобы его жена была ... .
Маша была ... за сестёр. У нашей истории ... конец. 5. (*злой*) Зятья
не получили приданого, поэтому они были ... на тестя. Если бы Маша
получила приданое, а её сёстры — нет, это могло бы вызвать у её
сестёр ... чувства. 6. (*довольный*) Я пришёл домой ... . Маша не была
... отцовским подарком. Если сёстры получат одинаковое приданое,
все будут ... . Тесть, ... реакцией зятя, решил дать ему денег.

15. Дополните предложения формами императива от глаголов, данных в
скобках.

1. (*женить, спасти*) Брат просил: « ... меня! ... меня от одиночества!» 2. (*жениться*) Родные отвечали: «Прекрасно! ... ! Но нужно
время». 3. (*сосватать*) Брат настаивал: «Я буду здесь две недели.
За это время ... меня». 4. (*оставаться, фантазировать*) Рассказчик
посоветовал брату: « ... дома и ... !» 5. (*подумать*) Рассказчик предупредил жену: « ... о последствиях своего легкомыслия». 6. (*пере-
одеваться*) Жена торопила мужа: « ... скорее!» 7. (*плакать, выбро-
сить*) Николай Иванович успокаивал дочь: «Дитя моё, не ... и ... из
головы все предрассудки». 8. (*разрешить*) Зять попросил тестя:
«... не говорить Маше о том, что жемчуг фальшивый». 9. (*оставить,
дать*) Зять сказал тестю: « ... у себя эти деньги. Когда помиритесь с
дочерьми, ... всем поровну». 10. (*раздать, сказать*) Отец сказал
Маше: « ... деньги сёстрам. ... , что ты даришь».

1. Расскажите, какое ожерелье подарил Машеньке отец. Почему оно
затмевало подарки жениха?

2. Расскажите, о чём говорили а) рассказчик и его жена, б) тесть и зять,
в) отец и дочь (передайте прямую речь косвенной).

3. Что можно узнать из рассказа о Машеньке? Какие характеристики
дают ей другие персонажи рассказа? Что говорят об её уме, характере, сердце? Сколько реплик в рассказе принадлежит Машеньке? Какие? Как они её характеризуют?

4. Что вы узнали о Машенькином отце? Каковы его жизненные принципы? Как он относится к людям? Разбирается ли он в людях? Какие у

него приятели? Как вы думаете, обижен ли он на своего «сердечного» приятеля?

5. Заслуженно ли брат рассказчика «пользуется доброю репутациею»? Подтвердите своё мнение примерами из текста рассказа.

6. Сравните характеры и жизненные позиции братьев. Подумайте, как они относятся к людям (в частности, к женщинам, к жёнам), к службе, как рассказчик оценивает своего брата.

7. Что вы узнали о жене рассказчика? Что вы думаете об этой женщине?

8. Рассказ «Жемчужное ожерелье» считают святочным рассказом. Н. Лесков так говорил о произведении этого жанра: «От святочного рассказа непременно требуется, чтобы он был приурочен к событиям святочного вечера — от Рождества до Крещения, чтобы он был сколько-нибудь фантастичен, имел какую-нибудь мораль и чтобы он оканчивался непременно весело». В святочной истории должно быть показано «такое событие из современной жизни русского общества, где отразился бы и век и современный человек, и между тем всё бы это отвечало форме и программе святочного рассказа, то есть было бы и слегка фантастично, и искореняло бы какой-нибудь предрассудок, и имело бы не грустное, а весёлое окончание». Вместе с тем «святочный рассказ, находясь во всех его рамках, всё-таки может видоизменяться и представлять любопытное разнообразие, отражая в себе и своё время и нравы».

Как вы думаете, «Жемчужное ожерелье» отвечает требованиям святочного рассказа? Есть ли здесь «мораль»? Какой предрассудок (или предрассудки) здесь «искореняются»? Как в этом рассказе отражается время и нравы XIX века? Аргументируйте свой ответ.

Урок 22

A

1. Познакомьтесь со следующими фактами. Они помогут вам точнее понять содержание рассказа.

1. Николай I (1796—1855) — император России с 1825 г. 2. Александр II (1818—1881) — император России с 1855 г. 3. В России в 1497—1861 гг. юридически существовало так называемое крепостное право — форма зависимости крестьян от помещиков (феодалов). В редких случаях помещик мог освободить крестьянина: дать «вольную». 4. «Книга Иова» — часть Библии (Ветхий Завет).

2. Уточните по словарю значение следующих слов. Укажите среди них а) имеющие отношение к портрету человека, б) называющие женщину, в) отрицательно характеризующие человека, г) называющие животных, д) называющие растения, е) называющие русский дом и его части, ж) называющие одежду и её части.

Баба, бобр, бровь, вдова, воротник, горница, господин, изба, крыльцо, кучер, липа, лошадь, лужа, мот, мундир, негодяй, оспа, платок, подбородок, подкова, подлец, самолюбие, сени (сенцы), слеза, совесть, сударь, тарантас, усы, цыган, шинель, шиповник, щи.

3. Скажите, какие прилагательные имеют такой же корень, как выделенные слова.

1. Изба *белела* мелом. 2. Старик *покраснел* сквозь *седину*. 3. Хозяйка всё *богатеет*.

4. Прочитайте рассказ. Приготовьтесь выполнить тест, который проверяет, правильно ли вы поняли содержание рассказа.

Тёмные аллеи
(По рассказу И. Бунина)

В холодное осеннее ненастье, на одной из больших тульских дорог, залитой дождями, к длинной избе, в одной части которой была казённая почтовая станция, а в другой — частная горница, где можно было отдохнуть или переночевать, пообедать или спросить самовар, подкатил закиданный грязью тарантас. В тарантасе сидел стройный старик-военный в николаевской серой шинели с бобровым воротником, ещё чернобровый, но с белыми усами; подбородок у него был пробрит и вся наружность имела то сходство с Александром II, которое столь распространено было среди военных в пору его царствования; взгляд был тоже вопрошающий, строгий и вместе с тем усталый.

Когда лошади стали, он взбежал на крыльцо избы.

— Налево, ваше превосходительство, — грубо крикнул кучер, и он, слегка нагнувшись от своего высокого роста, вошёл в сенцы, потом в горницу налево.

В горнице было тепло, сухо и опрятно: новый золотистый образ в левом углу, под ним покрытый чистой скатертью стол, за столом чисто вымытые лавки; кухонная печь, занимавшая дальний правый угол, ново белела мелом; сладко пахло щами.

Приезжий сбросил на лавку шинель и оказался ещё стройнее в одном мундире, красивое лицо с тёмными глазами хранило кое-где мелкие следы оспы. В горнице никого не было, и он неприязненно крикнул:

— Эй, кто там!

Тотчас в горницу вошла тёмноволосая, тоже чернобровая и тоже ещё красивая не по возрасту женщина, похожая на пожилую цыганку, лёгкая на ходу, но полная.

— Добро пожаловать, ваше превосходительство, — сказала она. — Покушать изволите или самовар прикажете?

Приезжий мельком взглянул на неё и отрывисто, невнимательно ответил:

— Самовар. Хозяйка тут или служишь?

— Хозяйка, ваше превосходительство.

— Сама, значит, держишь?

— Так точно. Сама.

— Что ж так? Вдова, что ли, что сама ведёшь дело?

— Не вдова, ваше превосходительство, а надо же чем-нибудь жить. И хозяйствовать я люблю.

— Так, так. Это хорошо. И как чисто, приятно у тебя.

Женщина всё время пытливо смотрела на него.

— И чистоту люблю, — ответила она. — Ведь при господах выросла, как не уметь прилично себя держать, Николай Алексеевич.

Он быстро выпрямился, раскрыл глаза и покраснел:

— Надежда! Ты? — сказал он торопливо.

— Я, Николай Алексеевич, — ответила она.

— Боже мой, Боже мой! — сказал он, садясь на лавку и в упор

глядя на неё. — Кто бы мог подумать! Сколько лет мы не видались? Лет тридцать пять?

— Тридцать, Николай Алексеевич. Мне сейчас сорок восемь, а вам под шестьдесят, думаю?

— Вроде этого... Боже мой, как странно!

— Что странно, сударь?

— Но всё, всё... Как ты не понимаешь?

Усталость и рассеянность его исчезли, он встал и решительно заходил по горнице, глядя в пол. Потом остановился и, краснея сквозь седину, стал говорить:

— Ничего не знаю о тебе с тех самых пор. Как ты сюда попала? Почему не осталась при господах?

— Мне господа вскоре после вас вольную дали.

— А где жила потом?

— Долго рассказывать, сударь.

— Замужем не была?

— Нет, не была.

— Почему? При такой красоте, которую ты имела?

— Не могла я этого сделать.

— Отчего не могла? Что ты хочешь сказать?

— Что ж тут объяснять. Небось помните, как я вас любила.

Он покраснел до слёз и, нахмурясь, опять зашагал.

— Всё проходит, мой друг, — забормотал он. — Любовь, молодость — всё, всё. История пошлая, обыкновенная. С годами всё проходит. Как это сказано в книге Иова? «Как о воде протекшей будешь вспоминать».

— Что кому Бог даёт, Николай Алексеевич. Молодость у всякого проходит, а любовь — другое дело.

Он поднял голову и, остановясь, болезненно усмехнулся:

— Ведь не могла же ты любить меня весь век!

— Значит, могла. Сколько ни проходило времени, всё одним жила. Знала, что давно вас нет прежнего, что для вас словно ничего и не было, а вот... Поздно теперь укорять, а ведь, правда, очень бессердечно вы меня бросили, — сколько раз я хотела руки на себя наложить от обиды одной, уж не говоря обо всём прочем. Ведь было время, Николай Алексеевич, когда я вас Николенькой звала, а вы меня — помните как? И всё стихи мне изволили читать про всякие «тёмные аллеи», — прибавила она с недоброй улыбкой.

— Ах, как хороша ты была! — сказал он, качая головой. — Как прекрасна! Помнишь, на тебя все заглядывались?

— Помню, сударь. Были и вы отменно хороши. И ведь это вам отдала я свою красоту. Как же можно такое забыть.

— А! Всё проходит. Всё забывается.

— Всё проходит, да не всё забывается.

— Уходи, — сказал он, отворачиваясь и подходя к окну. — Уходи, пожалуйста.

И, вынув платок и прижав его к глазам, скороговоркой прибавил:

— Лишь бы Бог меня простил. А ты, видно, простила.

Она подошла к двери и приостановилась:

— Нет, Николай Алексеевич, не простила. Раз разговор коснулся наших чувств, скажу прямо: простить я вас никогда не могла. Как не было у меня ничего дороже вас на свете в ту пору, так и потом не было. Оттого-то и простить мне вас нельзя. Ну да что вспоминать, мёртвых с погоста не носят.

— Да, да, не к чему, прикажи подавать лошадей, — ответил он, отходя от окна уже со строгим лицом. — Одно тебе скажу: никогда я не был счастлив в жизни, не думай, пожалуйста. Извини, что, может быть, задеваю твоё самолюбие, но скажу откровенно, — жену я без памяти любил. А изменила, бросила меня ещё оскорбительней, чем я тебя. Сына обожал, — пока рос, каких только надежд на него не возлагал! А вышел негодяй, мот, наглец, без сердца, без чести, без совести... Впрочем, всё это тоже самая обыкновенная, пошлая история. Будь здорова, милый друг. Думаю, что и я потерял в тебе самое дорогое, что имел в жизни.

Она подошла и поцеловала у него руку, он поцеловал у неё.

— Прикажи подавать...

Когда поехали дальше, он хмуро думал: «Да, как прелестна была! Волшебно прекрасна!» Со стыдом вспоминал свои последние слова и то, что поцеловал у ней руку, и тотчас стыдился своего стыда. «Разве неправда, что она дала мне лучшие минуты жизни?»

К закату проглянуло бледное солнце. Кучер тоже что-то думал. Наконец сказал с серьёзной грубостью:

— А она, ваше превосходительство, всё глядела, как мы уезжали. Верно, давно изволите знать её?

— Давно, Клим.

— Баба — ума палата. И всё, говорят, богатеет. Деньги в рост даёт.

— Это ничего не значит.

— Как не значит! Кому же не хочется получше пожить! Если с совестью давать, худого мало. И она, говорят, справедлива на это. Но крута! Не отдал вовремя — пеняй на себя.

— Да, да, пеняй на себя... Погоняй, пожалуйста, как бы не опоздать нам к поезду...

Низкое солнце жёлто светило на пустые поля, лошади ровно шлёпали по лужам. Он глядел на мелькавшие подковы, сдвинув чёрные брови, и думал:

«Да, пеняй на себя. Да, конечно, лучшие минуты. И не лучшие, а истинно волшебные! «Кругом шиповник алый цвёл, стояли тёмных лип аллеи...» Но, Боже мой, что же было бы дальше? Что, если бы я не бросил её? Какой вздор! Эта самая Надежда не содержательница постоялой горницы, а моя жена, хозяйка моего петербургского дома, мать моих детей?»

И, закрывая глаза, качал головой.

1.- Выполните тест. Выберите вариант правильного (в соответствии с содержанием текста) продолжения предложения.

Тест

1. Действие рассказа происходит ... .
   а) в конце двадцатого века
   б) в конце девятнадцатого века
   в) в начале двадцатого века

2. Герои рассказа встретились ... .
   а) под Москвой
   б) недалеко от Петербурга
   в) недалеко от Тулы

3. Герои рассказа ... .
   а) до этой встречи не были знакомы
   б) когда-то были влюблены друг в друга
   в) когда-то были женаты

4. Николай Алексеевич и Надежда не виделись ... .
   а) 35 лет
   б) 30 лет
   в) 48 лет

5. Когда-то ... .
   а) Николай Алексеевич и Надежда решили расстаться
   б) Николай Алексеевич бросил Надежду
   в) Надежда ушла от Николая Алексеевича

6. Надежда когда-то была … .
   а) крепостной
   б) цыганкой
   в) хозяйкой петербургского дома
7. После романа с Николаем Алексеевичем Надежда … .
   а) вышла замуж
   б) вышла замуж, а потом овдовела
   в) никогда не была замужем
8. Теперь Надежда … .
   а) была хозяйкой небольшой гостиницы
   б) работала на почтовой станции
   в) служила в гостинице
9. У Надежды есть деньги … .
   а) и она даёт их взаймы под проценты
   б) она когда-то получила их от своих господ
   в) их дал ей Николай Алексеевич
10. Николай Алексеевич был … .
    а) счастлив в семейной жизни
    б) несчастлив в семейной жизни
    в) вдовцом
11. Николай Алексеевич … .
    а) всегда любил и помнил Надежду
    б) хотел, чтобы Надежда стала его женой
    в) вспоминал волшебные минуты, которые он провёл с Надеждой
12. Николай Алексеевич думает, что … .
    а) с годами всё проходит
    б) всё проходит, но не всё можно забыть
    в) молодость проходит, а любовь — нет
13. Николай Алексеевич уверен, что … .
    а) Надежда могла бы быть его женой
    б) у их с Надеждой отношений не было будущего
    в) разрыв с Надеждой был ошибкой
14. Надежда считает … .
    а) поступок Николая Алексеевича естественным
    б) поступок Николая Алексеевича бессердечным
    в) их с Николаем Алексеевичем отношения обыкновенной историей
15. Надежда … .
    а) всю жизнь не может забыть Николая Алексеевича
    б) с трудом вспомнила Николая Алексеевича
    в) не хочет вспоминать Николая Алексеевича

16. Надежда ... .
а) давно простила Николая Алексеевича
б) никогда не сможет простить Николая Алексеевича
в) всё может простить

2. Пользуясь выполненным тестом, кратко воспроизведите содержание рассказа.

В

1. Скажите, какой общий корень имеют выделенные слова. Уточните их значение по словарю.

1. *Стояла* холодная осень. В избе была *постоялая* горница. Николай Алексеевич *остановился* у окна. 2. Николай Алексеевич и Надежда встретились в *хмурый* осенний день. Он слушал её и *хмурился*. 3. Разговор с хозяйкой проезжий начал *неприязненно*. В горнице было тепло и *приятно*. 4. Женщина была красива не по *возрасту*. Военный был высокого *роста*. Надежда *выросла* в господском доме. Она даёт деньги *в рост*. 5. Хозяйка спросила: «Покушать *изволите?*» Господа дали Надежде *вольную*. Надежда напомнила Николаю Алексеевичу: «Всё стихи мне *изволили* читать». 6. Приезжий *мельком* посмотрел на хозяйку. Старик смотрел на *мелькавшие* подковы лошадей. 7. Надежда умеет себя прилично *держать* в обществе. Надежда — *содержательница* постоялой горницы. Она сама *держит* частную горницу. 8. Приезжий *спрашивал*, а хозяйка отвечала. Он задавал *вопрос* за вопросом. У приезжего был *вопрошающий* взгляд. 9. Надежда *прямо* сказала, что никогда не простит Николая Алексеевича. Услышав своё имя, приезжий *выпрямился*. 10. Перед *закатом* появилось солнце. К почтовой станции *подкатил* тарантас.

2. Определите значение приставок **за-, при-** в выделенных словах.

1. Военный встал и *заходил* по комнате. 2. На тебя все *заглядывались*. 3. Слова приезжего *задели* её самолюбие. 4. Старик *забормотал*, что всё проходит. 5. Солнце *закатилось*, и стало темно. 6. Дожди *залили* дорогу. 7. *Приезжий* вошёл в горницу. 8. Надежда *приостановилась* у двери. 9. Надежда говорила о своих чувствах, а потом *прибавила*, что помнит стихи, которые читал ей Николай Алексеевич. 10. Николай Алексеевич *прижал* платок к глазам.

3. Ответьте на вопросы, используя слова, антонимичные выделенным.

1. У военного были *светлые* брови? 2. У него был *добрый* взгляд? 3. На его лице были *крупные* следы оспы? 4. Он говорил *скороговоркой*? 5. Хозяйка была *светловолосой*? 6. Она была похожа на *молодую* цыганку? 7. Женщина была *худая*? 8. Почтовая станция была *частная*? 9. Горница была *государственная*? 10. В горнице было *холодно* и *грязно*? 11. В горнице была *старинная* икона?

4. Ответьте на вопросы, используя наречия **бессердечно, болезненно, грубо, мельком, неприязненно, откровенно, отрывисто, пытливо, решительно, торопливо, хмуро.**

1. Как разговаривал кучер? 2. Как приезжий начал разговор с хозяйкой? 3. Как он вначале посмотрел на неё? 4. Как смотрела женщина на приезжего? 5. Как Николай Алексеевич шагал по горнице? 6. Как Николай Алексеевич усмехнулся, услышав слова Надежды, что любовь не у каждого проходит? 7. Как бросил Николенька Надежду? 8. Как Николай Алексеевич рассказал Надежде о своей семье? 9. Как Николай Алексеевич смотрел на мелькавшие подковы лошадей?

5. Скажите, как вы понимаете выделенные слова и выражения.

Д л я   с п р а в о к: глупости; жаловаться; икона; кладбище; наверное; неоригинальный; но; обвинять; около *чего*; очень; плохой; прямо; суп из капусты; такой, какой был раньше; умный.

1. В горнице висел *образ*. 2. В горнице пахло *щами*. 3. Приезжий *в упор* смотрел на хозяйку. 4. Ему *под* шестьдесят. 5. *Небось* помните, как я вас любила. 6. История *пошлая*. 7. Давно нет вас *прежнего*. 8. Не буду вас *укорять*. 9. Девушка была *отменно* хороша. 10. Всё проходит, *да* не всё забывается. 11. Мёртвых с *погоста* не носят. 12. Баба — *ума палата*. 13. Надежда не делает ничего *худого*. 14. Если ты ошибся, не нужно *пенять* на других. 15. В голову приходит такой *вздор*!

6. Скажите, как вы понимаете следующие высказывания.

1. Кто бы мог подумать! 2. Всё помню. Как не помнить? 3. Как же можно забыть! 4. Как же можно простить! 5. Что вспоминать! 6. Каких только надежд я не возлагал на сына! 7. Ничего не значит,

что Надежда даёт деньги в рост. — Как не значит! 8. Кому не хочется лучше жить! 9. Поедем быстрее! Как бы нам не опоздать к поезду!

7. Дополните предложения глаголами из скобок в нужной форме. Уточните их значение по словарю.

1. (*глядеть, взглянуть, заглядываться, проглянуть*) Все ... на молодую красавицу. Приезжий мельком ... на хозяйку. Хозяйка ... , как уезжал Николай Алексеевич. К вечеру ... бледное солнце. 2. (*остановиться, приостановиться*) Надежда хотела выйти из горницы, но слова Николая Алексеевича заставили её ... . Тарантас ... у почтовой станции. 3. (*возлагать, наложить*) Отец ... на сына большие надежды. Надежда хотела ... на себя руки. 4. (*бросить, сбросить*) Надежда считает, что Николай Алексеевич ... её очень бессердечно. Приезжий ... на лавку шинель.

8. Ответьте на вопросы, используя слова и словосочетания из скобок в нужной форме.

1. (*постоялая горница*) Что содержала Надежда? 2. (*пожилая крестьянка*) На кого была похожа Надежда? 3. (*Надежда, хозяйка горницы*) Кому сорок восемь лет? 4. (*Николай Алексеевич, старик-военный, приезжий*) Кому под шестьдесят? 5. (*чувства бывших влюблённых*) Чего коснулся разговор? 6. (*любовь к Николеньке*) Чем всю жизнь жила Надежда? 7. (*бессердечность*) За что Надежда укоряла Николая Алексеевича? В чём, по мнению Надежды, был виноват Николай Алексеевич? 8. (*Надежда*) Кому читал стихи Николенька? 9. (*Николай Алексеевич*) Кому изменила жена? 10. (*сын*) Кого обожал Николай Алексеевич? 11. (*Николай Алексеевич, любимый человек, барин*) У кого поцеловала руку Надежда? 12. (*Надежда, любимая женщина, крепостная*) У кого поцеловал руку Николай Алексеевич? 13. (*его слова, его поступок*) Чего стыдился Николай Алексеевич?

9. Ответьте на вопросы, указывая время действия. Используйте слова и словосочетания из скобок в нужной форме.

1. (*Александр II; пора (время) его царствования*) Когда военные старались быть похожими на Александра II? 2. (*тридцать лет*) Сколько времени не встречались Николай Алексеевич и Надежда? На сколько времени они расстались? 3. (*время последней встречи*) Сколько

времени они ничего не знали друг о друге? 4. (*вся жизнь; минуты*) Как долго Надежда любила Николая Алексеевича? А он её?

10. Ответьте на вопросы, указывая место действия. Используйте слова и словосочетания из скобок в нужной форме.

1. (*большая тульская дорога*) Где стояла почтовая станция? 2. (*постоялая горница*) Где встретились Николай Алексеевич и Надежда? Куда зашёл Николай Алексеевич? 3. (*господа*) Где выросла Надежда? 4. (*окно*) Куда отошёл Николай Алексеевич, когда заплакал? 5. (*дверь*) Где заставили остановиться Надежду слова Николая Алексеевича? 6. (*Петербург*) Где живёт Николай Алексеевич? 7. (*поезд*) Куда он боялся опоздать?

11. Ответьте на вопросы, указывая причину действия. Используйте слова и словосочетания из скобок с предлогами **благодаря, за, из, из-за, от**.

1. (*нежелание жениться*) Почему Николай Алексеевич бросил Надежду? 2. (*обида, бессердечность Николеньки*) Почему Надежда хотела наложить на себя руки? 3. (*волшебные минуты*) Почему (за что) Николай Алексеевич был благодарен Надежде? 4. (*любопытство, желание узнать о её жизни*) Почему Николай Алексеевич задавал Надежде много вопросов? 5. (*стыд, неловкость*) Почему Николай Алексеевич постоянно краснел? 6. (*образ жизни сына, его характер*) Почему Николай Алексеевича был недоволен своим сыном? 7. (*своё дело*) Почему Надежда была богатым человеком?

12. Дополните предложения, давая характеристику действия. Используйте слова и словосочетания из скобок с предлогами **с** и **без**.

I. 1. (*желание отдохнуть*) Николай Алексеевич зашёл в горницу ... . 2. (*достоинство*) Хозяйка отвечала на вопросы приезжего ... . 3. (*любопытство*) Николай Алексеевич ... расспрашивал Надежду о её жизни. 4. (*недоверие*) Он ... слушал, как Надежда говорила о своей любви. 5. (*обида*) Надежда говорила о поступке Николеньки ... . 6. (*недобрая улыбка*) Надежда вспомнила стихи про «тёмные аллеи» ... . 7. (*стыд*) Николай Алексеевич вспоминал свои последние слова ... .

II. 1. (*интерес, внимание*) Приезжий слушал хозяйку ... . 2. (*память*) Николай Алексеевич сказал, что любил жену ... . 3. (*сердце, честь, совесть*) Сын — человек ... . 4. (*чувство вины*) Николай Алексеевич уезжал ... .

13. Скажите, что следующие утверждения не справедливы. Используйте конструкции со значением отрицания.

1. В горнице было много людей. 2. Надежда задала Николаю Алексеевичу много вопросов. 3. Надежда о многом спрашивала Николая Алексеевича. 4. Надежда обо всём рассказала Николаю Алексеевичу. 5. Николай Алексеевич считал себя во всём виноватым. 6. Николай Алексеевич верил в любовь на всю жизнь. 7. Николай Алексеевич всегда был счастлив. 8. Я всё помню. 9. Всё можно забыть. 10. Всё можно простить.

14. Дополните предложения, используя модели типа *Мне (было/будет) не о чем/некогда/незачем с ним говорить.*

1. Воспоминания ничего не изменят, поэтому вспоминать ... . 2. История обыкновенная, всё понятно, объяснять ... . 3. Надежда считала, что её жизнь не интересна Николаю Алексеевичу, поэтому рассказывать ... . 4. Николай Алексеевич себя ни за что не осуждал, ни в чём не винил, осуждать ему себя было ... и винить ... . 5. Николай Алексеевич подумал, что не нужно было целовать руку у Надежды, ему целовать её руку ... . 6. Теперь Николай Алексеевич никого не любил, любить ... . 7. Жизнь прошла несчастливо, в старости вспомнить ... .

15. Дополните предложения формами сравнительной степени прилагательных, данных в скобках.

1. (*дорогой*) У Надежды не было никого ... Николеньки. 2. (*сильный*) Надежда любила Николеньку ... , чем он её. 3. (*оскорбительный*) Николай Алексеевич считал, что жена бросила его ... , чем он Надежду. 4. (*низкий*) Николай Алексеевич считал женитьбу на крепостной ... своего достоинства. Когда Николай Алексеевич входил в дом, ему пришлось наклониться, потому что дверь была ... его роста. 5. (*хороший*) Всем хочется жить ... . 6. (*быстрый*) Николай Алексеевич попросил кучера ехать ... .

16. Дополните предложения нужными формами причастий, образовав их от глаголов из скобок.

1. (*залить*) На дороге, ... дождями, стояла почтовая станция. 2. (*закидать*) К станции подкатил ... грязью тарантас. 3. (*вопрошать*) У военного был ... взгляд. 4. (*покрыть*) В горнице стоял стол, ... чистой скатертью. 5. (*занимать*) Печь, ... дальний угол, была недавно побелена. 6. (*протечь*) «Как о воде ... будешь вспоминать». 7. (*мелькать*) Николай Алексеевич смотрел на ... подковы лошадей.

17. Дополните предложения формами императива от глаголов, данных в скобках.

1. (*уходить*) Николай Алексеевич сказал Надежде: « ... !» 2. (*быть*) Он пожелал ей: « ... здорова!» 3. (*приказать*) Военный попросил хозяйку: « ... подавать лошадей». 4. (*погонять*) Военный попросил кучера: « ... , пожалуйста». 5. (*пенять*) Не отдал вовремя деньги — ... на себя.

18. Передайте содержание предложений, заменяя один из глаголов деепричастием.

1. Приезжий нагнулся и вошёл в дом. 2. Когда Николай Алексеевич услышал своё имя, он покраснел. 3. Николай Алексеевич говорил и в упор глядел на Надежду. 4. Николай Алексеевич нахмурился и зашагал по горнице. 5. Николай Алексеевич ходил по горнице и глядел в пол. 6. Николай Алексеевич остановился, покраснел и начал задавать вопросы Надежде. 7. Николай Алексеевич вынул платок и прижал его к глазам. 8. Так как Николай Алексеевич заплакал, он отвернулся к окну. 9. Когда Николай Алексеевич отходил от окна, он уже не плакал.

19. Дополните предложения словами с частицами **кое-, -то**.

1. Николай Алексеевич и Надежда встретились ... под Тулой. 2. Николай Алексеевич ... ехал. 3. На его лице ... были мелкие следы оспы. 4. Хозяйка ... внимательно смотрела на приезжего. 5. Николай Алексеевич ... любил Надежду. 6. Николай Алексеевич и Надежда вспоминали ... стихи. 7. Николай Алексеевич рассказал ... Надежде о своей семье. 8. В дороге Николай Алексеевич и кучер не разговаривали, каждый ... думал.

20. Дополните предложения глаголами из скобок в нужной форме. Следите за видом глагола.

1. (*отдыхать — отдохнуть*) Николай Алексеевич не собирался долго ... . В частной горнице можно ... или переночевать. 2. (*звать — назвать*) Когда Надежда узнала Николая Алексеевича, она ... его по имени. Тридцать лет назад она ... его только Николенькой. 3. (*исчезать — исчезнуть*) Когда Николай Алексеевич узнал Надежду, его рассеянность ... . Настоящая любовь не может ... . 4. (*встречаться — встретиться*) Сколько лет мы не ... ? Когда Николай Алексеевич и Надежда ... , они сразу узнали друг друга. 5. (*объяснять —*

объяснить) Николай Алексеевич попросил Надежду ... , почему она не вышла замуж. «Что ж тут ... ?» — ответила Надежда. 6. (*прощать — простить*) Надежда никогда не могла ... Николая Алексеевича. Николай Алексеевич считал, что Надежда его ... . Не все обиды следует ... . 7. (*рассказывать — рассказать*) Николай Алексеевич в нескольких словах ... Надежде о своей жизни. Надежда ничего не стала ... ему. 8. (*вспоминать — вспомнить*) Николай Алексеевич начал ... свою жизнь. Он вдруг ... сына. Зачем ... прошлое?

21. Дополните предложения прилагательными из скобок (полными или краткими) в нужной форме.

1. (*хмурый*) ... осенним днём по дороге ехал тарантас. В нём сидел ... старик. Он был ... от невесёлых мыслей. 2. (*худой*) Женщина была не ... , а полная. Нет ничего ... в том, что человек хочет жить лучше.3. (*хороший*) Как ... ты была! У Надежды ... дело. 4. (*прекрасный*) Как волшебно ... была Надежда! Николай Алексеевич вспоминал ... минуты. 5. (*счастливый*) Николай Алексеевич сказал, что никогда не был ... в жизни. С Надеждой он провёл ... минуты. Они познакомились в ... пору молодости. 6. (*крутой*) У Надежды ... характер. Она ... с теми, кто не возвращает долг. 7. (*справедливый*) Надежда — ... человек. Она ... к должникам. 8. (*пустой*) Николай Алексеевич смотрел на ... поля. Его душа была ... . Он прожил ... жизнь.

22. Дополните предложения союзами **если; как; как ... , так и; пока; поэтому; сколько ни; хотя.**

1. Надежда выросла при господах, ... она умеет вести себя в обществе. 2. ... прошло много времени, Надежда всё равно любила Николеньку. 3. ... в молодости Надежда любила Николеньку, ... потом любила. 4. Николай Алексеевич не мог поверить в любовь Надежды, ... слушал её. 5. ... разговор идёт о чувствах, прямо скажу, что не могу вас простить. 6. ... сын рос, отец возлагал на него большие надежды. 7. Хозяйка смотрела, ... уезжал военный. 8. ... не отдал вовремя долг, пеняй на себя.

23. Объясните, что могло бы произойти при данном условии.

1. Если бы Николай Алексеевич не зашёл в постоялую горницу, ... 2. Если бы Николай Алексеевич и Надежда не встретились, ... 3. Если бы Николай Алексеевич сильно любил Надеж-

ду, ... 4. Если бы Николай Алексеевич не бросил Надежду, ...
5. Если бы Надежда не так сильно любила Николеньку, ... 6. Если
бы у Надежды был другой характер, ...

24. Опишите внешность героев, используя конструкции **человек какого роста/с какими глазами (бровями, волосами, усами), быть каким/в чём.**

25. Дополните текст глаголами движения.

Д л я с п р а в о к: бежать, взбежать, войти, ехать, заходить, носить, отойти, подойти, подъехать, поехать, пойти, пройти, проходить, уезжать, уйти.

Холодным осенним днём к почтовой станции ... тарантас. Приезжий ... на крыльцо и ... в горницу. Когда хозяйка назвала его по имени и он узнал её, он от волнения ... по горнице. Он повторял: «Боже мой! Всё ... !» Хозяйка же говорила, что настоящая любовь не может ... . Он попросил её ... . А сам ... к окну, чтобы она не видела его слёз. Она ... к двери, но остановилась и сказала: «Зачем вспоминать прошлое? Мёртвых с погоста не ... ». Он ... от окна, ... к ней и поцеловал её руку. Когда ... дальше, он думал об этой встрече. Кучер сказал ему, что хозяйка долго смотрела, как они ... . Он попросил кучера ... быстрее, и смотрел, как лошади ... по лужам.

1. Просмотрите текст рассказа и найдите формы обращения. Объясните, в каких случаях используются обращения **ваше превосходительство, сударь, друг мой, эй.** Почему Николай Алексеевич обращается к Надежде и к кучеру на **ты,** а они к нему — на **вы?**

2. Ответьте на вопросы.

1. Когда и где произошла эта встреча? 2. Кто такой Николай Алексеевич и кто такая Надежда? 3. Что нового узнали друг о друге Николай Алексеевич и Надежда? 4. Как вы думаете, Николай Алексеевич искренне говорил, что потерял в Надежде самое дорогое? 5. Что значило для каждого из них то, что они поцеловали друг у друга руку? 6. Поступил бы Николай Алексеевич по-другому, если бы он мог вернуться в свою молодость? 7. Почему он не видел никакой перспективы для их отношений?

3. Докажите примерами из текста рассказа, что Надежда — хорошая хозяйка. Опишите её горницу. Как вы думаете, могла бы Надежда справиться с ролью хозяйки богатого петербургского дома?

Для справок: аккуратный, вежливый, вкусно готовить, иметь средства, опрятный, предупредительный к гостям, трудолюбивый.

4. Что вы думаете о характере Надежды?

Для справок: не жаловаться, прямой, сдержанный, справедливый, умный.

5. Что вы думаете о характере Николая Алексеевича?

Для справок: барин, высокомерный, противоречивый, сентиментальный, строгий, требовательный.

6. Вспомните, что Николай Алексеевич рассказал о своём сыне. Сравните отца и сына. (У русских есть пословица «Яблочко от яблоньки недалеко падает».)

7. Автор называет Николая Алексеевича стариком, о Надежде говорит, что она «красива не по возрасту». Вы помните, сколько им лет? Изменились ли представления о возрасте за полтора века? Если изменились, то как и с чем это связано?

8. Можно сказать, что в жизни наших героев наступила осень. С чем они пришли к этому периоду своей жизни?

9. Николай Алексеевич считает, что с ними случилась «самая обыкновенная, пошлая история». Вы можете согласиться с этим утверждением?

10. Как вы думаете, Николай Алексеевич и Надежда — жертвы обстоятельств, социальных условностей или кузнецы своего счастья? Вспомните, как кончается рассказ. Что могут символизировать подковы и закрытые глаза Николая Алексеевича?

11. Почему, по вашему мнению, рассказ называется «Тёмные аллеи»?

12. Прочитайте стихотворение Н. Огарёва и скажите, какие его строки вспоминали герои рассказа И. Бунина.

Обыкновенная повесть

Была чудесная весна!
Они на берегу сидели —
Река была тиха, ясна,
Вставало солнце, птички пели;
Тянулся за рекою дол,
Спокойно, пышно зеленея;
Вблизи шиповник алый цвёл,
Стояла тёмных лип аллея.

Была чудесная весна!
Они на берегу сидели —
Во цвете лет была она,
Его усы едва чернели.
О, если б кто увидел их
Тогда, при утренней их встрече,
И лица б высмотрел у них
Или подслушал бы их речи —
Как был бы мил ему язык,
Язык любви первоначальной!
Он, верно б, сам на этот миг
Расцвёл на дне души печальной!..
Я в свете встретил их потом:
Она была женой другого,
Он был женат, и о былом
В помине не было ни слова.
На лицах виден был покой,
Их жизнь текла светло и ровно,
Они, встречаясь меж собой,
Могли смеяться хладнокровно...

А там, на берегу реки,
Где цвёл тогда шиповник алый,
Одни простые рыбаки
Ходили к лодке обветшалой
И пели песни — и темно
Осталось, для людей закрыто,
Что было там говорено
И сколько было позабыто.

13. Ответьте на вопросы.

1. О каком времени года идёт речь в стихотворении? А в рассказе? Какое сравнение можно провести между временем года и периодом в жизни человека? 2. Объясните, как вы понимаете строки: «Он, верно б, сам на этот миг Расцвёл на дне души печальной!» 3. Чем закончилась первая любовь у героев стихотворения? Что случилось с ними потом? 4. Как вы понимаете название стихотворения? 5. «Обыкновенная повесть» похожа на «обыкновенную историю» Николая Алексеевича и Надежды? Почему? 6. Какой диалог ведут «Тёмные аллеи» и «Обыкновенная повесть»?

Урок 23

1. Вспомните значение прилагательных **частный, собственный, личный.** Дополните предложения этими прилагательными в нужной форме.

Д л я с п р а в о к: 1) неофициальный, не связанный с общественной деятельностью; принадлежащий отдельному лицу, не государству; представляющий собой часть, деталь чего-либо целого; отдельный, нехарактерный, нетипичный; 2) принадлежащий кому-либо как собственность; свой; относящийся к определённому лицу; 3) принадлежащий данному лицу, касающийся только данного лица.

1. Учитель хотел рассказать о ... жизни Пушкина. 2. Тема лекции была очень ... . 3. История молодого учителя — это ... случай, обычно выпускники университетов являются хорошими специалистами. 4. Учитель жил в деревне в ... доме. 5. У учителя была ... книга о Пушкине. 6. Учитель говорил и не слышал ... голоса. 7. У учителя не было ... мнения ни по одному вопросу. 8. У каждого человека есть свои ... ошибки. 9. Писатель опубликовал ... воспоминания. 10. У каждого человека есть свои ... вещи. 11. Нельзя всё принимать на свой ... счёт. 12. Из рассказа мы ничего не узнали о ... жизни учителя.

2. Уточните значение выделенных слов.

Д л я с п р а в о к: I. 1) место для чтения лекций, 2) подразделение факультета (университета), 3) коллектив преподавателей. II. 1) отделить что-либо от чего-либо, 2) помешать чему-либо.

I. 1. На сцене справа от стола стояла *кафедра.* 2. Выпускник университета считал, что может заведовать *кафедрой* в педагогическом институте. 3. Когда студент защитил дипломную работу, *кафедра* поздравила его.

II. 1. Нужно было *оторвать* маленький клочок от листа бумаги и написать на нём план лекции. 2. Молодому учителю было так страшно, что он не мог *оторвать* руки от кафедры. 3. Чтобы подготовиться к лекции, аспирант *оторвал* время от диссертации.

3. Скажите, какой общий корень имеют выделенные слова. Уточните их значение по словарю.

I. 1. Наступило время *исповедей*. 2. Выпускнику университета не предлагают *заведовать* кафедрой. 3. Биография Пушкина хорошо *известна*.

II. 1. В книге была *закладка*. 2. Учитель думал, что его книга — *кладовая* его успеха. 3. Не стоит *откладывать* подготовку к лекции на последний день.

III. 1. В городе к первому человеку с университетским образованием относились с *благоговением*. 2. После лекции слушатели *поблагодарили* учителя.

IV. 1. В *честь* фронтовика часто раздавались аплодисменты. 2. В университете фронтовик пользовался *почётом*. 3. Молодой учитель думал, что он всеми любим и *почитаем*.

V. 1. Восхищение победившей армией фронтовик принял на свой личный *счёт*. 2. Выступления на торжественных вечерах шли фронтовику в *зачёт*.

4. Прочитайте рассказ. Приготовьтесь выполнить тест, который проверяет, правильно ли вы поняли содержание рассказа.

«Частная жизнь Александра Пушкина», или Именительный падеж в творчестве Лермонтова
(По рассказу Б. Окуджавы)

Это случилось давно.

Тогда я был молод, кудряв, легкомыслен и удачлив.

Как все в этом прекрасном возрасте, я совершал ошибки, и ошибок было много, но лишь теперь я осмеливаюсь в них признаться, ибо пролетели годы и наступило время исповедей.

Когда я вернулся с фронта и поступил в университет, меня приняли без экзаменов. Тихое восхищённое ура сопровождало меня по университетским коридорам. Стоило мне, например, заявить, что Гоголь — великий русский писатель, как тотчас раздавались аплодисменты в мою честь. В воздухе висело устойчивое мнение, что если молодой человек воевал, значит, он — почти уже филолог. На лекции я ходил редко: всё было как-то некогда. Меня не наказывали. На всех торжественных вечерах я выступал с воспоминаниями о том, как мы воевали, и это шло в зачёт. И главная беда заключалась не в том, что люди, исполненные радости победы, были чрезмерно снисходительны к маленькому представителю победившей армии, а в том, что всё это я принял на свой личный счёт. А как принял, так оно и пошло... Кое-как доучился, кое-как написал дипломную работу: что-то там такое насчёт Маяковского, на сорок страниц натянул, отделался общими фразами. Меня хвалили, поздравляли: несмотря на бывшее ранение, всё же написал, поработал... Наконец, с дипломом филолога в кармане и с университетским значком на груди, полный, как это говорится, всяческих радужных надежд, выехал я в небольшой областной город. И оказалось, на мою беду, что в этой области я первый человек с университетским образованием. На меня смотрели с интересом и даже с благоговением.

Я предполагал, что мне поручат по меньшей мере заведование кафедрой в маленьком пединституте этого городка. Но об этом не было ни слова. Вместо этого было сказано, что самое замечательное, если уважаемый филолог отправится в далёкую сельскую школу и поработает там учителем, неся свет в массы и приобщая местных учителей к большой университетской науке!

Тут я возмутился и заявил, что лишь в городе моё место, ибо мне... предстоит серьёзная работа над диссертацией, наполовину уже сделанной, которая без городской библиотеки невозможна... Тема диссертации? Именительный падеж в творчестве Лермонтова!

Должен вам сказать, что мысль о диссертации пришла мне в голову именно в этот трагический момент. Раньше я об этом почему-то не думал. Я посмотрел на моих собеседников с торжеством, но они не отказались от своего намерения.

Короче говоря, наконец прибыл я в ту самую школу.

Начались учебные дни. Учителя говорили мне: счастливчик вы! Это ж надо, какие знания, наверное. У вас и методы, наверное, совсем другие... Конечно, говорил я, университет всё-таки, а не что-нибудь. Готовили нас основательно... Вы и планы к урокам, говорили они, какие-нибудь особенные составляете, наверное... Да что вы, говорил я, улыбаясь, какие планы? Зачем это? Как же без планов, ахали они, разве без них можно? Чудаки, смеялся я, да неужели моих университетских знаний не хватит на какой-то там урок в каком-то там девятом классе? Стоило ли университет кончать?.. Правда, были и такие учителя, которые восторгов мне не выражали, а тихонько говорили меж собой: подумаешь, университет, университет... Кичлив больно...

И вот однажды (следите внимательно) подошёл ко мне кто-то, сейчас уже и не вспомню — кто, и предложил мне выступить с лекцией перед колхозниками. Я очень удивился, что ко мне подходят с такими пустяками, но тот просил так почтительно, что отказать было нельзя, тем более что лекция намечалась через месяц. Через месяц, сказал я, другое дело, а то сейчас я работаю над диссертацией и времени у меня нет, а через месяц, пожалуйста, хотя ума не приложу, что бы такое им рассказать, поймут ли... Да вы, сказал тот, как-нибудь попроще, конечно. Слушать будут, не сомневайтесь. У нас тут кино редко бывает, так что слушать будут, не сомневайтесь.

Маленький затор произошёл при выборе темы лекции (оказывается, её нужно было определить именно сейчас). Чёрт её знает, о чём читать, да и не читал я никогда никаких лекций. Но лицо моё было многозначительно...

А надо сказать, что перед отъездом кто-то подарил мне только что вышедшую книгу «Пушкин в воспоминаниях современников». Я её иногда почитывал. Там были всякие занимательные истории из жизни поэта. И вот, вспомнив об этой книге, я сказал, что буду читать, пожалуй, лекцию о Пушкине, о его жизни, и называться лекция будет: «Частная жизнь Александра Пушкина».

На том и расстались.

Шло время. Начались дожди. Потом дожди перемешались со снегом. Потом выпал снег и уже больше не растаял. Иногда на глаза мне попадалась эта проклятая книга «Пушкин в воспоминаниях современников», и едва уловимое желание перелистать её страницы овладевало мной, но лишь на одно мгновение. Наконец в один прекрасный день рука моей фортуны почтительно, как мне показалось, постучала в мою дверь, и я не смог уловить в том стуке дружеского предостережения.

Был ясный солнечный морозный день. У дома стояли колхозные сани. Возница был бородат и приветлив. Настроение у меня было превосходное. Не было ни страха, ни даже волнения. О мой дорогой университетский значок, соединение белого, синего и золотого! Как я любим и почитаем!

Лошадка бежала резво. Страха не было. Замечательная книга покоилась на моих коленях — источник вдохновения молодого учёного, кладовая успеха, славы... Страха не было.

После шестикилометрового морозного пути было приятно войти в тёплый колхозный клуб... Страха не было. На лавках сидели мои слушатели. Были старики и дети. Было много молодых людей. На сцене стоял длинный стол. Справа от стола — кафедра. За столом сидел председатель колхоза. О мой дорогой университетский... Страха не было.

— Ну вот, — сказал председатель, — сейчас наш дорогой учитель расскажет нам о частной жизни Александра Сергеевича Пушкина. Послушаем внимательно. Часика в полтора уложитесь?

— Кто его знает, — улыбнулся я, — во всяком случае, буду стараться.

— Да нет, — сказал он, — время у нас есть: сколько нужно, столько и рассказывайте, это я так...

— Ну, может, с полчасика лишнего прихвачу, — пошутил я. — Не взыщите...

Все заулыбались. Контакт был.

Я встал за кафедру. С одной стороны положил перед собой свои часы, с другой стороны — замечательную книгу «Пушкин в воспоминаниях современников». Страха не было.

— Пушкин — великий русский поэт! — воскликнул я легко, вдохновенно и страстно.

Все со мной были согласны. О мой дорогой универ ...

Я с ужасом даже сейчас вспоминаю эту минуту: страх охватил меня, страх, которого я не испытывал даже на фронте: о чём говорить дальше? Если бы передо мной лежал хотя бы маленький клочок бумаги и если бы на нём, пусть вкривь и вкось, неразборчиво, было бы написано то, что я вычитал когда-то из этой проклятой книги! Но передо мной была кафедра, и на ней лежала молчаливая книга. Я посмотрел на часы — прошло полторы минуты... Теряя сознание, я вспомнил самого лучшего нашего университетского профессора. Как легко он читал свои лекции! Как свободно держался! Его эрудиции хватило бы на десятерых лекторов. Он не замечал аудитории, слова лились, как стихи.

Я снова посмотрел на часы — прошло полторы минуты.

— Однажды, — сказал я, крепко держась рукой за кафедру, — молодой Пушкин... где-то на юге влюбился... кажется, в цыганку... Она была к нему равнодушна, и он, разозлившись, пробежал по жаре двадцать четыре километра... — слушали меня внимательно, — не метра, а километра...

Стояла тишина. Я вспомнил другого преподавателя университета. Читая лекцию, он вальяжно прогуливался перед нами.

— Двадцать четыре километра! — выкрикнул я. — Представляете?

Собравшиеся молчали. Я посмотрел на часы — прошло две минуты. Кто-то робко кашлянул... О, если бы он раскашлялся как следует и надолго! Бывает же такая форма кашля... Или, например, начал бы громко переговариваться с соседом... Тут бы я сказал председателю: «Ну, знаете... Я шесть километров ехал сюда по морозу! Вы думаете это мне нужно? От диссертации время оторвал...» И быстро-быстро сошёл бы со сцены и — в двери!

Но в клубе стояла тишина.

— Или, например, такой случай, — сказал я не своим голосом... «Какой случай? Какой случай?» — загудело в голове. Проклятая замечательная книга лежала передо мной. Как мог я, идиот, позабыть о ней! Сейчас я посмотрю туда, найду... — Или, например, такой случай, — медленно повторил я. — Хорошо известно... — «Что хорошо известно? Что хорошо известно?..» Внезапно я наткнулся на имя Натальи Гончаровой. — Пушкин был женат на Наталье Гончаровой! — воскликнул я. — Она была красавица. Перед самой женитьбой он встретился с цыганкой Таней... нет, Стешей... И тут они... — «Что они? Что они?..»

Я посмотрел на часы — прошло четыре минуты.

— Что-то с моими часами, — сказал я председателю.

Он торопливо снял свои и подал их мне. Я положил их рядом со своими. И те и другие показывали одинаковое время. «Спокойно, — сказал я сам себе. — Сейчас нужно рассказывать, прохаживаясь по сцене туда и сюда». Но рук от кафедры оторвать не смог.

— Одну минуточку, — сказал я, — тут из книжки выпала закладка, и потому... вот сейчас... значит, так... Это замечательная книга... Страницы перелистывались сами, в каком-то им одним известном порядке: Данзас, Вяземский, осень в Болдине, царь... Царь!

— Ага, — сказал я с облегчением. — Вы, конечно, все знаете, что царь Пушкина не любил... Но вы, наверное, не знаете, не знаете... — «Чего не знаете? Чего не знаете?..» — Он сослал его в Одессу, где губернатором был граф Воронцов. Воронцов Пушкина не любил и...

Я попытался незаметно отвинтить университетский значок, но не смог; хотел перевернуть страницу книги, но книга не открывалась вообще. Я посмотрел на свои часы — прошло семь минут. На часах председателя было то же самое. «Нужно было составить план, — осенило меня в этом безумии, — и к каждому пункту плана подыскать примеры. Я бы читал и читал без остановки. Подошёл бы ко мне председатель, чтобы напомнить, что время вышло, а из зала крикнули бы: «Пусть читает!»

Я посмотрел на председателя. Он был задумчив, и все остальные — тоже. Может быть, они думали в этот момент о графе Воронцове, а может быть, о Наталье. Наверное, никто не думал обо мне, и никто не подозревал, как я мечтал, чтобы пол под моими ногами разверзся, чтобы пламя охватило клуб...

— Может быть, будут какие-нибудь вопросы? — спросил я у председателя как мог спокойно.

— Вы уже закончили? — спросил он без тени удивления.

— Да, пожалуй, и всё, — сказал я, не слыша собственного голоса. Тогда председатель встал и спросил:

— Какие будут вопросы?

Но вопросов не было.

«Хоть бы они бросились на сцену и убили меня!» — подумал я.

— Ну что ж, — сказал председатель, — раз нет вопросов, давайте его убьём!..

Впрочем, это я так подумал, а он сказал:

— Ну что ж, если нет вопросов, давайте поблагодарим товарища учителя, — и зааплодировал. Его вяло поддержали.

Как я очутился на улице, никто не успел заметить. Было темно. Я шёл медленно. Внезапно те самые сани догнали меня.

— Велено домой доставить, — весело сказал бородатый возница, — садись, учитель. Больно ты на ногу скор...

Я уселся в сани и заплакал.

...С тех пор прошло много лет. Тогда я был молод, кудряв и удачлив, и, отвинтив, я бросил в снег своё ромбовидное несчастье, синее, белое и золотое. Быть может, лет через сто учёные его обнаружат и будут долго гадать о судьбе владельца.

1. Выполните тест. Выберите вариант правильного (в соответствии с содержанием текста) продолжения предложения.

Тест

1. В молодости герой рассказа ... .
   а) старался не делать ошибок
   б) не совершал ошибок
   в) делал ошибки
2. Герой рассказа поступил в университет, когда ... .
   а) кончилась Вторая мировая война
   б) он закончил школу
   в) он сдал вступительные экзамены
3. Бывший солдат учился ... .
   а) очень хорошо
   б) с интересом
   в) очень плохо, кое-как

4. Преподаватели были снисходительны к герою рассказа, потому что он ... .

   а) был хорошим студентом

   б) был солдатом армии, которая победила сильного врага

   в) выступал на торжественных вечерах

5. После окончания университета молодому специалисту предложили работать ... .

   а) в сельской школе

   б) заведующим кафедрой в педагогическом институте

   в) в городской школе

6. Чтобы остаться в городе, молодой специалист сказал, что ... .

   а) он не хочет ехать в далёкое село

   б) ему нужно работать в городской библиотеке, чтобы закончить диссертацию

   в) он хотел бы заведовать кафедрой в педагогическом институте

7. Когда молодой специалист приехал в сельскую школу, он ... .

   а) прежде всего изучил опыт местных учителей

   б) работал кое-как, совсем не готовился к урокам

   в) с интересом начал работать учителем

8. Когда молодого учителя попросили прочитать лекцию колхозникам, он ... .

   а) сразу же охотно согласился

   б) сказал, что они не смогут понять его лекцию

   в) был горд, что ему предложили выступить перед большой аудиторией

9. Молодой учитель решил рассказать колхозникам о частной жизни Пушкина, потому что ... .

   а) он предполагал, что колхозникам это будет очень интересно

   б) он прочитал несколько историй из жизни поэта

   в) это было темой его диссертации

10. В день лекции молодой учитель ... .

    а) очень волновался, ему было страшно

    б) совсем не волновался, думал об успехе, о славе

    в) готовился, перелистывал книгу

11. Перед лекцией учитель сообщил слушателям, что будет говорить ... .

    а) около полутора часов

    б) около двух часов

    в) полчаса

12. После первой фразы учитель понял, что не знает ... .

а) о чём говорить дальше

б) своей аудитории

в) никакого страха

13. В этот момент учитель вспомнил своих ... .

а) лучших учеников

б) университетских преподавателей, прекрасно читавших лекции

в) эрудированных однокурсников, прекрасно учившихся в университете

14. Учитель не своим голосом произнёс ... .

а) несколько бессвязных фраз

б) яркую лекцию

в) одну фразу

15. Учитель посмотрел на часы и подумал, что ... .

а) часы идут точно

б) часы идут слишком медленно

в) время бежит быстро

16. Учитель вдруг понял, что надо было ... .

а) подготовиться к лекции: написать план, подобрать примеры

б) читать лекцию, прохаживаясь по сцене

в) просто прочитать вслух отрывки из книги

17. Учитель мечтал, чтобы ... .

а) слушатели поблагодарили его аплодисментами

б) слушатели были более внимательными

в) в клубе начался пожар

18. Во время «лекции» слушатели думали ... .

а) о графе Воронцове

б) об учителе

в) о Наталье Гончаровой

19. Услышав, что лекция кончилась, слушатели ... .

а) очень удивились

б) забросали лектора вопросами

в) вяло зааплодировали

20. По дороге домой учитель заплакал и ... .

а) подумал о том, что будут делать учёные через сто лет

б) бросил в снег свой университетский значок

в) попытался незаметно отвинтить свой университетский значок

2. Пользуясь выполненным тестом, кратко воспроизведите содержание рассказа.

B

1. Определите значение приставок **за-, пере-, раз-(рас-)** в выделенных словах.

1. Когда лектор пошутил, все слушатели *заулыбались*. 2. Когда молодой учитель понял, что ему нечего сказать, в голове у него *загудело*. 3. Через десять минут после начала лекция *закончилась*. 4. Когда лектор кончил говорить, слушатели *зааплодировали* ему. 5. Учитель сел в сани и *заплакал*. 6. Начались дожди. Потом дожди *перемешались* со снегом. Потом выпал снег. 7. Учитель *перелистывал* книгу. 8. Он *перевернул* страницу. 9. Девушка была равнодушна к молодому человеку, поэтому он сильно *разозлился*. 10. Один из слушателей надолго *раскашлялся*.

2. Дополните предложения глаголами из скобок в нужной форме. Уточните их значение по словарю.

1. (*выступить, поступить*) После войны фронтовик ... в университет. Учителя попросили ... с лекцией. 2. (*вычитать, почитывать, прочитать*) В свободное время учитель иногда ... подаренную ему книгу. Учитель должен был ... лекцию в клубе. Учитель хотел говорить о том, что он ... из своей книги. 3. (*вспомнить, напомнить*) Во время лекции учитель ... своих университетских профессоров. Слушатели ... лектору о времени. 4. (*кашлянуть, раскашляться*) Один из слушателей робко ... . Кто-то сильно ... . 5. (*договариваться, переговариваться*) Слушатели, сидевшие далеко друг от друга, ... через весь зал. Кто-то приехал к учителю ... о лекции. 6. (*положить, уложиться*) Лектору предлагали ... в полтора часа, а он ... в десять минут. Перед лекцией учитель ... часы на кафедру.

3. Скажите, как вы понимаете выделенные слова и выражения.

Д л я с п р а в о к: даже, интересный, кончиться, начаться, не знать, непонятно, огонь, остановка, открыться, планироваться, пожар, понять, предупреждение, прийти в голову, приятный, провалиться, пусть, серьёзно, с уважением, судьба, счастливый, удивляться, услышать, хорошо.

1. Молодой человек был полон *радужных* надежд. 2. В университете студентов готовили *основательно*. 3. Учителя *ахали*: как можно

давать уроки, не составляя планы? 4. Лекция *намечалась* через месяц. 5. *Ума не приложу*, что вам рассказать. 6. При выборе темы лекции произошёл *затор*. 7. В книге были *занимательные* истории. 8. *Рука фортуны почтительно* постучалась в дверь. 9. Молодой человек не смог *уловить* в этом стуке дружественного *предостережения*. 10. Когда учитель стоял на сцене, его *осенило*, что нужно было составить план лекции. 11. Он мечтал о *хотя бы* неразборчиво написанном плане. 12. Учитель мечтал, чтобы пол под его ногами *развёрзся*, чтобы *пламя охватило* клуб. 13. Лектору напомнили, что время *вышло*.

4. Уточните по словарю значение слов **возница, счастливчик, филолог, чудак.** Дополните предложения этими словами в нужной форме.

1. Только ... может работать над диссертацией «Именительный падеж в творчестве Лермонтова». 2. Коллеги считали молодого учителя ... , потому что он учился в университете. 3. Молодой учитель думал: «Мои коллеги — странные люди, ... Зачем они составляют планы к урокам?» 4. На лекцию учителя отвезли на санях. ... был приветлив.

5. Ответьте на вопросы, используя слова и словосочетания, антонимичные выделенным.

Д л я   с п р а в о к: красавица, легкомысленный, медленно, мороз, морозно, превосходный, прекрасный, пустяк, редко, резво, свободно, совершать, хвалить, частная жизнь.

1. В молодости наш герой *исправлял* ошибки? 2. Бывшего фронтовика *ругали* за дипломную работу? 3. Молодой учитель был *серьёзным* человеком? 4. В селе *часто* показывали кино? 5. Учитель считал лекцию *важным* делом? 6. В лекции речь должна была идти об *официальной биографии* Пушкина? 7. Учитель ехал на лекцию *по жаре*? 8. В день лекции на улице было *тепло*? 9. Настроение у молодого учителя было *плохое*? 10. Лошадка бежала *вяло*? 11. Университетский профессор держался на лекциях *скованно*? 12. Наталья Гончарова была *некрасива*? 13. Из клуба учитель шёл *быстро*?

6. Ответьте на вопросы, используя слова и словосочетания из скобок в нужной форме. Следите за управлением глаголов.

1. (*успех, слава, уважение, почёт, почитание, любовь*) О чём мечтал молодой человек? 2. (*ошибки*) В чём он признался через много

лет? 3. (*учитель*) Кем предложили работать выпускнику университета? 4. (*Пушкин, его частная жизнь*) О чём учитель хотел говорить на лекции? 5. (*кафедра*) За что крепко держался учитель, стоя на сцене? 6. (*соседи*) С кем студенты переговариваются на лекции? 7. (*книга*) О чём сначала забыл молодой учитель во время лекции? 8. (*каждый пункт плана*) К чему нужно было найти примеры? 9. (*граф Воронцов, Наталья Гончарова, учитель*) О чём думали слушатели? 10. (*судьба владельца значка*) О чём будут думать учёные лет через сто?

7. Ответьте на вопросы, указывая время действия. Используйте слова и словосочетания из скобок в нужной форме.

1. (*молодость*) Когда молодой человек совершает много ошибок? 2. (*исповедь*) Когда человек признаётся в своих ошибках? 3. (*разговор о работе в школе*) Когда молодой человек впервые подумал о диссертации? 4. (*отъезд в областной город*) Когда выпускнику университета подарили книгу о Пушкине? 5. (*полтора часа*) На сколько времени планировали лекцию? 6. (*полторы минуты; начало лекции*) Когда учитель потерял сознание? 7. (*десять минут*) Через сколько времени учитель закончил лекцию? 8. (*лет сто*) Когда учёные обнаружат университетский значок нашего героя?

8. Ответьте на вопросы, указывая место действия. Используйте слова и словосочетания из скобок в нужной форме.

1. (*фронт*) Откуда вернулся молодой человек? 2. (*университет*) Куда он поступил? 3. (*лекции*) Куда студент ходил редко? 4. (*торжественные вечера*) Где часто выступал бывший фронтовик? 5. (*небольшой областной город*) Где наш герой был первым человеком с университетским дипломом? 6. (*далёкая сельская школа*) Куда предложили поехать работать выпускнику университета? 7. (*городская библиотека*) Где можно работать над диссертацией? 8. (*дом учителя*) Куда подъехали колхозные сани? 9. (*колхозный клуб*) Где должна была состояться лекция? 10. (*лавки*) Где сидели слушатели? 11. (*сцена*) Где была кафедра? Куда, по мнению учителя, должны были броситься слушатели? 12. (*стол*) Где сидел председатель колхоза? 13. (*кафедра*) Куда встал молодой учитель? Где лежала книга? 14. (*книга*) Откуда выпала закладка? 15. (*Одесса*) Куда царь сослал Пушкина? Где был губернатором граф Воронцов? 16. (*зал, улица*) Откуда и куда выбежал учитель? 17. (*снег*) Куда учитель бросил свой университетский значок?

9. Ответьте на вопросы, давая характеристику действия. Используйте слова и словосочетания из скобок с предлогами **с** и **без**.

I. 1. (*восхищение*) Как встретили фронтовика в университете? 2. (*снисхождение*) Как относились к студенту профессора университета? 3. (*радужные надежды*) С какими чувствами ехал выпускник университета в небольшой город? 4. (*интерес и даже благоговение*) Как смотрели на выпускника университета в небольшом областном городе? 5. (*торжество*) Как выпускник университета сообщил о своей работе над диссертацией? 6. (*внимание*) Как колхозники слушали учителя? 7. (*лёгкость, вдохновение, страсть*) Как учитель начал лекцию? 8. (*облегчение*) С каким чувством молодой учитель нашёл в книге известный ему эпизод? 9. (*ужас, страх, стыд*) С каким чувством вспоминает наш герой лекцию в колхозном клубе? 10. (*ошибки*) Как человек прожил жизнь?

II. 1. (*экзамены*) Как фронтовик поступил в университет? 2. (*планы*) Как молодой учитель проводил уроки в школе? 3. (*восторг*) Как относились к молодому учителю некоторые коллеги в сельской школе? 4. (*большое желание*) Как молодой учитель встретил предложение прочитать лекцию для колхозников? 5. (*страх, волнение*) С какими чувствами ехал молодой учитель читать лекцию? 6. (*удивление*) Как зал встретил слова учителя о том, что лекция закончена?

10. Дополните предложения, указывая причину действия. Используйте слова и словосочетания для справок с предлогами **благодаря, за, из, из-за, от, по**.

Д л я   с п р а в о к: военное прошлое, жалость, желание исповедаться, просьба колхозников, ранение, страх, уважение.

1. Люди были снисходительны к фронтовику ... . 2. Бывший фронтовик кое-как учился ... . 3. Учитель согласился прочитать лекцию ... . 4. Когда учитель понял, что ему нечего сказать слушателям, он почти потерял сознание ... . 5. Председатель колхоза прислал за учителем сани ... , а после «лекции» распорядился отвезти его домой ... . 6. Человек рассказал о своих ошибках ... .

11. Скажите, что следующие утверждения не справедливы. Используйте конструкции со значением отрицания.

1. Студента строго наказывали за пропуски лекций и плохую учёбу. 2. В университете студент научился всему. 3. Выпускник универ-

ситета имел серьёзные знания. 4. В областном городе работало много выпускников университета. 5. В разговоре о будущей работе было сказано много слов о заведовании кафедрой. 6. Молодой учитель всегда, к каждому уроку, писал план. 7. Молодой учитель всегда читал лекции. 8. Учитель много думал о предстоящей лекции. 9. Перед лекцией у молодого учителя были страх и волнение. 10. Учитель рассказал слушателям о многом. 11. У слушателей было много вопросов к учителю.

12. Дополните предложения, используя модели типа *Мне (было/будет) не о чем/некогда/незачем с ним говорить.*

1. Студент был очень занят, поэтому ходить на лекции ... . 2. Молодой учитель считал, что в университете он получил основательную подготовку, поэтому составлять планы к урокам ... . 3. В далёкой деревне не было ни кинотеатра, ни лектория, поэтому ... смотреть и ... слушать. 4. Молодой учитель ничего не знал, поэтому рассказать слушателям ... . 5. Колхозники поняли, что учитель ничего не знает, поэтому спрашивать его ... .

13. Ответьте на вопросы, используя конструкции *один и тот же; тот же (самый), что (и).*

1. Что говорил студент о всех классиках? 2. Что он говорил о Гоголе? А о Пушкине? 3. Учитель читал разные книги? 4. Какое время показывали часы учителя и часы председателя колхоза? 5. Какое время показывали часы председателя колхоза?

14. Передайте содержание предложений, заменяя один из глаголов деепричастием.

1. Выпускник университета работает в далёкой сельской школе и тем самым несёт свет и приобщает местных учителей к науке. 2. Молодой учитель разговаривал с коллегами и улыбался. 3. Учитель вспомнил о подаренной ему книге и сформулировал название своей лекции. 4. Когда учитель терял сознание от страха, он вспомнил своего университетского профессора. 5. Когда учитель стоял перед людьми в клубе, он крепко держался рукой за кафедру. 6. Молодой человек разозлился и пробежал по жаре двадцать четыре километра. 7. Когда профессор читал лекцию, он прохаживался перед студентами. 8. Когда учитель пытался читать лекцию, он не слышал собственного голоса. 9. Учитель отвинтил свой университетский значок и бросил его в снег.

15. Передайте содержание простых предложений, заменяя их сложными и используя союзы **когда, в то время как, чтобы.**

1. При работе над диссертацией необходимо пользоваться библиотекой. 2. Выпускник университета поехал на работу в далёкую школу. 3. При выборе темы лекции молодой учитель попал в трудное положение. 4. При подготовке к лекции молодой учитель мог бы воспользоваться подаренной книгой. 5. Молодой учитель приехал в колхозный клуб с лекцией. 6. Учитель мечтал о пожаре в клубе.

16. Дополните предложения словами **кто-то, что-то, что-нибудь, какой-то, какие-нибудь, где-то, когда-то, как-нибудь, как-то, кое-как.**

1. Ходить на лекции мне было ... некогда. 2. Дипломную работу я написал ... . 3. Я закончил не ... , а университет! 4. Коллеги думали, что я составляю ... особенные планы уроков. 5. Неужели моих знаний не хватит на ... урок в сельской школе? 6. ... предложил мне выступить с лекцией перед колхозниками. 7. Меня попросили рассказывать ... попроще. 8. Всё, что я рассказал, я ... вычитал из одной книги. 9. Я рассказал, что произошло с Пушкиным ... на юге. 10. Стоя на кафедре, я мечтал хотя бы о ... написанном плане. 11. С моими часами ... случилось. 12. Во время лекции ... человек раскашлялся.

17. Дополните предложения глаголами из скобок в нужной форме.

1. (*перелистывать — перелистать*) Филологи любят ... книги. На одно мгновение у меня появилось желание ... свою книгу. 2. (*поручать — поручить*) Выпускник университета думал, что ему можно ... заведовать кафедрой. Оказалось, что никто не имел намерения ... ему заведование кафедрой. В школе ему ... вести уроки в девятом классе. 3. (*читать — прочитать*) Учителя попросили ... лекцию. Он никогда не ... никаких лекций. 4. (*писать — написать*) Выпускник университета объявил, что он наполовину ... диссертацию. Он говорил всем, что у него нет времени, потому что он ... диссертацию. На самом деле он даже и не начинал ... её. Молодой учитель никогда не ... планов уроков, и плана своей первой лекции он тоже не ... . Может быть, неудачная лекция научила его ... планы. 5. (*кончать — кончить*) Прошло десять минут, и учитель ... лекцию. Стоило ли ... университет, чтобы работать учителем в сельской школе? 6. (*убивать — убить*) Учитель думал, что слушатели хотят его ... . Ему показалось, что слушатели побежали на сцену ...

лектора. 7. (*замечать — заметить*) Никто не успел ... , как учитель оказался на улице. Учитель не ... , как пришла зима. Учитель ехал домой и ничего не ... вокруг. 8. (*признаваться — признаться*) Никто не любит ... в своих ошибках. Наш герой осмелился ... в ошибках молодости.

18. Дополните предложения прилагательными и причастиями из скобок (полными и краткими) в нужной форме.

1. (*снисходительный*) Все были ... к фронтовику. На защите дипломной работы он услышал ... похвалы (оценки). 2. (*полный*) Выпускник университета был ... радужных надежд. Лектор увидел зал, ... людей. Зал в клубе был ... . 3. (*любимый, почитаемый*) Молодой человек был уверен, что он ... и ... всеми людьми. Студенты помнят своего ... и ... профессора. 4. (*кичливый*) Выпускника университета считали ... . Коллегам не нравилось ... поведение молодого учителя. Коллеги слышали ... замечания молодого учителя. Учитель ... : он считает, что колхозники не поймут его. 5. (*дорогой*) При работе над диссертацией время ... . Во время лекции учителю любой план был бы ... . Сейчас мы послушаем нашего ... учителя. 6. (*равнодушный*) Цыганка была ... к молодому человеку. Слушатели сидели ... . Лектора поблагодарили ... аплодисментами. Никто не остался ... к частной жизни писателя. Молодой учитель ... к своей работе. 7. (*задумчивый*) Председатель сидел ... . У него был ... вид. Все слушатели лекции молодого учителя были ... .

19. Дополните текст глаголами движения.

Д л я   с п р а в о к: войти, вести, выбежать, довезти, догнать, ехать, идти, отвезти, подойти, поехать, пойти, приехать, прийти, приходить, пробежать, пройти, проходить, сойти, ходить, убежать, уезжать.

Кончилась Вторая мировая война. Молодой человек ... в университет с фронта. Тихое восхищение ... за ним по университетским коридорам. На лекции он ... редко: ему было некогда.

После окончания университета он ... в небольшой город. Он думал, что будет заведовать кафедрой в педагогическом институте. Но ему предложили ... в сельскую школу. Однако ... в далёкую школу выпускнику университета не хотелось. И тут ему в голову ... мысль о диссертации. Он объявил в областном городе, что ему необходимо заканчивать диссертацию. Но его обман не ... .

Когда он … в сельскую школу, ему поручили … уроки в девятом классе. Дни … за днями. И вот однажды кто-то … к молодому учителю и попросил прочитать лекцию колхозникам. За учителем … сани, которые быстро … его до клуба.

Когда учитель … в зал, он увидел, что слушать его … очень много людей. Он начал говорить. Сказал, что Пушкин … по жаре двадцать четыре километра, и больше ничего не … ему в голову. Ему хотелось … со сцены и … из клуба. Когда … десять минут, учитель объявил, что лекция окончена. Он быстро … на улицу и … по дороге. Вдруг его … сани: это председатель колхоза велел … его домой.

1. Перечитайте ту часть рассказа, где говорится об университетском периоде жизни нашего героя. Ответьте на вопросы.

1. Почему нашего героя приняли в университет без экзаменов? 2. С какими чувствами встретили его в университете? 3. Когда ему аплодировали? 4. Какое мнение тогда «висело в воздухе»? 5. Почему он не ходил на лекции? 6. Почему его не наказывали? 7. Что шло ему в зачёт? 8. Почему в университете были к нему снисходительны? 9. Как понимал ситуацию наш герой? 10. Что он говорит о своей дипломной работе? 11. Как вы думаете, хорошее ли образование получил этот человек? 12. Как вы думаете, что хорошо знал наш молодой герой о Пушкине, Лермонтове, Гоголе, Маяковском? (Что он с лёгкостью мог о них сказать?)

2. Перечитайте ту часть рассказа, где говорится о начале работы молодого специалиста. Ответьте на вопросы.

1. Почему в областном городе возник (был) интерес к нашему герою? 2. С какой целью ему предложили поехать в далёкую сельскую школу? 3. Почему молодой специалист был возмущён этим предложением? 4. Почему предложение поработать в сельской школе он воспринял как трагедию? 5. Как он попытался себя спасти? 6. Как он сформулировал тему диссертации? Удачная ли это формулировка? Почему? 7. В чём ему завидовали коллеги в школе? 8. Почему он смеялся над коллегами?

3. Найдите в тексте рассказа фрагменты, где говорится о книге, подаренной выпускнику университета. Ответьте на вопросы.

1. Как называлась эта книга? 2. Что было собрано в этой книге? 3. Когда вышла эта книга? 4. Что нашёл в этой книге молодой учитель? 5. Внимательно ли читал её учитель? 6. Как вам показалось, он любил читать? 7. Почему учитель взял книгу с собой в клуб? 8. Что он думал о ней по пути в клуб? 9. Как он называл книгу про себя в клубе? 10. О чём говорят следующие фразы: «На кафедре лежала молчаливая книга», «Страницы перелистывались сами, в им одним известном порядке»?

4. Найдите в тексте рассказа фрагменты о том, как учитель выбирал тему лекции, как готовился к ней и как вёл себя во время лекции. Ответьте на вопросы.

1. Почему учитель выбрал такую тему для своей лекции? 2. Удачным ли был выбор этой темы вообще и в частности для данной аудитории? 3. Что учитель считал важным для лекции? 4. Какие рекомендации самому себе он давал во время лекции? 5. Что важнее было для молодого человека: внешняя сторона или содержательная? Из чего это видно? 6. О чём он мечтал во время лекции? 7. О чём, по его мнению, думали слушатели?

5. Найдите в тексте рассказа фрагменты, где учитель вспоминает о своих университетских профессорах. Ответьте на вопросы.

1. Как университетские профессора держались на лекциях? 2. Как они говорили? 3. Что учитель думал об их эрудиции?

6. Найдите в тексте рассказа описание университетского значка. Ответьте на вопросы.

1. Что представляет собой университетский значок? 2. Какие цвета присутствуют на нём? 3. Где носят этот значок? 4. Как университетский значок прикрепляется к костюму? 5. Что, по вашему мнению, мог символизировать для молодого учителя университетский значок? 6. Почему учитель во время лекции пытался незаметно отвинтить значок? 7. Почему учитель выбросил значок в снег? 8. В чём было виновато «ромбовидное несчастье»? 9. Как вы думаете, учитель когда-нибудь жалел, что выбросил значок в снег?

7. Вспомните, что сообщил учитель колхозникам о частной жизни А. Пушкина.

1) Дополните предложения.

1. Пушкин — великий ... . 2. Молодой Пушкин на юге влюбился ... . Она была ... . Он разозлился и пробежал ... . 3. Пушкин был женат ... . Она была ... . Перед самой женитьбой Пушкин встретил ... . 4. Царь не любил ... . Он сослал ... . Губернатор Одессы граф Воронцов тоже ... .

2) Скажите, о чём говорит этот набор фраз.

Д л я с п р а в о к: высокий интеллект, глупость, невежество, непрофессионализм, низкий культурный уровень, плохая подготовка, ум, эрудиция.

8. Скажите, что вы думаете о герое этого рассказа. Изменился ли он с годами? Как, по вашему мнению, он сам оценивает себя, свою жизнь?

Д л я с п р а в о к: высокомерие, кичиться *чем*, кичливый, лень, пренебрежительно относиться *к кому*, самомнение, самонадеянность, самооценка (завышенная, заниженная, объективная), самоуверенность, скромность, стыд.

Урок 24

1. Уточните по словарю значение слов.

Инвалид, костыль, кусты, опираться, палка, пыхать, рубить, топор, торопить, торопиться, тюкать.

2. Разберите слова по составу.

Гостеприимный, застолье, одноклассник, однокурсники, односельчане, остроумный, остроязыкий.

3. Подберите антонимы к словам.

Весёлый, выздороветь, исчезать (исчезнуть), рай, трезвый, успокоиться.

4. Прочитайте рассказ. Приготовьтесь выполнить тест, который проверяет, правильно ли вы поняли содержание рассказа.

Жил старик со своею старушкой
(Ф. Искандер)

В Чегеме у одной деревенской старушки умер муж. Он был ещё во время войны ранен и потерял полноги. С тех пор до самой смерти ходил на костылях. Но и на костылях он продолжал работать и оставался гостеприимным хозяином, каким был до войны. Во время праздничных застолий мог выпить не меньше других, и если после выпивки возвращался из гостей, костыли его так и летали. И никто не мог понять, пьян он или трезв, потому что и пьяным и трезвым он всегда был одинаково весел.

Но вот он умер. Его с почестями похоронили, и оплакивать его пришла вся деревня. Многие пришли и из других деревень. Такой он был приятный старик. И старушка его очень горевала.

На четвёртый день после похорон приснился старушке её старик. Вроде стоит на тропе, ведущей на какую-то гору, неуклюже подпрыгивает на одной ноге и просит её:

— Пришли, ради Бога, мои костыли. Никак без них не могу добраться до рая.

Старушка проснулась и пожалела своего старика. Думает: к чему бы этот сон? Да и как я могу послать ему костыли?

На следующую ночь ей приснилось то же самое. Опять просит её старик прислать ему костыли, потому что иначе не доберётся до рая. Но как же ему послать костыли? — думала старушка, проснувшись. И никак не могла придумать. Если ещё раз приснится и будет просить костыли, спрошу у него самого, решила она.

Теперь он ей снился каждую ночь и каждую ночь просил костыли, но старушка во сне терялась, вовремя не спохватывалась спросить, а сон уходил куда-то. Наконец она взяла себя в руки и стала бдеть во сне. И теперь, только завидела она своего старика и даже не дав ему раскрыть рот, спросила:

— Да как же тебе переслать костыли?

— Через человека, который первым умрёт в нашей деревне, — ответил старик и, неловко попрыгав на одной ноге, присел на тропу, поглаживая свою культяпку. От жалости к нему старушка даже прослезилась во сне.

Однако, проснувшись, взбодрилась. Она теперь знала, что делать. На окраине Чегема жил другой старик. Этот другой старик при жизни её мужа дружил с ним, и они нередко выпивали вместе.

— Тебе хорошо пить, — говаривал он её старику, — сколько бы ты ни выпил, ты всегда опираешься на трезвые костыли. А мне вино бьёт в ноги.

Такая у него была шутка. Но сейчас он тяжело болел, и односельчане ждали, что он вот-вот умрёт.

И старушка решила договориться с этим стариком и с его согласия, когда он умрёт, положить ему в гроб костыли своего старика, чтобы в дальнейшем, при встрече на том свете, он их ему передал.

Утром она рассказала домашним о своём замысле. В доме у неё оставался её сын с женой и один взрослый внук. Все остальные её дети и внуки жили своими домами. После того как она им рассказала, что собирается отправиться к умирающему старику и попросить положить ему в гроб костыли своего мужа, все начали над ней смеяться как над очень уж тёмной старушкой. Особенно громко хохотал её внук, как самый образованный в семье человек, окончивший десять классов. Этим случаем, конечно, воспользовалась и её невестка, которая тоже громко хохотала, хотя, в отличие от своего сына, не кончала десятилетки. Отхохотавшись, невестка сказала:

— Это даже неудобно — живого старика просить умереть, чтобы костыли твоего мужа положить ему в гроб.

Но старушка уже всё обдумала.

— Я же не буду его просить непременно сейчас умереть, — отвечала она. — Пусть умирает, когда придёт его срок. Лишь бы согласился взять костыли.

Так отвечала эта разумная и довольно деликатная старушка. И хотя её отговаривали, она в тот же день пришла в дом этого старика. Принесла хорошие гостинцы. Отчасти как больному, отчасти чтобы умаслить и умирающего старика, и его семью перед своей неожиданной просьбой.

Старик лежал в горнице и, хотя был тяжело болен, всё посасывал свою глиняную трубку. Они поговорили немного о жизни, а старушка всё стеснялась обратиться к старику со своей просьбой. Тем более в горнице сидела его невестка и некоторые другие из близких. К тому же она была, оказывается, ещё более деликатной старушкой, чем мы думали вначале. Но больной старик сам ей помог — он вспомнил её мужа добрыми словами, а потом, вздохнув, добавил:

— Видно, и я скоро там буду и встречусь с твоим стариком.

И тут старушка оживилась.

— К слову сказать, — начала она и рассказала ему про свой сон и про просьбу своего старика переслать ему костыли через односельчанина, который первым умрёт. — Я тебя не тороплю, — добавила она, — но если что случится, разреши положить тебе в гроб костыли, чтобы мой старик доковылял до рая.

Этот умирающий с трубкой в зубах старик был острословым и даже гостеприимным человеком, но не до такой степени, чтобы брать к себе в гроб чужие костыли. Ему ужасно не хотелось брать к себе в гроб чужие костыли. Стыдился, что ли? Может, боялся, что люди из чужих сёл, которые явятся на его похороны, заподозрят его мёртвое тело в инвалидности? Но и прямо отказать было неудобно. Поэтому он стал с нею политиковать.

— Разве рай большевики не закрыли? — пытался он отделаться от неё с этой стороны.

Но старушка оказалась не только деликатной, но и находчивой. Очень уж она хотела с этим стариком отправить на тот свет костыли мужа.

— Нет, — сказала она уверенно, — большевики рай не закрыли, потому что Ленина задержали в Мавзолее. А остальным это не под силу.

Тогда старик решил отделаться от неё шуткой.

— Лучше ты мне в гроб положи бутылку хорошей чачи, — предложил он, — мы с твоим стариком там при встрече её разопьём.

— Ты шутишь, — вздохнула старушка, — а он ждёт и каждую ночь просит прислать костыли.

Старик понял, что от этой старушки трудно отделаться. Ему вообще было неохота умирать и ещё более не хотелось брать с собой в гроб костыли.

— Да я ж его теперь не догоню, — сказал старик, подумав, — он уже месяц назад умер. Даже если меня по той же тропе отправят в рай, в чём я сомневаюсь. Есть грех...

— Знаю твой грех, — не согласилась старушка. — Моего старика с тем же грехом, как видишь, отправили в рай. А насчёт того, что догнать, — не смеши людей. Мой старик на одной ноге далеко ускакать не мог. Если, скажем, завтра ты умрёшь, хотя я тебя не тороплю, послезавтра догонишь. Никуда он от тебя не денется...

Старик призадумался. Но тут вмешалась в разговор его невестка, до сих пор молча слушавшая их.

— Если уж там что-то есть, — сказала она, поджав губы, — мы тебе в гроб положим мешок орехов. Бедный мой покойный брат так любил орехи...

Все невестки одинаковы, подумала старушка, вечно лезут поперёк.

— Да вы, я вижу, из моего гроба хотите арбу сделать! — вскричал старик и добавил, обращаясь к старушке: — Приходи через неделю, я тебе дам окончательный ответ.

— А не будет поздно? — спросила старушка, видимо преодолевая свою деликатность. — Хотя я тебя не тороплю.

— Не будет, — уверенно сказал старик и пыхнул трубкой.

С тем старушка и ушла. К вечеру она возвратилась домой. Войдя на кухню, она увидела совершенно неожиданное зрелище. Её насмешник внук с перевязанной ногой и на костылях деда стоял посреди кухни.

— Что с тобой? — встрепенулась старушка.

Оказывается, её внук, когда она ушла к умирающему старику, залез на дерево посбивать грецкие орехи, неосторожно ступил на усохшую ветку, она под ним хрястнула, и он, слетев с дерева, сильно вывернул ногу.

— Костыли заняты, — сказал внук, — придётся деду с месяц подождать.

Старушка любила своего старика, но и насмешника внука очень любила. И она решила, что внуку костыли сейчас, пожалуй, нужней. Один месяц можно подождать, решила она, по дороге в рай погода не портится. Да и старик, которого она навещала, по её наблюдениям, мог ещё продержаться один месяц, а то и побольше. Вон как трубкой пыхает.

Но что всего удивительней — больше старик её не являлся во сне с просьбой прислать ему костыли. Вообще не являлся. Скрылся куда-то. Видно, ждёт, чтобы у внука нога поправилась, умилялась старушка по утрам, вспоминая свои сны. Но вот внук бросил костыли, а старик больше в её сны не являлся. Видно, сам доковылял до рая, может быть, цепляясь за придорожные кусты, решила старушка, окончательно успокаиваясь.

А тот умиравший старик после её посещения стал с необыкновенным и даже неприличным для старика проворством выздоравливать. Очень уж ему не хотелось брать в гроб чужие костыли. Обидно ему было: ни разу в жизни не хромал, а в гроб ложиться с костылями. Он и сейчас жив, хотя с тех пор прошло пять лет. Пасёт себе своих коз в лесу, время от времени подрубая им ореховый молодняк, при этом даже не вынимая трубки изо рта.

Тюк топором! Пых трубкой! Тюк топором! Пых трубкой! Тюк топором! Пых трубкой! Смотрит дьявол издали на него и скрежещет зубами: взорвал бы этот мир, но ведь проклятущий старик со своей трубкой даже не оглянется на взрыв! Придётся подождать, пока его козы не наедятся.

Вот и мы живы, пока жив старик — тюк топором! Пых трубкой! А козы никогда не насытятся.

1. Выполните тест. Выберите вариант правильного (в соответствии с содержанием текста) продолжения предложения.

Тест

1. Старик со старушкой жили ... .
   а) в маленьком городе
   б) в русском селе
   в) в абхазской деревне

2. Старик ходил на костылях, потеряв ногу ... .
   а) в детстве
   б) во время войны
   в) во время праздничного застолья

3. Старушка любила своего старика, потому что ... .
   а) он был работящим, весёлым, гостеприимным
   б) мог выпить не меньше других
   в) до самой смерти ходил на костылях

4. Вскоре после похорон старушке приснился её муж и попросил прислать ему костыли, чтобы он мог ... .
   а) ходить в горы
   б) дойти до рая
   в) ходить по тропе

5. Старушка узнала, что прислать мужу костыли можно ... .
   а) с человеком, который скоро умрёт
   б) через человека, который первым умрёт в их деревне
   в) с любым человеком

6. Старушка подумала, что первым в их деревне может умереть один старик, потому что ... .
   а) ему было очень много лет
   б) он в это время был очень тяжело болен
   в) он давно собирался умирать

7. Старушка решила поговорить с этим стариком и рассказала о своём плане ... .
   а) всем своим детям
   б) сыну, внуку и невестке, с которыми жила в одном доме
   в) всем своим внукам

8. Домашние ... .
   а) громко хохотали над её замыслом
   б) согласились с её замыслом
   в) не обратили внимания на её слова

9. Придя к больному старику, старушка ... .
   а) сразу изложила ему свою просьбу
   б) постеснялась высказать ему свою просьбу
   в) деликатно высказала свою просьбу к слову

10. Услышав неожиданную просьбу, старик ... .
    а) сказал, что должен неделю подумать
    б) сразу согласился её выполнить
    в) сразу отказал старушке

11. Старушка пришла к выводу, что старик не собирается умирать в ближайшее время, потому что он ... .
    а) всё время курил свою трубку, даже лёжа в постели
    б) мечтал о бутылке хорошей чачи
    в) всё время шутил

12. Вернувшись домой, старушка увидела, что её любимый внук ... .
   а) сидит на дереве
   б) собирает орехи
   в) ходит на костылях

13. Оказывается, её внук упал с дерева и ... .
   а) сломал ногу
   б) повредил ногу
   в) повредил обе ноги

14. Старушка решила, что теперь ... .
   а) костыли больше нужны внуку, чем мужу
   б) костыли больше нужны мужу, чем внуку
   в) её муж не может ждать

15. Внук выздоровел, а муж ... .
   а) больше не снился старушке
   б) опять приснился старушке
   в) опять попросил прислать ему костыли

16. После посещения старушки умирающий старик ... .
   а) заболел ещё сильнее
   б) начал быстро выздоравливать
   в) решил согласиться на её просьбу

17. С тех пор прошло пять лет, а старик ... .
   а) пасёт коз, рубит для них ветки и курит свою трубку
   б) всё обижается на старушку за её странную просьбу
   в) снится старушке

18. Жизнь будет продолжаться, пока ... .
   а) дьявол не взорвёт этот мир
   б) старик не оглянется на взрыв
   в) старик будет делать своё дело и курить свою трубку

2. Пользуясь выполненным тестом, кратко воспроизведите содержание рассказа.

1. Скажите, как вы понимаете выделенные слова и выражения.

1. Увидев старика во сне, старушка растерялась, а потом *спохватилась*, что не спросила, с кем, как переслать костыли. 2. Старушка решила *взять себя в руки* и быть *бдительной*. 3. *Не дав старику рта раскрыть*, старушка задала ему вопрос. 4. Он шёл *в гору* по тропе

(по тропинке). 5. От жалости к беспомощному старику старушка *прослезилась*. 6. Старушка долго собиралась, и невестка *торопила* её. «Я тебя, конечно, не *тороплю*, но если...», — говорила старушка соседу. 7. Старик не мог отказать ей прямо и начал *политиковать*. 8. Старуха знала, что ей нужно, и от неё невозможно было *отделаться*. 9. Закрыть рай *никому не под силу*. 10. «Что с тобой?!» — *встрепенулась* бабка, увидев внука на костылях. 11. «Старик может ещё *продержаться* недели две», — думала она.

2. Дополните предложения словами и словосочетаниями из скобок в нужной форме.

1. (*её старик; она*) Старушка видела во сне ... . Он снился ... каждую ночь. 2. (*он*) Старик просил прислать ... костыли, и старушка очень хотела ... помочь. 3. (*костыли; рука его внука*) Безногий старик опирался ... . 4. (*сосед; он; этот визит*) Старушка решила договориться ... и отправилась ... , хотя родственники отговаривали её ... . 5. (*старушка*) Невестка и внук смеялись ... . 6. (*все дела и разговоры*) Невестка всегда вмешивалась ... . 7. (*сосед; просьба*) Старушка обратилась ... . 8. (*её муж; его друг*) Она надеялась, что сосед встретится ... , ... , на том свете.

3. Дополните предложения глаголами из скобок в нужной форме.

1. (*обращаться — обратиться*) Старушка хотела ... к соседу с деликатной просьбой. Раньше она никогда не ... к нему. Разрешите к вам ... ? 2. (*помогать — помочь*) Старушка хотела, чтобы сосед ... ей. Её муж всегда ... всем. Я всё делаю сам, мне не нужно ... . Человек кричит: «... !» 3. (*вспоминать — вспомнить*) Они разговаривали и ... умершего старика. Сосед ... много смешных случаев из их жизни. О плохом они не хотели ... . 4. (*брать — взять*) Старушка просила соседа ... с собой костыли её мужа. Соседу ужасно не хотелось ... эти костыли. 5. (*умирать — умереть*) Старик был очень болен, и все думали, что он скоро ... . Но старику не хотелось ... . «Я тебя не тороплю, не прошу ... завтра», — говорила старушка. 6. (*отправлять — отправить*) «Я грешный, поэтому меня не ... в рай», — сказал старик. «Ничего, — возразила старушка. — Мой старик был такой же грешный, но его ... в рай». А куда ... грешников? 7. (*класть — положить*) Невестка хотела ... в гроб мешок орехов для своего умершего брата. Можно ли ... в гроб разные вещи? 8. (*вмешиваться — вмешаться*) Невестка ... в разговор. «Вот, — подумала старушка, — всегда эти невестки ... в разговоры стариков!» Нельзя ... в чужие

дела! 9. (*ждать — подождать*) Старик ... свои костыли больше недели. «Пусть дед ещё ... !» — сказал внук, сломавший ногу. И старик перестал ... . « ... меня», — сказал друг, собирая вещи.

4. Назовите глаголы, от которых образованы деепричастия в следующих предложениях.

1. Старик ходил, опираясь на костыли. 2. Старик передвигался, прыгая на одной ноге. 3. Проснувшись, старушка вспомнила свой сон. 4. Увидев старика во сне, старушка растерялась и не могла спросить о важном деле. 5. Вздохнув, старик стал говорить о своей смерти. 6. Обращаясь к старику с просьбой, старушка старалась быть деликатной. 7. Войдя в свой дом, старушка увидела внука на костылях деда. 8. Внук сломал ногу, упав с дерева. 9. Он оступился, собирая орехи. 10. Старик поднимался в гору, держась (цепляясь) за кусты. 11. Старик пасёт овец, не вынимая трубки изо рта, попыхивая дымом.

5. Продолжите предложения, указывая время действия. Используйте слова и словосочетания из скобок в нужной форме.

1. (*война*) Он много работал и был весёлым человеком ... . Он был ранен и потерял ногу ... . Он был таким же добрым и весёлым человеком и ... . 2. (*её посещение, визит*) Друг старика был очень болен ... . Ему стало лучше ... . 3. (*его смерть; похороны*) У старика было хорошее чувство юмора, он шутил даже ... . Старушка очень горевала ... . Она увидела его во сне через четыре дня ... . 4. (*жизнь старика; встреча*) Соседи дружили ... . Они хотели выпить ... . 5. (*разговор; вся жизнь; болезнь*) Невестка старика насмешливо улыбалась ... . Старик курил ... , много курил и ... . 6. (*неделя; пять лет*) Старик велел старушке прийти ... . Старик прожил ещё ... . 7. (*месяц; две недели*) Внуку дали костыли ... . Он бросил их ... .

6. Передайте содержание предложений, заменяя выделенные глаголы глаголами движения.

1. Старик воевал и *вернулся* с войны без ноги. 2. На похороны старика *собрались* все, кто его знал. 3. Он появлялся каждую ночь в её снах, *появлялся* и *исчезал*. 4. Старик говорил, что не может *добраться* до рая без костылей. 5. Подумав, старушка *отправилась* к больному старику. 6. Никуда он от тебя *не денется*. Он не может далеко *ускакать* на одной ноге. 7. «Ты быстро его *настигнешь*», — говорила старушка больному старику. 8. Старик больше не *появлялся*, наверное, и без костылей *доковылял* до рая.

7. Продолжите предложения, вспоминая содержание рассказа.

1. Старик просил, чтобы … . 2. Ему нужны были костыли, потому что … . 3. Все думали, что больной старик скоро … . 4. Старушка хотела, чтобы он … . 5. Старик постоянно (беспрерывно) курил трубку, хотя … . 6. Родственники не хотели, чтобы … . 7. Старик не умер, потому что … . 8. Мы все живём, пока … .

1. Ответьте на вопросы.

1. Какие слова в тексте рассказа ориентируют читателя, и он может сделать вывод о том, где (в каком регионе) жили старики? 2. Как относились друг к другу жители села? 3. Почему старик ходил на костылях? 4. Какой сон приснился старушке после смерти мужа? 5. Как можно было передать костыли умершему старику? 6. Зачем (почему) костыли деда были нужны внуку?

2. Расскажите о людях, которые живут в селе. Кто они, какие они, какие у них родственные связи (в каком они родстве)?

3. Перечитайте диалог старушки и больного старика (в лицах) и перескажите его.

4. Перечитайте финал рассказа и скажите, что символизирует картина вечно жующих коз и работающего старика; как изменится рассказ, если его финал сократить.

5. Скажите:

1) какие эпизоды рассказа кажутся вам самыми интересными; 2) какими средствами создаётся юмористический стиль рассказа; 3) что серьёзно в этом юмористическом рассказе.

Русские писатели —
авторы рассказов этого сборника

Бунин Иван Алексеевич (1870—1953). Стихотворный сборник «Листопад» (1901); рассказы и повести «Антоновские яблоки» (1900), «Деревня» (1910); новеллы «Митина любовь» (1925), «Тёмные аллеи» (1943); автобиографический роман «Жизнь Арсеньева» (1930); мемуары; переводы (Г. Лонгфелло «Песнь о Гайавате», 1896). В 1920 г. эмигрировал. Нобелевская премия — 1933 г.

Вересаев Викентий Викентьевич (1867—1945). Повести «Без дороги» (1895), «Записки врача» (1901); критико-философские произведения о Л. Толстом, Ф. Достоевском, документальные работы об А. Пушкине.

Гаршин Всеволод Михайлович (1855—1888). Рассказы «Четыре дня» (1877), «Трус» (1879), «Художники» (1879), «Красный цветок» (1883), «Сигнал» (1887).

Горький Максим (Пешков Алексей Максимович) (1868—1936). Рассказы «Макар Чудра» (1892), «Старуха Изергиль» (1894); романы «Фома Гордеев» (1899), «Мать» (1906—1907), «Дело Артамоновых» (1925), «Жизнь Клима Самгина» (1925—1936); пьесы «На дне» (1902), «Егор Булычов и другие» (1932), «Васса Железнова» (1935); автобиографическая трилогия «Детство» (1913—1914), «В людях» (1915—1916), «Мои университеты» (1922).

Грин Александр (Гриневский Александр Степанович) (1880—1932). Повести «Алые паруса» (1923), «Бегущая по волнам» (1928); романы «Блистающий мир» (1924), «Дорога никуда» (1930).

Достоевский Фёдор Михайлович (1821—1881). Повести «Бедные люди» (1846), «Белые ночи» (1848), «Записки из Мёртвого дома» (1861—1862); романы «Преступление и наказание» (1866), «Идиот» (1868), «Бесы» (1871—1872), «Подросток» (1875), «Братья Карамазовы» (1879—1880). В 1850—1854 гг. был на каторге.

Искандер Фазиль Абдулович (род. 1929). Поэтические сборники «Горные тропы» (1957), «Доброта земли» (1959); повести и рассказы «Запретный плод» (1966), «Созвездие Козлотура» (1966), «Летним днём» (1969), «День Чика» (1971), «Сандро из Чегема» (1973—1988), «Маленький гигант большого секса» (1979), «Детство Чика» (1994).

Куприн Александр Иванович (1870—1938). Повести «Молох» (1896), «Поединок» (1905), «Яма» (1909—1915); рассказы «Олеся» (1898), «Гамбринус» (1907), «Гранатовый браслет» (1911); автобиографический роман «Юнкера» (1928—1932). В 1919—1937 гг. был в эмиграции.

Лесков Николай Семёнович (1831—1895). Романы «Некуда» (1864), «На ножах» (1871), «Соборяне» (1872), «Захудалый род» (1874); повести и рассказы «Очарованный странник» (1873), «Левша» (1881).

Огарёв Николай Платонович (1813—1877). Романтическая лирика.

Окуджава Булат Шалвович (1924—1997). Поэтические сборники «Март великодушный» (1967), «Арбат, мой Арбат» (1976), «Посвящается вам» (1988), «Милости судьбы» (1993); повесть «Будь здоров, школяр!» (1961); романы «Глоток свободы» (1969), «Путешествие дилетантов» (1976—1978), «Свидание с Бонапартом» (1983).

Паустовский Константин Георгиевич (1892—1968). Повести «Кара-Бугаз» (1932), «Колхида» (1934), «Северная повесть» (1938), автобиографическая «Повесть о жизни» (1945—1963); книга рассказов «Золотая роза» (1955).

Пушкин Александр Сергеевич (1799—1837). Поэмы «Руслан и Людмила» (1820), «Кавказский пленник» (1820—1821), «Бахчисарайский фонтан» (1821—1823), «Полтава» (1828), «Медный всадник» (1833, опубликована в 1837 г.); роман в стихах «Евгений Онегин» (1823—1831); трагедия «Борис Годунов» (1824—1825, опубликована в 1831 г.); «маленькие трагедии» «Моцарт и Сальери», «Каменный гость», «Скупой рыцарь» и др. (1830); «Повести Белкина» (1830), повесть «Пиковая дама» (1833); роман «Капитанская дочка» (1836).

Телешов Николай Дмитриевич (1867—1957). Повесть «Начало конца» (1933), мемуары «Записки писателя» (1953).

Чехов Антон Павлович (1860—1904). Повести и рассказы «Скучная история» (1889), «Дуэль» (1891), «Палата № 6» (1892), «Ионыч» (1898), «Дама с собачкой» (1899), «Мужики» (1897), «Человек в футляре» (1898), «В овраге» (1900); пьесы «Чайка» (1896), «Дядя Ваня» (1897), «Три сестры» (1901), «Вишнёвый сад» (1904).

Ключи

Урок 1 — 1б; 2б; 3б; 4в; 5в; 6в; 7б; 8в; 9в; 10в.

Урок 2 — 1б; 2в; 3в; 4в; 5в; 6б; 7б; 8б; 9б; 10б; 11б; 12в; 13в.

Урок 3 — 1в; 2в; 3в; 4б; 5б; 6б; 7в; 8а; 9б; 10в; 11а; 12в; 13б; 14б; 15а; 16а; 17в; 18б; 19в; 20а; 21б; 22б.

Урок 4 — 1в; 2в; 3б; 4б, в; 5б; 6а; 7в; 8в; 9а; 10в; 11в; 12б; 13б; 14б.

Урок 5 — 1б; 2в; 3б; 4а; 5в; 6б; 7в; 8в; 9а; 10в; 11б; 12б; 13а; 14а; 15б; 16б; 17а; 18а; 19б; 20б; 21а; 22б; 23в; 24б; 25б; 26б; 27а, б; 28а; 29в.

Урок 6 — 1в; 2б; 3в; 4в; 5б; 6в; 7б; 8б, в; 9в; 10б; 11в; 12в; 13б.

Урок 7 — 1б; 2а; 3в; 4в; 5в; 6б; 7б; 8б; 9в.

Урок 8 — 1в; 2в; 3б; 4а; 5в; 6а; 7б; 8а; 9б; 10б; 11в; 12б; 13в; 14в; 15б; 16в; 17б; 18б.

Урок 9 — 1в; 2б; 3а; 4в; 5а; 6в; 7а; 8в; 9б; 10в; 11б; 12б; 13в; 14в.

Урок 10 — 1в; 2б; 3в; 4а; 5в; 6а; 7а; 8в; 9б; 10в; 11б; 12в; 13б; 14а.

Урок 11 — 1в; 2в; 3б; 4в; 5в; 6б; 7б; 8в; 9в; 10а; 11в; 12а; 13в; 14в; 15б; 16а; 17б; 18в; 19в; 20а; 21б; 22а; 23в; 24б; 25в.

Урок 12 — 1в; 2в; 3а; 4б; 5а; 6в; 7а; 8б; 9а; 10б; 11б; 12а; 13б; 14в; 15б; 16а; 17б; 18в; 19в; 20б; 21б; 22б; 23в.

Урок 13 — 1в; 2б; 3а; 4б; 5б; 6в; 7а; 8б; 9а; 10б; 11в; 12в; 13в; 14б; 15в; 16а; 17а; 18б; 19в; 20а; 21б.

Урок 14 — 1в; 2а; 3б; 4в; 5б; 6в; 7б; 8а; 9б; 10в; 11а; 12б; 13а; 14в; 15б; 16б; 17а; 18в; 19б; 20в; 21б; 22в; 23в; 24в; 25в.

Урок 15 — 1в; 2в; 3б; 4а; 5в; 6б; 7а; 8б; 9а; 10б; 11в; 12б; 13а; 14б; 15б; 16а; 17в; 18б; 19б; 20в; 21б; 22б; 23а; 24в; 25в; 26б; 27в.

Урок 16 — 1б; 2в; 3в; 4а; 5б; 6в; 7б; 8б; 9б; 10в; 11в; 12а; 13б; 14б; 15а; 16а; 17б; 18в.

Урок 17 — 1б; 2а; 3в; 4а; 5б; 6в; 7а; 8в; 9б; 10в; 11а; 12б; 13в.

Урок 18 — 1а, б; 2б; 3а; 4б; 5в; 6б; 7б; 8в; 9в; 10б; 11а; 12б; 13в; 14в.

Урок 19 — 1в; 2а; 3б; 4а; 5в; 6а, в; 7в.

Урок 20 — 1б; 2а; 3а; 4б; 5в; 6б; 7а; 8в; 9б; 10а.

Урок 21 — 1в; 2б; 3б; 4в; 5б; 6а; 7в; 8а, б; 9б; 10б; 11а; 12в; 13б; 14в; 15б; 16б; 17а, в; 18б; 19а; 20а; 21б; 22в; 23а; 24б; 25в; 26а; 27в.

Урок 22 — 1б; 2в; 3б; 4б; 5б; 6а; 7в; 8а; 9а; 10б; 11в; 12а; 13б; 14б; 15а; 16б.

Урок 23 — 1в; 2а; 3в; 4б; 5а; 6б; 7б; 8б; 9б; 10б; 11б; 12а; 13б; 14а; 15б; 16а; 17в; 18б; 19в; 20б.

Урок 24 — 1в; 2б; 3а; 4б; 5б; 6б; 7б; 8а; 9в; 10а; 11а, в; 12в; 13б; 14а; 15а; 16б; 17а; 18в.

Содержание

Учебное издание

Анна Сергеевна Александрова, Ирина Петровна Кузьмич,
Тамара Ильинична Мелентьева

Непропавшие сюжеты

*Пособие по чтению для иностранцев,
изучающих русский язык*

Редактор *М.В. Питерская*
Корректор *В.К. Ячковская*
Компьютерная верстка: *Г.В. Бачерикова*

Подписано в печать 18.07.2012 г. Формат 60x90¹/₁₆
Объем 15,5 п.л. Тираж 1000 экз. Заказ № 1501.

Издательство ЗАО «Русский язык». Курсы
125047, Москва, ул. 1-я Тверская-Ямская, 18
Тел./факс: +7(499) 251-08-45; тел.: +7(499) 250-48-68
e-mail: ruskursy@gmail.com; rkursy@gmail.com;
russky_yazyk@mail.ru; ruskursy@mail.ru
www:rus-lang.ru

Отпечатано с готового оригинал-макета издательства
в ОАО «Областная типография «Печатный двор»
432049, г. Ульяновск, ул. Пушкарёва, д. 27